历史变迁的制度透视

严泉 著

新星出版社
NEW STAR PRESS

no.23 新人文丛书

新人文丛书编辑委员会

主　编　　王晓纯　　吴晚云
副主编　　罗学科　　史仲文（执行）
　　　　　　张加才　　郭　涛

特邀编委（以姓氏笔画为序）

于建嵘	马立诚	王向远	王清淮	王鲁湘
刘丽华	安乐哲	尤西林	吴　思	吴祚来
张　柠	汪民安	李雪涛	陈晓明	邵　建
赵　强	单　纯	金惠敏	骆　爽	夏可君
黑　马	熊培云	敬文东	谢　泳	戴隆斌

编委（以姓氏笔画为序）

王文革	王鸿博	王景中	王德岩	曲　辉
刘永祥	孙德辉	李志强	邹建成	张卫平
张　轶	张常年	周　洪	屈铁军	赵玉琦
赵晓辉	赵姝明	袁本文	铁　军	秦志勇

【总序】

新人文：在思想与行动之间

王晓纯

"人文"一词，用法不一：古人将之与"天文"对举，今人把它与"科学"并列；它还常用来概称一种无论西方还是东方都存在的崇扬人性与人道的主义或精神。

"人文"与"天文"对举，最早出现于《周易》。《周易·贲卦》象辞中，有"观乎天文，以察时变；观乎人文，以化成天下"之语。根据后人的解释，"文者，象也"，即呈露的形象、现象。于人而言，包括人世间的事态、状况，并可以引申到个人气象与社会风貌。值得注意的是，文中强调"文明以止，人文也"。文明总是与人文密不可分。人而文之，方谓之文明。在中国传统中，"人文"主要指人类社会的礼乐教化、典章制度和道德观念。而文明在其本质上，乃是人类对"人之为人"在思想上的自觉和这种自觉在实践中的表现。

"人文"与"科学"并列，与西方近代分科之学的出现与发展有关。伴随科学与技术的勃兴和迅猛发展，人类社会传统的文化格局发生了重大改变，尤其通过科学与工业革命不断推波助澜，甚至形成了科学与人文之间所谓"两种文化"的分裂。

"人文"作为一种精神或主义，泛指从古到今东西方都出现过的强调人的地位和价值、关注人的精神和道德、重视人的权利和自由、追求人的旨趣和理想的一般主张。

当代中国思想者的研究视域从来没有离开过对中国社会的人文关注。如今，中国社会进入了一个重要的转型时期。新时期呼唤新人文，也不断催生着新人文。

新人文是一种新愿景。现代社会使人在工具理性和技术统治面前常感无力，物质的丰富与精神的幸福之间往往容易失衡。新人文将目光聚焦于人本身，重塑价值理性，高扬人性尊严，唤起内心力量，促进个性自由发展，让梦想不再贫乏，让精神充满希望。

新人文是一种方法论。唯人主义和唯科学主义是现代性的基本组成部分，但两者的分隔也有渐行渐远之势。新人文试图重新发现科学与人文的内在融通，增进科学与人文的互补互用，让科学更加昌明，让人文之光更加夺目。

新人文是一种行动哲学。继往圣、开来学不是思想者的唯一目标，理想与现实之间需要架设坚实的桥梁。新人文力图夯实人文基础，作为社会的良知而发出公正的呼声，着力提高全民族的文化素养和精神境界，让思想冲破桎梏，用行动构筑未来。

鉴于以上种种，我们编辑了这套"新人文"丛书，奉献给关心当下中国现代化进程和新人文建设的广大读者。

2012.10.19

目录

自序：我的宪政史研究道路 ⋯⋯⋯⋯⋯⋯⋯⋯⋯⋯⋯⋯⋯⋯⋯ 001

上辑　民国政治转型与制度经验

民国时期的政体转型 ⋯⋯⋯⋯⋯⋯⋯⋯⋯⋯⋯⋯⋯⋯⋯⋯⋯ 003
现代中国的首次民主转型
　　——读朱宗震《真假共和——1912 中国宪政实验的台前幕后》⋯⋯ 012
民国早期的政治权力变迁 ⋯⋯⋯⋯⋯⋯⋯⋯⋯⋯⋯⋯⋯⋯⋯ 018
民国北京政府时期的政治参与 ⋯⋯⋯⋯⋯⋯⋯⋯⋯⋯⋯⋯⋯ 027
透视民国早期的政治文化 ⋯⋯⋯⋯⋯⋯⋯⋯⋯⋯⋯⋯⋯⋯⋯ 037
理念与利益：抗战时期民主运动的反思
　　——读闻黎明《第三种力量与抗战时期的中国政治》⋯⋯⋯⋯ 043
国民党的十年政改（1938—1948）⋯⋯⋯⋯⋯⋯⋯⋯⋯⋯⋯ 050
《临时约法》与民国政体规划 ⋯⋯⋯⋯⋯⋯⋯⋯⋯⋯⋯⋯⋯ 057
《天坛宪法草案》与民初宪政选择的失败 ⋯⋯⋯⋯⋯⋯⋯⋯⋯ 063
"超总统制"与民初政体选择的迷失 ⋯⋯⋯⋯⋯⋯⋯⋯⋯⋯⋯ 076
央地关系：民国初年省宪的制度设计 ⋯⋯⋯⋯⋯⋯⋯⋯⋯⋯ 079
民国式制宪国大模式与 1947 年《中华民国宪法》⋯⋯⋯⋯⋯ 083
民国早期制宪与民主化经验 ⋯⋯⋯⋯⋯⋯⋯⋯⋯⋯⋯⋯⋯⋯ 085
民国北京政府筹备国会事务局与选务运作 ⋯⋯⋯⋯⋯⋯⋯⋯ 089
民主遗产：清末民初上海的地方自治
　　——读周松青《上海地方自治研究（1905—1927）》⋯⋯⋯⋯ 096
"职业议长"吴景濂与曹锟贿选 ⋯⋯⋯⋯⋯⋯⋯⋯⋯⋯⋯⋯ 103
国会政治与民国早期的民主转型 ⋯⋯⋯⋯⋯⋯⋯⋯⋯⋯⋯⋯ 107

民国国会立法程序与《罗伯特议事规则》……………………… 112
南京临时参议院是如何开会的 …………………………………… 117
民初国会议场上的质询场景 ……………………………………… 121
安福国会与保守主义议会政治 …………………………………… 129
民初临时参议院与临时政府的冲突 ……………………………… 137
民初第一届国会选举舞弊与竞选活动 …………………………… 148
民初上海第一届国会及省议会议员选举 ………………………… 155
一位北洋政府外交官1917年的社交文娱生活 …………………… 165

下辑　比较政制发展与制度体验

民国与美国：制宪目标与模式的比较 …………………………… 171
法国式制宪议会模式与1923年《中华民国宪法》……………… 177
美国式制宪会议模式与1922年《湖南省宪法》………………… 182
比较视野中的中美制宪议员背景特色 …………………………… 186
国王陛下的反对党 ………………………………………………… 195
查尔斯·蒂利对欧洲近代民主化的新观察 ……………………… 198
从"法兰西共和国"到"法兰西国家" ………………………… 204
欧美国家政党提名制度与议会选举 ……………………………… 215
议会弹劾权运作的宪政经验 ……………………………………… 224
总统制、议会制政体选择与政治转型 …………………………… 235
政治妥协与立宪政治 ……………………………………………… 238
重返自由历程中的20世纪 ………………………………………… 243
民主路线图与埃及民主化经验 …………………………………… 250
分权的代价：美国飓风灾难与联邦体制 ………………………… 253
细节决定稳定：关注选举程序 …………………………………… 255

自序：我的宪政史研究道路

弹指一挥间，自己从事宪政制度史研究已经有十多年了。还记得1999年硕士毕业时，学位论文选题与民国临时参议院研究有关。当时不过是兴趣使然，并没有想到以后还要继续从事学术研究，以至于在华师大图书馆复印中心完成毕业论文打印后，都没有保存电子文档。

研究生毕业后，我又在政府机关从事实际工作数年。可能是工作的因素，海峡对岸的政治变化，使我重新燃起对民国初年宪政制度，特别是议会政治的兴趣，总觉得台湾的政治现实与民国时期的立宪存在诸多相似之处。当这种志趣一发不可收拾之后，在妻子的支持下，我又重新开始了读书生涯。与研究生求学不同，读博不仅有兴趣，更多了一些问题意识与历史责任。通过博士论文完成民国初年制宪与民主转型的研究后，又过了几年，我忽然发现，自己不仅有了制度史情结，更有了制度思维与行为习惯。

比方说，2008年我第一次去美国当访问学者，正值美国总统大选年，我就特别留意美国的选举制度。在11月4日投票日，大清早我就来到所在小镇的一个投票站观摩投票。我的兴趣倒不是选举结果，而是观察选举事务的程序安排。投票站设在公共图书馆的一个阅览室内。当天的选举不仅要选总统、副总统，还要选本选区的联邦众议员，以及需要改选的联邦参议员、州议员、市政委员会议员等。选务人员将选票样式与投票须知贴在大门上，方便选民观看。投票程序第一步是登记，如果已经在网上登记，则不需人工登记。登记时需要查看选民的个人证件。第二步是领票，选票挺大的，大小类似一张A4纸。第三步是秘密写票，因为空间小，所以未单独布置秘密写票间，只是在写票区域的桌子上设立隔板，保证选民在写票时，前后左右的人无法窥见。最后一步是投票。这个投票站未设投票箱，而是使用机器在选票上打孔。选民将选票对准机器上的打孔处轻轻放入，打孔完毕后，机器会自动打印出收条，选务人员将收条交给选民，表示投票有效。整个投票过程相当便捷，气氛也非常平静。

在美国大选的选举程序中，秘密写票现象得到了我的特别关注。长期以来，我国的"民主监督"之所以不敌"权力监督"，个中原因固然很多，但是选举中的写票程序却凸显至关重要的制度性缺陷。很多场合的写票程序都是公开方式。在这种投票程序中，投票人在选举时的一举一动，全部暴露在"问题官员"、受操纵的选务人员的眼底，根本没有任何秘密性可言。与我国不同的是，秘密写票程序在当代世界许多国家得到普遍采用，已经是一个人们熟悉的政治常识，民国时期的选举也曾广泛应用。"他山之石，可以攻玉"，当发现秘密写票程序的制度细节后，我就不止一次在文章与讲演中倡导秘密写票的应用。

正如人们强调一切都要从娃娃抓起，在我看来，制度建设也应该从学校教育开始。比如现在中小学提倡尊重学生自主权利，开展公民意识教育。其实最好的办法并不是讲大道理，而是通过模拟公民生活的制度学习来进行。像人们熟知的《罗伯特议事规则》，一些简单的规则就可以应用于学生的自我管理。当学生在开会时，主席不能表态，说话的全都是学生。在发言时，同时举手的人中，反对意见优先，这样双方就能轮流得到发言机会。发言当然不能无限进行，一个人只有有限的几次发言机会，如两次或者三次，次数是大家自己定的。发言的时候必须开头先说"我同意"或者"我反对"，说完之后再说理由。如果超时或发言中攻击别人，主持人会立即打断。发言是每个人的权利，执行规则是主席的权力。其他措施还有模拟听证会制度、模拟学生法庭制度、学生选举秘密写票制度等。良好的公民意识能够使学生有效参与公民生活，良好的公民生活可以反过来强化学生的公民意识。公民意识教育是渗透在生活的各个方面和各个阶段的，最明显的特点就是广泛的参与性。

这么多年来，在一种潜移默化之中，我发现自己变成了一种新人类。参照社会上通行的"文学青年"的说法，可以称为"制度青年"。为什么这样说呢？因为我不仅在工作上有制度研究的兴趣，对日常生活中的制度细节也非常在意。就拿高校师生最熟悉的图书馆来说，参照海外图书馆的做法，我发现国内还是欠缺一些人性化的制度设施的。比方说针对平装图书封面易坏的特点，对新购的此类图书应该进行重新包装，以硬质书皮的方式保护图书。还有为方便读者，洗手间应该设计在阅览室或开架书库内。椅子设计不要盲目追求美观奢华，应该符合人体科学，以增强读者阅读的舒适感。

说了这么多，还是回到本书的写作感悟上。大部分文章都是近十年来的研究心得。我一直认为，宪政制度研究不应该枯燥无味，更不能是静态的。必须与活生生的个案结合起来，在制度运作的过程中，体会制度的历史作用。书中收录的主要是关于民国制宪、议会政治、比较政制等具体问题的研究成果。研究近现代中国的宪制史，比较视野同样重要。例如，当人们在评价民国初年的民主政治时，虽然也喜欢中外比较，但由于习惯上总以当代英美成熟的民主政治为标准，得出的结论常常是中国不如西方，原因自然是中国没有民主政治文化的土壤。但是对于中国来说，百年前短暂的民主试验毕竟只是制度改革的开始，尚处在萌芽阶段，即使要与西方民主相比较，也应该以英美18世纪、19世纪早期民主形态为对象，这样的中外对比，才会更加客观一些。

至于宪制史研究的现实意义，其实前人已经说得非常明白了。麦迪逊在《联邦党人文集》中尝言："在组织一个人统治人的政府时，最大的困难在于必须首先使政府能管理被统治者，然后再使政府管理自身。"他的另一段话更加精彩："人的利益必然是与当地的法定权利相联系。用这种方法来控制政府的弊病，可能是对人性的一种耻辱。但是政府本身若不是对人性的最大耻辱，又是什么呢？如果人都是天使，就不需要任何政府了。如果是天使统治人，就不需要对政府有任何外来的或内在的控制了。"在20世纪中国的政治现代化进程中，各种政体模式接二连三地登场，就历史代价而言，我们至今还没有客观地进行比较评估。这其实也表明．在制度史研究层面，其实还有更多的历史经验需要发掘。

最后我想说的是，我个人的成长离不开许多师友学长的帮助与支持。袁伟时先生一直给予我很大的鼓励，忘不了他在《昨天的中国》一书中所说的，"历史让我们铭记：权力在不同集团之间转移，并不一定意味着国家制度的现代化，要把虚幻的人民权利转化为现实，必须致力于公民自由及相关的保障制度的建设。"许纪霖先生在百忙之中为本书写了推荐语，特别提到为什么民国时期有议会而无民主、有强权而无权威、有宪法而无宪政。这么多年来，如果没有范泓老师的热心推荐，包括本书在内的一些个人著述是无法面世的。刘学尧教授弃政从学，多年来我与他一起奔波在大江南北，进行现实问题的调研，使我获益良多。何勤华教授作为我的博士后导师，毕业之后，仍然不时关心我的研究进展与日常生活。而陶飞亚教授、忻平教授、郭长刚教授在学术出版方面一直是热心相助。王家范教授、刘昶教授、萧功秦教授、雷颐研究员、刘志琴研究员，以及逝世的高华教授，诸位师长对我的博士论文的点评至今记忆犹新。"中国选举与治理网"，"共识网"和当年的"世纪中国网"的言论空间同样让人难忘。

"新人文丛书"执行主编史仲文教授，张铁博士，新星出版社陈卓先生，广州社会科学院李杨研究员，上海大学李友梅教授、张童心教授、张佩国教授、沈关宝教授、刘长林教授、沈瑞英教授、徐有威教授、张勇安教授、成庆博士，中共上海市委党校程竹汝教授、何海兵副教授、郑重先生，华东师大谢俊美教授，上海社科院马学强研究员、李志茗研究员，中共天津市委党校李放研究员，《学术界》杂志社社长袁玉立研究员，南京晓庄师范学院邵建教授，中共上海市委强鹏程先生，民革上海市委马铭德研究员，以及好友徐非博士、余洋博士、李旭、赵玉成等，我在此一并向他们表示诚挚的谢意。

上辑 | 民国政治转型与制度经验

民国时期的政体转型

"在20世纪,极少的国家能够在第一次尝试中就建立起民主的政治体制。"而中国自辛亥革命以来的民国政体转型历程恰好印证了美国著名政治学家塞缪尔·亨廷顿(Samuel Huntington)的这一论断。而将民国历史放在政体转型这一框架下来考察和讨论,无疑是非常重要的。本文就试图以20世纪民主转型的普遍经验为分析基础,在经验的立场上,发现民国时期政体转型的制度轨迹,总结民国时期政体转型的制度经验。

20世纪初的政体转型:从帝国专制到威权政体

在20世纪初全球第一波民主化浪潮中,辛亥革命迎来了远东第一共和在中国的诞生。从政治转型的角度来看,辛亥革命是一次政体转型的过程,中国经历了从帝国专制到威权政体的转型。

关于威权政体,以研究威权政体著名的美国学者胡安·林茨(Juan J. Linz)曾对威权政体提出定义,认为威权政体"是有限的多元政治,但非责任政治;政治体系有一套精密的意识形态作为指导,但另有不同心态(指封闭心理结构);政治体系除在某一发展时期外,并没有广泛而深入的政动员;只有一人或一小群人运用政治体系的统治权,其权力虽缺乏明确界线，但实际运用上却可预测其范围"。①威权政体与专制政体是不同的，特别是它的有限的政治多元主义、有限的政治动员等特征。

中华民国建立以后，虽然民国初年（1912—1913年）与袁世凯死后的北京政府时期（1916年—1928年）相比，政治民主化程度稍高，但是与当时世界各主要民主国家相比较，其民主化形态仍然是初级的、有限的。

比如在政体制度行政与立法权力关系设计上，与当时实行责任内阁制的法国、英国不同的是，民初《中华民国临时约法》（以下全书均简称《临时约法》）赋予参议院同意权与弹劾权，但是政府缺乏制约议会的权力。在责任内阁制国家里，当政府与议会发生政争时，政府拥有解散权，即有权提前解散议会，重新选举立法机关。而《临时约法》却没有规定解散权，形成政府缺乏反制议会能力的单向权力制约关系。在民国早期（1912年—1928年）实际政治运作中，解散权的制度性缺陷对政治转型造成的消极影响是非常显著的。当国会与政府发生政争时，作为政府的一方并不能合法地解散国会、依法重新举行国会选举，以此来解决政治冲突，最后采取的只能是非法的武力解散国会方式。无论是1913年总统袁世凯与国会围绕《天坛宪法草案》产生争执，还是1916年至1917年国会与国务总理段祺瑞关于对德（国）宣战案发生冲突，这一制度性缺陷都表现得非常明显。有学者认为："历史学家们经常责备袁世凯破坏约法，但是临时约法本身由于存在许多模糊不清的地方而备受批评。袁世凯不能控制内阁，内阁总理也不能。总理不是代表参议院多数党，他不能控制预算或者是地方政府。参议院可以弹劾政府，但是政府并不能解散参议院。"所以立法与行政机关"万一发生争执，双方都没有合法的手段来制约对方"。②与其他几部民国早期宪法或宪法草案不同的是，《临时约法》在多数时期一直是扮演国家宪法的角色，发挥了实际作用，因此其制度性缺陷造成的实际影响是值得重视的。正如《剑桥世界近代史》的作者对民初政治的评论，

---

① Juan J. Linz, *An Authoritarian Regime: Spain*, Erik Allardt and Stein Rokkan ed., *Mass Politics: Studies in Political Sociology*, (New York: Free Press, 1970), p.255.
② Ranbir Vohra, *China's Path to Modernization: A Historical Review from 1800 to the present*. (N.J.: Prentice-Hall, 1987), p.112.

"中国有了一个新政权,但是它依然缺少一个可行的政体"。

第一届民国国会选举也是如此。虽然选民人数急剧增长,总数达到3400多万,比例超过当时中国总人口的10%,但是在选举资格方面,却与20世纪初的普选潮流相抵触,设定了种种限制。其中在财产资格方面,《众议院议员选举法》要求选举人必须纳直接税两元以上,或有价值500元以上的不动产。教育资格则规定选举人应具备小学以上学历,或有与小学以上学历相当的资格。"不识文字者"不得有选举权及被选举权,女性也完全被剥夺了选举权和被选举权。而在一战前后,除法国外,当时各主要民主国家均开始实行普选制度,取消在选举资格方面的限制。在选举方式上,国会众议员是间接选举制,分为初选举、复选举两步。初选举以县为选区,选出初选当选人。复选举合并若干初选区为复选区,由初选当选人选举复选当选人,即该复选区众议员,这与当时世界各国下院多采用的直接选举制不同。

由此可见,虽然民国初年的中国经历了短暂的民主转型,但是其进程即使没有被袁世凯非法中断,以当时的综合条件,建立的至多是一种威权政治形态,只不过政治民主化的程度要超过袁世凯政府(1914年—1916年)与南京国民政府时期的威权统治。

在民国早期,威权政体特征最为显著的当属袁世凯统治时期。与传统专制统治不同的是,袁世凯建立的制度类似二战后南美国家阿根廷的"超总统制"威权政体。1914年颁布的《中华民国约法》规定大总统总揽统治权,国务卿、各部总长对总统负责,总统拥有独立任免权、紧急命令权、绝对否决权等超级权力。不过在形式上,还是构建了一种行政监督体制,如规定立法院有弹劾总统的权力,立法院议员五分之四以上出席,四分之三以上可决,即可弹劾总统。而参政院则应总统之咨询,审议重要政务。此外,参政院还拥有解散立法院的同意权、财政紧急处分权,并能公布立法院通过的法律、发紧急教令代替法律、推举民国宪法起草委员、审定民国宪法案,还可以在立法院未成立前代行立法院职权。虽然这些制度设计只是徒具形式,但已经不同于传统皇权专制模式。

但是随后袁世凯的称帝却是个致命错误。这一政治选择,不仅引发中央与地方的护国战争以及北洋集团内部的分裂，致使北京中央政府失去权威，而且导致一代政治强人在忧愤之中过早离世。毕竟袁世凯死时才57岁，对政治人物来说正当盛年，而政治强人的权威是威权政体存续的关键。袁世凯死后，再也不存在一位全国性的政治强人，一个稳定的威权统治也就无法建立起来。但即使如此，威权政体的重要特征，即有限民主的政治生态，在虚弱的北京政府时期依然是持续存在的。否则，就无法解释五四运动、新文化运动成功的制度条件。

民国早期的转型经验表明，一国的民主转型有可能过渡到威权或极权政治，这种失败结局意味着民主崩溃的发生。民国初年民主转型的结局，就是民主崩溃的一种形式。第一届民国国会解散后，袁世凯统治时期的中国成了20世纪第一个民主转型变成威权体制的国家。此后，再次经历短暂的民主转型与自由化试验失败之后，中国又开始了国民党的威权统治。

不过，世界范围内各国民主化经验告诉我们，民主化是一个艰难的过程。它不是一个直线过程，而是一个曲折复杂多变的过程。曾任北京政府国务总理的颜惠庆在自传中检讨说："在采用共和制政体中所表现出的急切心情和盲目热情，说明我们并不真正懂得，一个共和国不可能在一天或一年中就成功建立起来，而是需要经过几十年的教育和准备，因为各方面的进步，包括政治的进步，并非可以跳跃式来完成，而是必须脚踏实地一步一步地去完成。"民国著名外交家顾维钧也在回忆民初政治转型时强调："民主不能在一夜之间产生。"民主崩溃其实是一种普遍与合理的政治现象。二战前欧洲一些威权主义政权（如萨拉查的葡萄牙、佛朗哥的西班牙）和激进主义威权政权（如法西斯意大利、纳粹德国）的出现，都是各国民主化失败的结果。

威权政体转型的失败：大一统与新中国的建立

与当代中国政治发展所处的国际环境不同的是，民国时期的中国一直面临救亡图存的巨大现实困境，特别是国民政府长期陷于对日抗战的泥淖之中。恶劣的国际环境，直接导致国内四分五裂的局面长期存在。蒋介石虽然称得上是领袖人物，但是与毛泽东相比较，才干当然是"略输文采"。更重要的还是时空环境不佳：南京国民政府十年建设稍有起色，就遭到了日本的毁灭性入侵；到了抗战结束，又面临强大的政治对手中共的挑战，表面风光的国民政府其实已经是"强弩之末"。在这种状态下，任何试图完成威权政体向民主转型的努力，都几乎是不可能的。典型的事例就是国民政府在宪政改革方面的两次努力。第一次是从1936年至全面抗战爆发。1936年5月1日，立法院讨论通过《中华民国宪法草案》，5月5日由国民政府明令宣布，时称"五五宪草"。随后公布《国民大会组织法》、《国民大会代表选举法》，各省进行了国民大会代表选举（部分省区未完成）。原定于1936年11月12日召开国民大会制定宪法，正式宣布结束"训政"。后又宣布大会推迟一年改在1937年11月12日召开。不料1937年7月全面抗战爆发，"制宪国大"筹备工作被迫中断。抗战时期虽然有国民参政会与宪政运动，不过由于身处西南大后方，其影响都是局部性的。

　　从政体制度特色来看，"五五宪草"具有浓厚的威权色彩。虽然作为立法机关的国民大会权力较多，包括选举总统和副总统、罢免总统和副总统、修改宪法、复决立法院提出的宪法修正案等，但是"五五宪草"确定的政体制度仍然是一种"强总统制"。总统有人事任免权、紧急命令权、紧急处分权、军事权、外交权、法律公布权、戒严解严权、赦免权、荣赏权、立法复议权等十种权力。如有关人事任免权的规定，与1914年《中华民国约法》很相似：总统在人事任免上是独立的，任命行政院长不必经过国民大会同意，行政院长对总统负责而不是对国民大会负责，行政、司法、考试三院院长也由总统任命。而紧急命令权与紧急处分权行使更是自由，宪草规定"总统有发布紧急命令及为紧急处分之权"，"总统得召集五院院长会议解决关于两院以上事项，及总统交议事项"，没有要求总统在行使紧急命令权和紧急处分权时必须事先征得立法机构的同意，只是规定应该经过行政会议的议决与立法院的追认。

　　第二次宪政改革是在抗战之后。1946年11月15日，"制宪国大"在南京召开，制定正式宪法。当时提交大会议决的宪法草案是政协会议版本，就是各党派及无党派对"五五宪草"多次修改后的最终版本。"制宪国大代表"由十年前选出的代表和新增补的代表组成。虽然中共和民盟（民社党除外）拒绝出席，但"制宪国大"出席人数超过法定人数，属合法大会。"制宪国大"经过激烈、广泛的讨论和审查，在12月25日通过《中华民国宪法》，并决定1947年12月25日为行宪日。

《中华民国宪法》通过后，民国进入"行宪"，即实行宪政阶段。主要内容包括：由全国人民直接普选产生国大代表和立法委员，由各省、市参议会间接选出监察委员，再由国大代表选举总统和副总统。1947年1月1日，国民政府公布《中华民国宪法》，于同年12月25日正式施行，史称1947年《民国宪法》。1947年3月21日相继公布《行宪国民大会组织法》、《行宪国民大会代表选举罢免法》、《总统、副总统选举罢免法》、《立法委员选举罢免法》、《监察委员选举罢免法》和《五院组织法》。经过积极的普选筹备，1947年11月21日至23日，全国除山东、新疆外，举行了国大代表的直选。1948年1月22日至23日，国民党统治区举行立法委员直选。5月8日第一届立法委员集会南京国民大会堂，并选出孙科与陈立夫为正、副院长。1948年3月29日至5月1日，刚刚当选的国民代表大会代表聚会南京，召开"行宪国大"，蒋介石、李宗仁分别当选总统、副总统。

民国时期著名宪法学者陈茹玄认为1947年民国宪法对于"五五宪草"改善之处颇多。"如对人民之自由权利采用积极保护方式，取消'非依法律不受限制'原有之字句。并严定中央限制该项自由之立法范围，以防滥用立法权，剥夺人民之权利。"立法委员改由民选，使地方民意与国家立法机关息息相通，更好地代表民意，"立法院不致有官僚化或政府机关化之弊"。省长不由中央指派，而由各省人民直接选举，使地方人民有选择行政管理人员的自由。明定司法院为解释宪法的机关，"使司法院成为类似美国之大理院为'宪法之保护人'，提高司法之地位"。[①]遗憾的是，这次宪政改革又因国民政府内战的失败而告终。

其实，对于内忧外患的民国来说，当务之急仍然是完成国家统一的使

[①] 陈茹玄：《增订中国宪法史》，上海世界书局，1947年，第267页。

命，"统一"压过"转型"。国共在1946年到1949年的内战，其实已经演变成为新的王朝统一战争。最后形成的金观涛、刘青峰先生所称的"超稳定结构"，不过是大一统局面的再次形成。不过，这次建立的是新型的中共体制，而不是传统的帝国专制体制。当然，如果没有1937年以后的对日抗战，中共力量的复苏是极其艰难的，这样经过二三十年的国民党威权统治，中国从20世纪四五十年代开始民主转型也是有可能的，无论是国民党的"军政—训政—宪政"的政治规划，或是后来在台湾的实践，都是很好的历史注脚。

在这个意义上讲，民国时期的各个阶段，基本上均属于威权政体模式，中国初步完成了威权政体的转型。但是中日战争与国共内战，中断了威权政治在中国的发展，并使得民主转型的前景成为泡影。

"威权民主"与民国政体转型经验

回顾百年前的政体转型过程，不难发现在晚清帝国专制政体解体之后，确实曾出现短暂的民主转型进程，但是其走向并不是民主政体的形成与巩固，而是威权政体的建立。尽管在北京民国政府与南京国民政府时期，威权政体的程度不一，但其政权性质却是基本相同的。然而在20世纪上半期恶劣的国际国内环境影响下，特别是对日战争以及复苏的中共力量的作用，使得威权政体的进一步转型不幸中断。但是这一制度试验与转型，却能够让我们重新审视威权政体在中国的历史存在。

一般认为，由于缺乏竞争和自由，威权主义的民主是形式大于实质。但即便如此，威权主义政权还是允许有限的民主参与，如在绝大多数威权国家，选举制度基本上都被建立起来了，有的国家还允许反对党的合法存在，允许它们合法参与竞选。具有这种民主政治现象的体制，有的学者称其为"选举威权"国家，即具有多党选举竞争的非民主政权。"它们具有民主的基本制度包括多党竞争的选举制度，但是，这些制度由于受到独裁者的破坏而无法很好地执行。"[1]或者如奥唐奈（Phillip O'Donnell）所称的是一种"代表性民主"，"与代议民主不同的是，代表性民主的制度化程度较低，同时，通过选举产生的政府只存在着纵向的责任机制，而缺少平行的责任机制，这样就造成了政府决策权力过大但是执行效果却较差的结果"。

不能一味否定威权政体中的积极因素，毕竟这种政体具有一定程度的政治民主特征，至少政治自由化是持续存在的。笔者将威权政体的有限民主政治的形态，称为"威权民主"。在专制统治转变为民主政治的过程中，政治自由化（liberalization）与政治民主化（democratization）是有区别的，两者既紧密相连，又独立存在。自由化反映人们可享有广泛的公民权，如言论自由、新闻及结社自由、请愿权、公平审判权、通信秘密权等。而民主化反映的则是"政治权利"，包括投票及竞选公职的权利。[2]

在当代学界关于政治民主化的研究中，一般将民主化进程分为四个阶段：第一阶段，旧的专制威权政体解体阶段；第二阶段，由旧的专制威权政体向民主政体的转型阶段；第三阶段，民主政体的巩固阶段；第四阶段，民主政治的成熟阶段。第一、第四阶段是民主化的开始与完成。中间的民主转型（democratic transition）与民主巩固（democratic consolidation）阶段是民主化进程的核心部分。民主转型是民主制度的创建过程。经验表明，转型是民主化进程中最不稳定的阶段，时刻有被旧政权颠覆的危险。

所以从某种意义上讲，如果选择渐进式民主化的道路，"威权民主"作为一种政治自由化现象，确实有利于向自由民主政体的过渡。这种演变模式，曾在20世纪后半期的南欧、南美与东亚一些威权国家的民主转型中出现过，"南欧社会的民主化路径似乎可以得出这样一个观点：由于容忍和助长多元的结构和制度化，以往的威权体制带给成功的民主化和民主巩

---

[1]谢岳：《社会抗争与民主转型——20世纪70年代以来的威权主义政治》，上海人民出版社，2008年，第73页。
[2]张京育主编：《中华民国的民主化：过程、制度与影响》，（台湾）政治大学国际关系研究中心，1992年，第153页。

固，比带给其他不民主的体制更多的有利条件"。①

美国学者林蔚认为："寻求以宪政秩序取代封建王朝是20世纪中国历史的最为重要的主题。"检视辛亥革命以来中国百年的转型历程，借鉴世界范围的民主化失败经验，在中国的现代化水平、民主政治文化传统、市民社会等宏观结构因素尚没有充分具备的情况下，深究威权民主的发展仍然是一个重要的阶段性历史任务。

当然，承认威权政体存续的合理性，并不是对中国未来自由民主政体的悲观。相反，这是一种对世界民主化历程中普遍现象的理性认知。塞缪尔·亨廷顿关于20世纪南美、南欧与东欧的民主化研究表明："从历史上看，有一些国家中建立民主的第一次努力常常失败；第二次努力却经常成功。这种格局的一个理由可能是前车之辙，后车之鉴。"所以，"先进的民主化人士不仅从以前实现政权变革的那些人士中获得了滚雪球般的推动力，他们也从其他人以前的经验中吸取了教训"。而且民国时期的政体转型经验也表明，只要国家政治体制能够不被形形色色的极权主义政治模式所取代，政治自由化进程能够继续存在下去，任何有缺陷的或不成熟的有限多元政治模式都是可以忍耐的，其中就包括威权政体。只有这样，第二、第三次民主转型才会更容易出现，民主转型成功概率才会相应提高。对中国的未来来说，最可怕的转型结局或是沉溺于威权政体的统治不思进取，或是经历民主转型的再次失败而失去信心，致使民主转型的重新启动变成幻影。

---

① 戴蒙都罗斯（P. N. Diamondourous）：《南欧民主化的成功故事》，刘军宁主编：《民主与民主化》，北京商务印书馆，1999年，第196页。

现代中国的首次民主转型

——读朱宗震《真假共和——1912中国宪政实验的台前幕后》

民国初年的政治发展,一直是不少历史、政治、法律等领域的学者关注的焦点。由于学科背景的差异,人们对当年宪政实验的性质、结局及失败原因,存在激烈的争论。民国史专家朱宗震先生的新著《真假共和——1912中国宪政实验的台前幕后》,虽然是一本用通俗笔法完成的历史著作,但是其特色却非常鲜明,或可视为一种新的学术探索。

首先,这本书对民初中国宪政实验的历史背景分析相当精彩。对民初两年的南北和谈、内阁风波、组党风云、议会政治、张振武案等的来龙去脉,作者均能娓娓道来。而且与以往类似著作不同的是,作者不仅关注中央层面的政争,对地方政治发展也很留心,将江苏、湖北、上海等地的政治人物与事件亦纳入研究视野之中。特别是在总结1912年宪政实验及展望1913年政治前景时,作者指出,1912年孙(中山)黄(兴)北上,缓和了南北之间的政治冲突,达成了赵秉钧政党内阁的妥协。而宋教仁则期望通过国会选举与制宪活动,循着议会政治的和平轨道执掌政权,"但是,进入1913年之后,袁世凯已经不愿意接受一个总统受到议会制约的国家体制,也就是说,袁世凯和国民党都提高了对政权的要价"。这样一来,双方在推翻清廷之后的妥协已经失去了调和的空间,矛盾再次激化起来。

其次,本书从教育文化的视角对宪政实验失败的原因做出了新的阐释。作者在序言中就提到本书尤其重视历史人物的教育背景,也就是文化背景，认为"从这些人物的文化背景和他们的思维和行为习惯，我们就能理解这段历史生成的重要原因"。以此为立论依据，在总结宪政实验失败原因时，强调政治精英不具备民主素养，"没有现代化的人才，又怎能有现代化的运动？"所以"共和制度在落后的中国，远远没有到可以操作的阶段"。作者还感叹"中国到现在为止，还没有一个现代政治学的大师，我们任重而道远"。由此在展望中国宪政发展前景时，作者得出"制度是社会自己运动、逐步创造的过程"的结论。

最后，书中对历史人物的评价富有感情色彩。从总体上来说，作者对革命党人基本上持同情态度，认为他们或是书生气太重，或是为人厚道，容易上当受骗。全书对宋教仁着墨较多，认为宋教仁有总理之才，可惜结局凄惨，所谓"宋教仁之所以是一个历史悲剧人物，就在于他既不打算革命，又要向袁世凯挑战，完全背离了当时中国政治的实际格局，也就是迷恋虚假的议会形态，而没有看清楚隐藏在袁世凯背后的暴力"。即使是对政治操守与人品都评价不佳的湖北革命党人张振武，因其不幸在北京被袁世凯政府枪杀，作者也就把重心放在批评袁世凯滥用暴力，而回避张振武的政治野心与军人身份，并认为张振武的贪污腐化，只是一种弱点或嫌疑。至于袁世凯，作者从一开始就认定，袁世凯从民国初建就已经认同梁启超的开明专制论，反对《临时约法》与民初宪政，其所作所为只不过是"让共和留下个躯壳而已"。

纵观全书，作者在总结民初宪政实验原因时，政治精英教育文化背景缺失是其核心观点，同时也提到经济、社会等其他宏观因素的外在制约，从而强调宪政实验失败的不可避免性。作为一家之言，自有其可取之处，但仍存在一些问题与不足。如过分强调政治人物的现代教育文化背景的重要性，反而漠视了政治人物利益优先的基本特性。对政治人物来说，权力与利益是其政治生存的目标，再好的文化素养，也要服从于追逐利益的政治目标。当年韩国总统李承晚，虽然是第一个获得美国政治学博士学位的韩国人，但却是一个不折不扣的独裁者。而台湾领导人蒋经国，长期接受的是标准的东方专制主义教育，却开启了台湾政治民主化的大门。在这个意义上讲，袁世凯与李承晚、蒋经国并无太大区别，为了权力目标，他可以支持民主共和，而当其政治目标落空时，他也可以终结民国宪政。此外，在早期现代化阶段，绝大多数政治人物的现代素养都是有缺失的。即使是在美国，作为建国之父的亚当斯总统，在其任期内还通过了限制言论自由的1798年惩治叛乱法。根据该法令，总统可以下令逮捕任何以言论或文字"轻蔑或诋毁"联邦政府、国会或总统者。此项法令无疑粗暴地侵犯了个人权利，在其颁布后不久，很快就有24名报刊编辑和发行人被捕。

本书在对袁世凯等复杂历史人物进行评价时，还是习惯于以历史结局为立论依据，忽略了历史发展的过程与变数。其实正如历史学者郭世佑教授所言，在评价辛亥革命历史结局时指出，过去人们主观认为袁世凯上台就注定了他在数年后必然要搞帝制，这种以事物的结果来代替其过程分析的方法不啻是宿命论和历史功利主义方法。后人所了解的历史都是已经凝固而且再简单不过的既成事实，而某些既成事实的原型在凝固成历史之前，往往是错综复杂和变幻多端的。笔者以为，应该承认的事实是，即使对宪政民主不甚了解的袁世凯，在民国初年，也极力想通过合法的政治手段而不是非法的武力手段介入政治活动，以达到增强总统权力的政治目的。

关于本书还有一个最重要的问题，即关于民初宪政试验的评价，也就是所谓"真假共和"的难题。在笔者看来，民初中国的政治发展其实应视为现代中国史上的第一次民主转型。从《临时约法》的颁行、竞争性议会选举的开展、言论出版的自由，到国会政治的运作与宪法草案的制定，民初中国经历了一个完整的制度转型过程。民主转型是民主制度的创建过程，宪法的制定与宪政制度的实施是民主转型的主要内容。经验表明，转型是民主化进程中最不稳定的阶段，时刻具有被旧政权颠覆的危险。民主转型是民主政治建设的第一步，随后才是决定民主制度存续的民主巩固阶段。

从民主转型的视角观察民国初年的宪政试验，有助于我们拓宽视野，至少可以从比较民主化、制度变迁与政治策略等三个微观层面来总结历史经验。

在比较民主化层面看，早期民主化阶段出现的一些不成熟的政治现象，不仅是正常的，而且具有普遍性。如书中提到了民初政党是士大夫的朋党，其派系争斗具有落后性。但是美国著名政治学者亨廷顿的研究表明，政党政治的发展通常要经过四个阶段。其中宗派期是第一阶段，此时"政治基本上只是少数人在为数众多的弱小而短暂的同盟和集团之中相互进行竞争，这些集团持久性很差，且无结构可言，通常只是个人野心的一种投影"。18世纪欧洲与美国许多政党团体都属于这种类型。这种描述同样也适用于民国早期的政党政治。派系政治的缺点与不足，只是表明政党政治发展还没有进入制度化阶段。而进入制度化阶段，又需要上百年的漫长演进过程。

在制度主义者看来，政治制度变迁的实现要通过制度主体的创新行为来实现。"制度创新成功的关键在于新制度能够增进创新集团的利益，同时得到其他行动集团的支持。"[①]当时决定中国政治制度变迁的最重要力量并不是国民党与后来的国会，而是袁世凯的北洋政治集团。对于袁世凯这样的实用主义政治人物来说，以较少的代价，攫取更多的政治利益是其最主要的政治目的。袁世凯在1912年接受共和制度，其实就是建立在这种判断之上。如果这一期望受挫，他自然就会改变最初对共和民主制度的不反对态度。民初的两年，就是袁世凯对民国新政治制度态度发生转变的一个过程。

但是无论是1912年《临时约法》，还是1913年的《天坛宪法草案》，在处理行政与立法权力关系时，均设计出一种"立法至上"的政治制度。在这种制度安排下，国会权力极大，完全不受行政、司法权力制约。特别是国会可以行使"倒阁权"，而政府却没有"解散权"。这种制度设计显然违背了权力制衡的原则，使得在现实政治运作中，一旦政府与国会发生政争，政府一方并不能合法地解散国会并依法重新举行国会选举，以此来化解政治冲突。最后只能是像袁世凯那样，使用体制外非法的武力方式解散国会。

更重要的是这种"立法至上"的政体模式，完全没有承认当时左右中国政坛的北洋集团的政治利益。在民国初年的政治格局中，北洋派无疑是力量最强大的政治集团，袁世凯政权得到军队、官僚、立宪派与商人阶层

---

① 何增科：《新制度主义：从经济学到政治学》，刘军宁主编：《市场社会与公共秩序》，生活·读书·新知三联书店，1995年，第348页。

的支持。考虑到这种政治现实,让政治强人袁世凯放弃实权,甘当虚位元首的想法绝对是不切实际的。袁世凯本人也明确表示:"世凯既负国民之委托,则天下兴亡,安能漠视?"袁世凯所感兴趣的是做一个实权总统,而不是虚位元首。由于民国初年的政体模式使得强势政治集团缺乏推动政治制度变迁的动力,当年宪政制度变革最后的失败也就在所难免。

在政策策略方面,政治妥协对民主化进程的影响至关重要。美国政治学家罗伯特·达尔(Robert Alan Dahl)认为民主依赖于妥协,这已成为人们公认的常识。亨廷顿也强调妥协是自20世纪70年代开始的第三波民主化的共同特征之一,因为"民主国家是通过谈判、妥协和协议而产生的"。在政治精英中进行谈判和妥协是民主化进程的核心。从政治妥协的类型来看,1912年的南北议和,仅仅是一种实质性妥协。考虑到当时内忧外困的政治现实,革命党人才不得不做出让步,同意袁世凯担任临时大总统。但这只是一个暂时使用的政治谋略,待危机过后,革命党还是准备重新执掌民国正式政府的大权。

仅有实质性妥协是远远不够的,制度性妥协其实更加重要。在民主转型过程中,体现制度性妥协功能的最重要的政治活动就是制宪。只有通过制宪活动,才能将各主要政治力量的利益目标在宪法条文中体现出来。最后制定的宪法可能在理论上并不完美,但是却能够基本上体现各主要政治势力的利益与要求。只有这样的宪法才有可能被多数政治精英们接受、执行,并存在下去,那种有宪法无宪政的局面才能够避免。制宪政治中,制度性妥协是普遍存在的。1787年美国制宪会议、1688年英国"光荣革命"以及20世纪后期世界第三波民主化,都是制度性妥协成功运作的典范。

对当时的革命党人与北洋派来说,他们其实都明白,《临时约法》与临时政府是临时性质的,正式宪法与正式政府的组建才是最重要的政治目标,而且在民主转型时期,通过议会政治同样可以获得最高权力。宋教仁之所以对临时政府不感兴趣,而把工作重心放在极力拉拢各派势力以充实国民党的政治实力,其政治用意就是如此。对革命党人来说,民主转型时期最大的失误并不在于谋求政治利益,而是忽略了当时的政治现实,追求不切实际的政治目标,未能实现制度性妥协。这在1913年下半年的宪法草案制定过程中表明得尤为明显。当时以国民党议员为主体的民国国会，排斥袁世凯北洋派参与制宪，采用封闭的国会制宪模式，选择抗争性方式单独制宪，实际上是拒绝任何妥协的政治行为。"立法至上"的"超议会制"的出现，更是说明当时各主要政治力量没有进行宪政体制层面上的制度性妥协，北洋派的总统权力目标在新的宪政制度中完全没有实现。所以本书认为"宋教仁以合法的政党竞争获取政权的计划，被袁世凯破坏"这一看法不尽全面，宋的政党竞争虽然合法，但是却不切实际，已危及袁的既得利益与权力目标。

20世纪后期第三波民主化经验表明，在民主转型阶段，政治民主化的第一步目标应该是以制度性妥协的方式，确保某种形式的宪政制度能够存在下去。对处于早期民主化阶段的民初中国来说，能够通过制度性妥协，建立一个有限民主政治模式就是成功。而这种可能性在当时并不是没有，无论是袁世凯提出的总统制权力目标，还是本书作者所肯定的程德全、张謇在江苏的治理活动，均是符合以上标准的。

总之，历史的评价关系到对历史经验的总结，而评论视角的多元化，不仅能够充分实现学术批评的作用，更重要的是其具备的建设性，它将会丰富人们对历史的认识，使历史经验的积累更加完整。

民国早期的政治权力变迁

1912年中华民国的建立，不仅标志着近代中国国家体制革命性的变革，更重要的是加快了从晚清新政开始的传统政治社会变迁进程。在民国早期政治发展（1912年—1928年）中，政治权力、政治合法性、政治参与、政治文化等结构性因素的变化速度，事实上超过了过去人们的判断与认知。正如美国学者列文森（Joseph R. Levenson）所说："君主制的种种象征已被如此彻底地消除了。这一事实本身就提醒我们，新的共和国不仅是形式，而且也是内容。"

政治权力在这一时期主要有两个重要的变化。首先是国家权力的变化。在横向关系中，过去以行政权力为核心的一元权力结构开始瓦解，出现立法、司法与行政三权初步分立的权力结构。民国初年南京、北京临时参议院与国会的相继成立，标志着完全意义上的立法机构开始在中国正式出现。南京临时参议院成立于1912年1月28日，"参议院以各省都督府所派之参议员组织之"（《临时政府组织大纲》第七条）。参议员共有42人，来自全国17个省区。南京临时参议院任内最主要的成绩是《临时约法》的制定与颁行。同时，围绕国都、约法制定权等问题，参议院不顾临时政府的反对，有效地行使了立法权力。南京临时参议院存在时间仅有两个多月，由于议员多数是地方政府指派，民意代表性不强，在湖北省等地方议会的反对下，南北统一后随即进行了改选。同年4月29日，新一届临时参议院在北京成立，各地先后选出122名参议员，进行了将近一年卓有成效的立法活动。根据笔者统计，南京与北京临时参议院总共通过各类议案188件，未议决、未审查、未提议案122件，共计310件。参议院议长吴景濂在闭会仪式也称："本院先后开会综二百二十次，经议决者凡二百三十余案，立国纲要，未始不于此稍稍植基础也。"

1912年4月8日，第一届国会在北京成立。国会采用两院制，分为参议院与众议院。参议院由各省（包括蒙、藏、青海）议会、华侨学会，按照《国会组织法》规定的名额，实际选出266名参议员。众议院按照每人口满80万选出议员1名的原则，共选出596名议员。两院议员合计862人。根据《临时约法》、《国会组织法》规定，国会主要有立法与行政监督两大权力。国会在短暂存在的半年多时间里，不少议员问政积极，对宋教仁案、大借款案、俄蒙协约案、预算案等争执激烈，弹劾、质询案层出不穷，仅众议院就提出9件弹劾案，19件建议案与查办案，173件质问书，涉及政府工作的各个方面，先后迫使国务总理赵秉钧、财政总长周学熙辞职。此外，还制定出民国宪法草案，通过各类议案42件，展现出一定的立法活力。国会初开的两个月，被后人称为"国会神圣时代"。[①]

1917年南北分裂后，在皖系的操纵下，1918年8月12日第二届国会（安福国会）召开，至1920年8月30日闭会，共历三期常会。第二届国会仍然采用两院制，法定议员人数较第一届国会减少，共574人。参议员由地方选举会与中央选举会分别选出，共168人。众议员按人口比例分省区选举，每人口满100万选出1人，共406人。由于受到支持孙文护法的西南五省的抵制，实际选出国会议员467人。同年9月4日，第二届国会选举徐世昌为民国大总统。本届国会一些立法活动也可圈可点，如1919年5月，众议院致电巴黎和会，要求日本归还山东，两院都主张拒绝和约签字。又如11月国会议决裁减军费，要求政府进行军事财政改革。总体上看，因安福系为议会第一大党，议会与皖系政府关系比较缓和，没有发生大的政治冲突，有学者评价"在这种意义上有助于宪政发挥作用"。

地方议会政治在民国初年也非常活跃。1912年独立各省的咨议局纷纷

[①] 张玉法：《民初对制宪问题的争论》，《（台湾）中央研究院近代史研究所集刊第12期》，第124页。

改为临时省议会。1913年初,各省第一届省议会宣告成立。一些省份的县还成立县议会,不少乡镇也有议事会。许多地方的省议会积极参与本省的政治活动,认真履行立法职权,立法活动有声有色:四川省议会在审议政府预算案活动中非常认真,一度曾经否决政府预算法案;安徽省议会积极监督政府行政活动,并当场质问民政长柏文蔚行事违法;湖北省临时议会与第一届议会,先后提出财政、教育、民生、弹劾等法案200多件,颇有成效;江西省议会通过实行"减政",裁并都督府交涉司,取消南萍铁路筹备处;广东省发生了举世瞩目的议会弹劾都督胡汉民事件;浙江省的县议会1912年建立,此后积极介入教育、税收、公共工程等公共事务的管理,并与地方政府发生了冲突。1914年2月28日,袁世凯政府下令解散各省议会。

1916年10月,各省议会相继复会,地方议会政治一直延续到1926年。尤其难能可贵的是,在20世纪20年代内战频繁的恶劣环境中,省议会还是发挥了一定的积极作用,成为地方权力结构中不容忽视的一极。如20年代初在曹锟兄弟威权统治之下的直隶省议会,几年来始终不通过一项公债案。可见地方权力的范围之内,军阀的权威也不能不受限制。吕实强对四川省议会的研究表明,多数议员以民意自命,积极行使议会职权,"常存于新,发之于言,布之以文,并发生相当效果,已甚属不易"。江西省议会1920年底弹劾省长戚扬案成功,震惊北洋政府。同样在1920年,江苏省议会也通过了弹劾省长齐耀琳的议案,齐耀琳最后被迫辞职。一些地方议会的立法活动方式有所改进,如美国学者萧邦齐(R.Keith.Schoppa)发现,在浙江省:"事实上,20年代的县议会首先关注的是财政收入的使用,而不是管理特别事务。扮演这种角色的目的显然是确保他们的同意权,以及对一些事务的监督与管理。"

这一时期北京政府的二元行政权力体制开始运作,先后成立38届内阁政府,现代政府组织形式即内阁制在清末改革的基础上获得进一步发展。按照《临时约法》规定,国务院为总理政务机关,下设陆军、海军、司法、外交、财政、内务、教育、工商、交通、农林等十部。1913年,农林与工商部合并为农商部,共为九部。国务院直辖部门还有法制局、铨叙局、印铸局、国史馆等,内部组织是秘书厅。与此同时,总统府也开始组建办事机构。1912年4月,设置秘书厅和军事处。秘书厅职官包括秘书长、秘书、参议与大礼官。军事处职官包括侍从武官长、副官长、卫侍武官、政治顾问、军事顾问与军事咨议。此外,参谋本部、审计处也是总统直辖机关。值得注意的是,由于《临时约法》没有处理好总统与总理的权力关系,致使这种二元行政权力体制从一开始运作就困难重重,府院之争在所难免。

司法机构的革新活动也在积极运作。《临时约法》规定"法官独立审判,不受上级官厅之干涉"。司法制度采用大陆制度,即把行政诉讼和普通民事、刑事诉讼分开,各受不同的法院管辖。1914年成立的平政院是办理行政诉讼的机关,对中央或地方各级政府的违法处分行使审理权。其他民事与刑事诉讼则由各级审判机关受理。审判机关采行"四级三审"制度,即审判机关共分初级审判厅、地方审判厅、高等审判厅与大理院四级设立,审判则只三次(初审或第一审、二审或第二审、终审或第三审)。大理院是最高审判机关。

司法独立在民国初年表现得尤为显著。南京临时政府时期,司法总长伍廷芳坚持法治原则,对沪军都督陈其美以军政干涉司法的行为积极抵制,在很大程度上阻止了陈的逾权行为。1912年11月,发生了北京民国大学控告财政部长刘揆一侵占校产案,国会议员郭同、丁世峄、李国珍等控告《国光新闻》妨害公务案。1913年在宋教仁案审理过程中,上海地方检察厅公开传讯在位的国务总理赵秉均。虽然赵以健康为由拒绝到上海应讯,"但一个地方法院传讯总理和地方官员,公布政府最高官员与杀人犯密切往来的证据,实乃20世纪中国司法史上空前绝后的大事"。[①]此后,司法方面的进步始终没有停止过,在新型司法人才的引进和培养及法院组织的改制方面,都颇有建树。不过,由于民国早期的约法、宪法都没有赋予法院重要的司法审查权,司法权力在国家权力结构中独立性一直不强。

从现代化的角度来看,民初国家政治权威属于衰败阶段。但是这种看法显然掩盖了制度试验时期的改革活力。虽然政治权力在分权体系、中央

---

① 袁伟时:《政治策略与民初宪政的历史经验》,《战略与管理》2000 年第 6 期。

与地方关系方面呈现出混乱状况,但这同时也是制度重建的机会。一权独大还是三权分立、中央集权制还是联邦分权制、强势国家还是强势社会,所有这些都表明一个决定性的制度选择挑战的来临。

在纵向层面上,中央与地方的权力关系发生了剧烈的变动。强大的地方主义从晚清新政时期开始兴起,在民国初年的势头更加强劲,地方主义开始了极端化的发展。辛亥革命中"独立"的各省不仅拥有立法、财政、内政权力,还拥有属于全国性政府的外交、军事权力。湖北省军政府成立时,就设有军令部、军备部、参谋部、政事部,其中政事部又下设外交、财政、司法、交通、文书、编制各局。江苏省军政府颁布的《临时官制总纲》中也明确规定都督"统辖军政一切事宜",其他各省情况基本相似。南京临时政府时期国家的军事、财政重心实际上在地方,而不是在中央,所有田赋、盐税和厘金都为各地军政府截留。临时政府曾三令五申要各省报解田赋,无奈它对各地军政府缺乏必要的约束力,下达的命令不过是一纸具文。各省拥有完整的国家权力,"俨然具一独立国家之形象"。①

袁世凯继任临时大总统后,一直到二次革命失败前,他在一年多的时间里,推行军民分治、倡导废省设道、实施税制改革,不断为强化中央权力而努力,但是成效有限。1913年袁世凯合法地任命江西省的民政长,却遭到了都督李烈钧的拒绝。双方的权力关系没有发生根本性的变化,"政府虽号中央,南省无殊独立;大约除外交一事以外,其他如用人权、财政权、军政权皆南省各都督自操之,袁固不得过问,袁亦不敢过问,其向来解中央之饷项,财政部无术催交。其近来驻地方之兵额,陆军部无从编制,……而其实则中央自中央,北自北,南自南,吾国确未能有统一之现状"。从权力结构的角度来说,那种认为临时政府具有联邦制色彩看法其实是不准确的,事实上各省成为"第二个中央"。②当时的中国其实正处于类似于美国独立战争初期邦联的状态。

地方主义在经历袁世凯中央集权统治的短暂沉寂之后,自1916年袁世

---

① 《裁汰冗员论》,《亚细亚报》,《民国汇报》第 2 册,第 11 页。
② Ernest P. Young, *Presidency of Yuan Shih—K'ai, Liberalism and Dictatorship in Early Republican China*, The University of Michigan,1977, p.83.

凯死后又迅速地发展起来。其中以20世纪20年代联省自治运动兴起最为典型。由于当时国家处于分裂状态下,人们希望在地方高度自治的基础上,以联邦制度的模式实现国家的统一。省宪制定是联省自治运动的重要标志。湖南省是第一个开始制定省宪法的省份。1921年12月,在湘军总司令赵恒惕的支持下,湖南省宪法草案经全民投票多数通过,于1922年1月1日正式施行。省宪公布后,在1922年1月—3月,湖南省举行了省议会选举,9月举行了省长选举,赵恒惕以压倒性高票当选湖南省的正式省长。一直到1926年7月14日,迎接广东国民政府北伐的湘军将领唐生智宣布废除省宪,解散省议会,历时6年的湖南自治局面才宣告结束。1920年—1925年期间,浙江、云南、四川、广东先后制定出省宪;广西、贵州、陕西、江苏、江西、湖北、福建等省,或由当局宣言制宪自治,或由人民积极运动制宪,北方的顺直议会也曾电请各省议会选派代表赴沪共同制定省自治法纲要。后人评价说:"省宪运动的潮流,可谓激荡全国。"[1]在联省自治运动的影响下,1923年民国正式宪法也采用联邦制度。

在国家控制之外,具有经济安排、规则、制度的市民社会,其雏形开始出现。这意味着国家与社会之间的权力关系发生了显著的变化,这是政治权力分散的另一个突出表现。

市场经济是市民社会发展的根本性基础。晚清自强运动以来,政府主导型的经济模式被打破,北洋政府对官办及官商合办的工业、金融业、交通业领域的企业失去控制能力,中国经济从1911年开始进入自由市场经济的黄金时代。法国学者白吉尔(Marie-Claire Bergere)认为:"20世纪10年代、20年代之交,中国资本主义得到迅速的发展。这一时期是中国民族工业的黄金时期。一直处于不发达状态的资本主义是在辛亥革命之后才得到蓬勃发展的。"从1912年到1927年的16年中,中国历年所创办的、资本额在1万元以上的工矿企业总数约达1984家,创办资本总额约为45,895.5万元。无论就创办企业家数或创办资本总额而言,后16年都超过了前72年(1840年—1911年)的一倍以上。同时官办企业的资本额逐年下降,商办

---

[1] 李剑农:《中国近百年政治史》,复旦大学出版社,2002年,第491页。

企业投资成为主体。经济持续快速发展，1912开始的8年里，工业年增长率达到13.8%。

与此同时，城市资产阶级、现代知识阶层等独立的社会力量开始出现，社会政治影响日益扩大。晚清以降，绅商阶层继续成为民国初年城市资产阶级的主体。1912年全国加入商会的商号有19.6万个，商会会员有20万人。到了20世纪20年代，工商资产阶级构成发生变化，工业、金融业领域的新兴企业家开始发挥主导作用。新式学生的数量增长非常迅速。从1872年中国正式派遣留学生留洋，截至1911年，各省派遣留学生约3320人，加上自费留学，共有数万人。国内新式学堂的学生数量更多。民国教育部统计，1911年全国各类学生达2,933,387人，1914年为3,643,206人，1916年高达4,034,893人。工商业者、教育家、律师、新闻记者等中产阶级迅速兴起，"他们构成了一个与传统社会士大夫全然不同的社会阶层"。①现代精英阶层的社会政治影响日益扩大。在民初北京临时参议院议员中，受过国内外新式教育者的比例将近90%，议员、教育界人士超过80%。第一届国会议员新式教育比例超过80%，其中教育、议员、新闻、工商、律师等职业阶层议员所占比例超过总数一半。即使是保守色彩浓厚的第二届国会，议员中受过新式教育者的比例也不低。在一些地方省议会中，商人等新兴阶层也占有绝对多数，居于支配地位，商会会长兼任地方议会议长也不鲜见。中产阶级的出现，对民国初年民主转型的推动作用是不言而喻的。

大众传媒的发展亦相当迅速。与晚清及后来的国民政府时期比较，北京政府对言论自由的管制相当宽松，严格的新闻管制只是短暂地实行于袁世凯两年多的威权统治时期。新闻媒体的社会影响也迅速扩大，全国邮递报纸的投递数1912年已经达到3,716万份，1915年3,922万份，到1924年已经达到13,746万份。1912年、1913年分别新增报刊150种、180种，为历年来（1900年—1928年）最高。报刊总数在1913年达到487种。1912年8月广州出版日报24种，内地重庆、成都两地，日报也分别有六七种。一些商会也自办报刊，借以表达自身利益的诉求，比较有影响力的有上海的《银行周

---

① 许纪霖：《寻求意义——现代化变迁与文化批判》，上海三联书店，1997年，第9页。

报》（1917年）、《上海总商会月报》（1921年）、北京的《银行月刊》（1921年）、汉口的《银行杂志》（1923年）等。五四时期，政治思想评论和学术自由遍地开花，新闻界更是呈现出百家争鸣的自由景观。

不受国家权力监控的自由结社组织的出现，是市民社会在最低限度上的表现。在市场经济的浪潮中，各地商会在这一时期也充满了活力。有学者认为："由于商会对地区事务的经济支持，所以也赢得了人们更多的尊重。并且商会积极参与地方事务，成为地方政治中主要的参与者。"[①]1912年，全国共有华商商会794个，1919年已经增至1238个，其中总商会55个。此外，经济协会、拓植协会、中国实业研究会、中国实业会等其他一些社会经济组织也应运而生。据不完全统计，1912年创立的各种实业团体就有40多个，遍及西北、华东、东北各省区。与晚清时期的商会一样，这些实业团体也成为公共领域的重要内容，具有广泛的社会功能，而公共领域的发展正是市民社会的重要基础。

当然，社会经济团体只是市民团体的一部分，大量政党、政治组织的风起云涌更值得特别关注。从1911年10月到1913年4月的一年半时间里，先后成立的党、社，加上少量1911年10月前成立，在民国初年继续活动的团体，共计386个，其中政党与具有明显政治色彩的社团271个。这些政治社团基本集中在大中城市，其中上海、北京两地占全国的一半以上，与世界各国政党发展均在大城市的特点相似。当时中国的政治生活进入了"政党林立时代"。教育会、律师会、报界联合会、各种学会纷纷出现，数量在1912年以后不断增加。从1915年—1924年，学会呈指数增长，成立的学会超过400个。1912年—1921年江苏省南京、苏州、上海三地的政论、公事社团总数分别为319个、245个、208个，共752个，加上1912年—1919年各县结社641个，总数达1403个。[②]

不难看出，在1915年至1927年这12年间，"中国的市民社会在政治衰败与军阀混战的背景下，得到了长足的发展"。"军阀主义毫无疑问对中

---

① Xin Zhang, *Social Transformation in Modern China: the State Local Elites in Henan, 1900–1937*. Cambridge University Press, 2000, p.50.
② 陶鹤山：《市民群体与制度创新—对中国现代主体的研究》，南京大学出版社，2001年，第74—75页。

国社会产生消极作用,对现代化工业的发展也很少有贡献,但是它并没有阻碍中国城市化发展的趋势,特别是条约口岸的发展。贸易和工业继续增长,学校与大学的数量持续增长,杂志和报纸的发行数量也节节上升"。[1]

民国早期的市民社会,"虽然它还存在一些致命的弱点,但从本质上说,它已成为制约国家权力,制衡国家政权的社会实体的胚胎。"[2]中国经济、社会、文化自由的迅速发展,推动了市民社会的快速成型,传统的强势国家、弱势社会的政治权力格局,受到了短暂而有力的冲击,日益自由化的政治社会环境对政治转型产生了积极的影响。

---

[1] Ranbir Vohra, *China's path to Modernization*, Prentice Hall, Inc, 1977, p.121.
[2] 陶鹤山:《市民群体与制度创新——对中国现代主体的研究》,第 196 页。

民国北京政府时期的政治参与

在民主转型进程中，政治参与是一个非常让人感兴趣的现象。政治社会学者一般认为政治参与指的是"平民或多或少以影响政府人员的选择及他们采取的行动为直接目的而进行的合法活动"。[①]政治投票与政治选举、参加政党与社团活动、政治表达是政治参与常见的途径与方式。

民国早期政治参与最重要的政治现象是全国性议会选举的开展。全国共举行过四次中央议会选举与三次地方省议会选举。第一次中央议会选举是北京临时参议院选举。在南京临时参议院的民意代表性遭到各省质疑后，临时政府遂决定依据《临时约法》第18条规定，在全国各省进行临时参议员选举，重新组织北京临时参议院。这次选举从1912年3月下旬开始，历时三个多月。选举方式主要有三种：一是地方议会互选参议员。互选采用秘密投票的方式，整个选举过程不向外界公开。二是"公举"，即公开选举。这是一种选民间接选举议员的做法。当时直隶省议会"召开选举会，当场举定员5人，计会外3员，本会2员"。吉林也采用公举的方式，从12个团体中选出了5名参议员。"公举"扩大了选举范围，使候选人更具有代表性，一些媒体给予好评，认为"参议员公举，共和国之通例也"。即使一时难以实现直接选举，也应当由国民选出的代表间接公举。三是两地选举，主要是蒙古、青海议员，部分选自本土，其余在北京的地方社团中选出。

[①]诺曼·H. 尼、西德尼·伏巴：《政治参与》，格林斯坦、波尔斯比编：《政治学手册精选下册》，储复耘译，王沪宁校，商务印书馆，1996年，第290页。

第一届国会选举筹备工作开始于1912年下半年。9月5日，北京政府公布众议员选举日期令，规定在1912年12月10日举行初选，1913年1月10日举行复选。同年12月8日公布参议院议员第一届选举日期令，规定各省议会、中央学会、华侨选举会的参议员选举于1913年2月10日举行，蒙古、西藏、青海选举会的参议员选举在1913年1月20日举行。国会议员选举开始于1912年12月，翌年3月中旬结束。

在北京政府的统一协调下，各地选举工作紧张开展。在竞选活动中，"政见多较空洞，不过主张内阁制或总统制、抨击政府或誉扬政府、炫耀己党或攻击他党、炫耀自己或攻击其他候选人。其选举方法，或开设夜塾，教授选民写候选人姓名；或预印候选人名片，以便选民携入选举场内摹写；或张贴海报、标语，吸引选民注意；或以报刊宣扬政见和己党候选人之长；或旅行各地，发表演说；或以各种优待方法（如免交党费），拉初选当选人入党"。[1]有研究指出："投票有热烈与冷落之分；有的地区显得热烈，有的地区甚为冷落。大体言之，沿海沿江得风气之先，趋向于热心，内地省份，风气闭塞，反应冷落。"[2]两院议员选举历时近四个月，最后在1913年3月各省参议员选出后结束。第一届国会虽然惨遭两次非法解散，但还是相继召开三届常会。1916年11月30日，国会作出改选第一班参议员的决定，但由于政局动荡，迟至1922年10月，才完成参议员的改选工作。

第二届国会选举从1918年5月开始，至7月结束。此次选举显著特点之一是贿选舞弊现象非常严重。皖系要人徐树铮直接插手选举活动，参加选举的17省，徐树铮直接影响的就有13省。除了江西、浙江、江苏三省，地方首长几乎与之联为一气，控制选举。安福系派遣干员携款到地方各省，大肆运作。他们大力吸收党羽，凡是愿意加入安福系的政界人士，立即可以取得竞选补助费用，当选后每月可以领取一定的生活津贴。最后，整个贿选费用不下千万元。在腐化的形势下，也有一些出淤泥而不染的理性行

---

[1] 许秀碧：《民国二年的国会——国会的背景分析》（硕士学位论文），台湾政治大学政治研究所，1977年，第88—104页。
[2] 张朋园：《清末民初的两次议会选举》，《中国近代现代史论集第十九编民初政治（一）》，（台湾）商务印书馆，1986年，第10页。

为：北京中央学会选举时，在一片贿选声中，工业家陈济华发起一个联欢会，邀请竞选者发表演说，令人印象深刻；江苏苏州为了鼓励选民投票，每人发给两元路费。有些地方选情非常热烈，如吉林众议员初选，"拥挤异常，且有将门窗玻璃挤碎者"。①有些地方投票人数稀少，浙江嘉兴县选举众议员，"白票及废票颇多"。②

1920年10月，总统徐世昌下令举行第三届国会选举，因遭到直系等地方实力派的反对，全国举行众议员选举的只有苏、皖、鲁、晋、甘、奉、吉、黑、新、蒙、青共11省区。参议员选举一直没有进行。1922年8月，第一届国会复会后，第三届国会遂告消亡。地方议会选举情况与北京国会选举基本相似。

从政治发展的视角来看，国会选举中表现出来的政治参与的积极变化不少。

首先是政治参与主体的扩大。从历次国会选举法规定的条件与选后议员结构来看，选民基本上是工业、金融业资本家，绅商，教育、新闻业者，小业主，中小官僚和农村地主、富农。最活跃的参与分子主要是新兴的市民群体，或者说是城市中崛起的中产阶级社会精英。与此相似的是，美国在1820年之前，选举权也是限于有产业的一部分人民的，即土地或房屋的所有者。

其次是政治参与程度的加深。民国初年，选民人数急剧增长。由于选举条件放宽，平均每省选民有150多万，总数达到3400多万，比例超过当时中国总人口的10%。第二届国会选举的选民比例进一步提高，达到总人口的15%，远远超过清末咨议局的选民人数——那时全国选民不过170万，仅占总人口的0.4%——丝毫不逊于欧美发达国家在早期民主化阶段的政治参与程度。英国在1831年选举制度改革前选民仅有50万，占全国人口（2400万）的2.1%，一直到1869年第二次改革之后，选民人数才接近8%。美国到了1840年选民人数才达到总人口的16%。此外，还超过当时的印度，印度在1921年选举中央议会时仅有100万选民，1935年才达到中国1912年的水平。

---

① 《吉林》，《盛京时报》1918年5月25日。
② 《嘉兴》，《申报》1918年6月8日。

此外，一些地区的选民投票非常踊跃，奉天省奉天府与江苏省江宁县两地的投票率分别达到60%及70%。还有一些地方许多民间社团与志愿者也参与选举事务工作。有些选民在完成选举资格规定的纳税标准登记之后，才来到投票站投票，此时负责选举的官员仍然在恭候。①

再次是政治参与质量的变化。以往论著往往批评选举中出现的负面现象，如贿选、冒名投票、行政干预、武力冲突等不时发生。而且"从一开始，中国民主就受到了媒体的负面报道。中国的记者与评论家抨击那些在学习西方民主的过程中极易出现的腐败现象，并以此作为支持民主的公共精神见证"。②但这些并不是中国特有的现象，罗隆基先生曾指出："英国直到十七与十八世纪，议员依然是买卖品，又何以异于'猪仔'？英国过去选举场中之黑暗龌龊，较中国民初有过之而无不及。那都是宪政演进必经之过程。"直至1885年，英国仍可贿买下议院议员席位。所以美国学者杨格（Ernest P. Young）认为与中国历史上其他时期相比较，代议制度与独立政党之间的竞争性选举在民国初年（1912年—1913年）几乎获得了支配性地位。③值得注意的是第二届国会选举虽然贿选盛行，但是暴力事件却不多见，实属不易。而且第二届国会选举还改革选区制度，以道为选举单位，消除了大选举区的弊端，与第一届国会选举以省为选举单位比较，有了新的改进。

政党政治在民国初年也获得了空前的发展。"民国成立后，国内民气发扬，政党活动，非常发达。"④许多政党社团一经成立，人们就踊跃加入。1912年5月，共和党正式成立后不到半年，"除中南各支、分部有自制党证外"，仅总部事务所办理的党证"已达六万左右"，而要求加入者仍然很多，以至印刷厂印制党证"日制千枚，恒苦不足应用"，只得每天再

---

① John H. Fincher, *Chinese Democracy: The Self-Government Movement in Local, Provincial and National Politics, 1905–1914*, Canberra: Australian National University Press, 1981, p.225.
② John H. Fincher, *Chinese Democracy: The Self-Government Movement in Local, Provincial and National Politics, 1905–1914*, p.224.
③ Ernest P. Young, *Presidency of Yuan Shih—K'ai, Liberalism and Dictatorship in Early Republican China*, p.76.
④ 杨幼炯：《中国政党史》，商务印书馆，1937年，第4—5页。

增千枚。同盟会在南京临时政府成立后,"一日附者率数千"。[①]35个有突出性党纲的政党,均主张振兴实业、普及教育、中央集权、种族同化、政党内阁、两党政治。与此同时,各主要政党的整合进程也在快速进行。1912年秋,北京政坛上出现了国民党、共和党、统一党、民主党分庭抗礼的局面。1913年5月,共和、统一、民主党三党合并为进步党,与国民党形成两党争斗的格局。在国会中对立的政党又分为激进派与保守派两种类型。激进派政党,"初有同盟会,统一共和党,继有国民党,嗣国民党因分裂而衰落,又有民宪党的出现"。[②]保守派政党,"最初有两个,一为统一党,一为共和党。到临时参议院后期,又有民主党的出现。正式国会时期,初有进步党,其后又有公民党和大中党"。[③]

袁世凯解散国会后,政党政治一度消失。袁世凯死后国会重开,政党政治再现,并且显现出派系争斗的局面。主要政党为旧国民党系的宪政商榷会,旧进步党系的宪法研究会,以及宪法协议会等。此后宪法商榷会又分裂成政学会、益友社、丙辰俱乐部与韬园。1917年初,对德外交问题发生,韬园派与丙辰俱乐部、益友社各一部分成员,合组民友社反对对德断交,拥护总统黎元洪;而宪法协议会等11个政团,合组中和俱乐部,以赞成对德宣战为号召,拥护段祺瑞内阁。其他政党如宪法研究会、宪政讨论会也都偏向内阁方面。北方新国会时期,国会党派主要有安福俱乐部、交通系、新交通系与研究系四大政团。南方非常国会主要政党有益友社、民友社与政学会。1922年8月,第一届国会第二次复会,派系斗争更加激烈,大小政团已经达38个,翌年贿选前夕,政团数目更超过50个。政党政治最后消亡是在1925年4月国会制度正式被废除时。其实经过近20年的发展,政党的政治运行已有相当改善。党派间的对立状况较前缓和,已经能够采取谈判、协商、折中、让步的现代政治手段处理利害冲突的立法问题。如十年制宪最后完成,其重要原因之一就是各党派的妥协。

---

①汤志钧编《章太炎年谱长编(上册)》,中华书局,1979年,第371页。
②张玉法:《民初国会中的激进派政党》,《中国近现代史论集第19编民初政治一》,(台湾)商务印书馆,1986年,第277页。
③张玉法:《民初国会中的保守派政党》,第319页。

党争激烈一直是过去人们批评政党政治的焦点。各政党多有阴谋诡计，并使用恶言谩骂、挑拨离间、造谣陷构、人身攻击、暗杀、冤杀等卑劣手段。在湖北、贵州、上海等地，党争甚至发展到动用武力。因光复会首领陶成章与同盟会领导人意见不合，1912年1月，同盟会沪军都督陈其美竟派人暗杀了陶成章。1916年第一届国会重开后，党争愈演愈烈，12月8日在宪法审议会上爆发了研究系与益友社议员的肢体冲突，双方先后通电全国，互相指责对方。1918年9月，研究系要人、第一届国会众议院议长汤化龙又在美国被国民党人暗杀。1919年11月—1920年1月召开的广州护法国会宪法会议也因对立党派意见冲突，大起争议而陷于停顿。

但是从政治发展的视角来观察民初的政党政治，所有这一切都属正常现象，美国等先进民主国家在政治发展进程中也出现过类似现象。开国之父华盛顿就曾经批评当时美国政党斗争的负面影响，认为政党"往往干扰公众会议的推行，并削弱行政管理能力。它在民众中引起无根据的猜忌和莫须有的惊恐；挑拨派系对立；有时还煽起骚动和叛乱。它为外国影响和腐蚀打开方便之门，后者可以轻易地通过派系倾向的渠道深入到政府机构中来。这样，一个国家的政策和意志就会受到另一个国家政策和意志的影响"。

现代政治社会学研究表明，政党政治的发展通常经过四个阶段。其中宗派期是第一阶段，此时"政治基本上只是少数人在为数众多的弱小而短暂的同盟和集团之中相互进行竞争，这些集团持久性很差，且无结构可言，通常只是个人野心的一种投影"。18世纪欧洲与美国的许多政党团体都属于这种类型。①这种描述同样也适用于民国早期的政党政治。所以政党政治发展的状况并不是一些学者所称的畸变政治，也不是导致民主化失败的主因，"宪法体制由于参与的分子热衷于派系斗争而耗尽了自身的活力"。②英美国家早期的政党政治主要也是派系政治。派系斗争是一种常

---

① 亨廷顿将政党制度发展分为宗派期、两极化、扩展期、制度化四个阶段。参见塞缪尔·亨廷顿：《变化社会中的政治秩序》，王冠华等译，生活·读书·新知三联书店，1992年，第381页。
② 安德鲁·J.内森：《立宪共和国：北京政府，1916—1928》，费正清主编：《剑桥中华民国史（上卷）》，杨品泉等译，中国社会科学出版社，1994年，第315页。

态,而不是一种变态,它的缺点与不足,只是表明这种政治发展还没有进入制度化阶段。至于有学者强调"一个政党不仅要有所主张,而且主张要与别党不同",①这只是政党政治发展到成熟阶段的要求。而且民初两党政治雏形的出现,也从侧面说明了当时政治发展的特色。

政治表达自由也是民国初年政治参与的重要内容。其中日益活跃的言论自由让人印象深刻。新闻界继承了清末以来反对政府管制言论自由的传统,坚决抵制任何形式的政府干涉。南京临时政府内务部曾暂定报律三条,为上海新闻界联合反对,指斥"内务部擅定报律,侵夺立法权……欲袭满清专制之故智,钳制舆论,报界全体万难承认"。②后来政府被迫撤销报律法案。媒体积极议政,批评政治人物,揭露政治内幕已是司空见惯。《顺天时报》抨击袁世凯"当道对于民国正道,悍然发挥野心,为所欲为。须知众心难散,视国事如秦越"。袁世凯的作为被论者斥之为中国历史上"游民政治"的继续,"袁世凯之用人,乃并男盗女娼者而亦用之……彼以为天下之人,殆无有不能以官或钱收买者"。③这一时期成为20世纪中国罕见的拒绝神化政治人物的年代。

袁世凯死后,言论自由继续发展,北京政府下令解除报禁,废除《报纸条例》,以"宣达民隐,提携舆论"。以后历届北京政府对新闻自由基本都能容忍。《申报》、《大公报》等全国性大报都设有政治报道与评论栏目,不断揭露北京政治的内幕。政治表达自由在地方政治中也很普遍,如安徽历任地方军民长官,"为民众及公团在报端为文批评、攻击、宣言驱逐之例,可谓所在多有"。④

政治抗议、集会游行、示威请愿等也是当时人们常用的表达方式。在选举活动中,各种政治抗议事件频频发生。北京临时参议院选举中,江西爆发了选举风潮。该省临时省议会"本是糅合新旧势力的过渡性事物,未

---

① 张玉法:《民初政党的调查与分析》,注17,《中国现代史论集(四)民初政局》,(台湾)联经出版事业公司,1980年。
② 《上海报界上孙大总统电》,《申报》1912年3月6日。
③ 黄远庸:《远生遗著卷一》,中国科学公司,1938年,第20页。
④ 谢国兴:《中国现代化的区域研究:安徽省(1860—1937)》,台湾师范大学历史学研究所博士学位论文,第63页。

经普选的合法程序",①所以临时省议会从成立之初,地位就受到各种政治社会势力的挑战。在选举参议员时,恰好又发生了投票舞弊事件,于是激起公愤。江西各界,包括社会党、共进会、法学总会、南昌府议会、国民党、商务总会等,一致反对临时议会的选举。同样的事情也出现在安徽,当时安徽省议会互选参议员的做法受到了各政党的通电反对。在南京临时政府时期,曾发生过女同盟会员唐群英为抗议《临时约法》漠视妇女选举权,率众冲击参议院的事件。第一届国会召开之后,一些妇女界政治领袖也经常就选举权举行抗议活动。至于学界、新闻界抗议活动更是不胜枚举。1922年第一届国会复会后,针对参议员换届选举与议会立法活动,北京知识界还分别成立国民监督选举团与监督议会团,希望革除金钱贿选与议会腐败的弊端。

以五四运动为标志,青年学生开始登上政治社会舞台,五四运动也同时标志着学生运动达到全国性规模,仅1922年,重大学潮就有125次。由于报纸的普及,学生很容易获知在大城市发生的五四运动、"五卅事件"等重大新闻。此类新闻的广泛传播促进了学生激进主义浪潮的发展。工运也开始出现,在河南新乡、滑县等地出现了许多工会与组织,工人们为提高工资与改善工作条件举行过多次罢工。"工会的出现,进一步增强了地方权力结构已经开始的多元化。""总的来说,大众激进主义的盛行,促进了各种社会参与活跃团体的增长。新的民众组织根本不同于在20年代以前建立的基本上是由社会权势人物掌控的团体。"②

工商资产阶级的政治参与在民国早期一直非常活跃。民国初年,针对选举法中关于选举权的限制性规定,直隶商会在1912年10月底通电各地商会,指责参议院"如此剥夺商权,"此后"所有担负义务概不承认"。同年11月初在北京召开的全国工商会议也上书请求修改选举法。商界郑重表示"联合要求选举权",并以不纳租税对参议院进行威胁。20世纪20年代

---

① 吕芳上:《民国初年的江西省议会,1912—1924》,《(台湾)中央研究院近代史研究所集刊第18期》,第226页。
② Xin Zhang, *Social Transformation in Modern China: the State Local Elites in Henan,1900—1937*, p.54.

以后，工商界政治表达活动更加频繁。作为全国工商界领袖的上海总商会面对内战乱局，多次向全国发出反对战争，要求和平的政治通电。1922年国是会议在当时影响最大。1921年10月5日，商会联合会在上海召开，17日教育联合会加入，称为"商教联合会"，主张在沪召开国是会议，至1922年3月，又有农、工、银行、律师、报界、省议会六种团体加入，扩大为八团体，3月15日在沪举行开会式，定名为"中华民国八团体国是会议"。1922年5月7日，国是会议在上海总商会开幕，出席者有来自14个省区的35名代表。根据与会者的讨论，由张君劢执笔，写成《国是会议宪法草案》甲、乙两种。两种宪法草案均为联邦制宪法，专门增加国民教育与生计章。国是会议宪法草案未能实施，但是仍然对1923年宪法内容产生了重要影响。1923年6月直系发动北京政变后，上海总商会与其他工商团体坚决抵制，甚至展开成立商人政府，宣布与北京政府决裂的大胆行动。

民国早期的政治参与仍然是一种精英参与，而不是大众参与。台湾学者张朋园先生认为："实则民初的国会选举，有民主政治的外观，尚少民主政治的实质。人民在这次空前的大选中是茫然的，对政治有兴趣的只有极少数的优异分子。优异分子的造型是半传统半现代性的，他们有求变的观念，但自身的利益优先。"美国学者黎安友认为："民国早期的政治仍然是一种传统类型的中国政治，因为能够发出合法政治声音的群体仍然是少数特定的精英人物。"与此相似的，欧美民主国家在早期民主化阶段也是精英参与。在美国建国初期，"民众的政治参与极为有限；政党组织松散而力量脆弱。宪法整个忽略了政党领导的可能性，党派也不具备组织选民与领导政府的能力"。[1]精英政治参与当然无论是参与主体的数量、参与质量的高低，都是无法与大众政治参与相比拟的。但是经验表明，在制度化水准低下的情况下，大众政治参与往往会引发政治参与危机，导致政局混乱。20世纪30年代德国魏玛共和国的历史也表明："相信高度参与永远有利于民主的观点是没有根据的。"[2]

---

[1] 张千帆：《自由的魂魄所在——美国宪法与政府体制》，中国社会科学出版社，2000年，第17页。
[2] 西摩·马丁·李普塞特：《政治人——政治的社会基础》，张绍宗译，上海人民出版社，1997年，第11页，注20。

最后需要进一步指明的是，民国初年的精英参与更多地表现为中下层精英政治参与。国会议员选举制度表明，过高的选举标准容易产生上层精英代表，而过低的选举标准更容易产生下层精英代表。与晚清咨议局比较，第一届国会选举在年龄、财产、学历等方面的限制并不严格，相当宽松。所以通过特定选举制度产生的国会议员普遍年纪较轻、经历简单，多为来自中下阶层知识精英，具有浓厚的激进色彩。国会议员群体特点对民国早期政治参与的影响是不可低估的。

透视民国早期的政治文化

美国政治学家阿尔蒙德（Gabriel Abraham Almond）将政治文化解释为政治系统成员的行为取向或心理因素，即政治制度的内化。政治文化可以概括为政治认知、情感与评价，也可以表述为政治态度、信仰、感情、价值观与技能，在这个意义上，政治态度与政治文化属同义词，可以相互置换。这种看法同时表明政治文化不包括经济社会结构与政治制度，也不包括政治学说与政治哲学。考虑到社会精英与大众在态度、价值、观念上存在差异的事实，可以分为精英的政治文化与大众的政治文化。从何种政治文化更有利于民主政治运作的角度，可以分为地域型、顺从型与参与型。

民国早期政治文化的变迁给人们留下了深刻的印象。虽然依旧是一种精英的政治文化，但是其性质已经从传统的依附型文化或者说臣民文化，向依附—参与型政治文化转变。

在政治取向层面，首先发生的变化是政治认知取向。清末新政以来，大批政治精英、知识精英专注民主政治，热烈讨论政治问题的现象，在民国初年达到了一个高潮。一个重要的表现是人们对宪法问题的热烈讨论。当时北洋政府主张国权主义，呼吁建立强有力的政府，赞成中央集权，反对联邦主义，要求总统制度。国民党主张民权主义，认同地方分权，要求内阁制度。进步党多持中间立场，主张国权与民权的调和，反对极端的地方分权，同意内阁制。此外，一些民间人士也积极参与讨论。或是主张宪法应该关注少数民族的法律地位，或是强调宪法的效力，倾心"强力的宪法"，或是建议根据中国的国情，合理借鉴各国宪法的长处。

新文化运动开始后，宪政主义在思想界的主导地位迅速丧失，社会主义、无政府主义等各种社会改造思潮不断涌现，政治认知呈现多元化格局。不过，五四运动以后，在俄国十月革命的激励下，"人们的兴奋点愈益移向苏俄和马列主义。兼具科学形式和人际激情的马列主义，以其大同理想和革命方略相统一的实践性魅力，吸引了急谋改造中国社会的'五四'知识分子"。[1]以新青年杂志刊登的文章为例，明显分为两个完全不同的时期，1919年前，它的主要内容是以"科学"、"民主"为旗帜反对儒家伦理，其文章均以欧美思想文化为主导。1919年后，文章转变为宣传马列主义为主。此外，"三民主义在新文化运动后期才最后成熟，并获得相当多的知识分子和青年学生认同"。[2]马列主义与三民主义成为20世纪20年代知识界的主流认知取向。

其次是政治情感取向。民国初年社会各界对欧美民主法治思想的积极鼓吹是一个重要的标志。孙中山、黄兴、宋教仁等国民党领袖都表示支持宪政，认为好宪法是立国的根本，共和政体的保障。在这种形势下，原先比较封闭保守的地区，社会的民主气氛也活跃起来。市镇民众关心党派问题，加入党、社者社会层面日益拓宽。清帝退位后，党、社问题迅速成为北京居民街谈巷议的热门话题，以至出现"遇有不相识者，问尊姓大名而外，往往有问及贵党者"的景况。众多的党派、政治团体都对民主政治表达了诚挚的好感。在他们的宗旨、纲领、宣言中，纷纷表示"拥护共和"、"谋求共和"、"建设共和"、"促进共和"、"巩固民国基础"等。无论是同盟会、国民党、共和建设会等激进型政党，还是共和党、统一党、民主党等保守派政党，在称颂民主制度、认同共和主义立场上都是一致的。

但是在民主政治试验不断遭到挫败，国内政局动荡不安的情况下，人

---

[1] 高力克：《"五四"后的社会文化思潮》，许纪霖、陈达凯主编：《中国现代化史，第一卷，1800—1949》，上海三联书店，1995年，第357页。
[2] 金观涛、刘青峰：《开放中的变迁——再论中国社会超稳定结构》，香港中文大学出版社，1993年，第239页。

们对宪政民主政治日益失望，革命情绪不断滋长。顾维钧在回忆录中也提到："（当时）我的同事们——有些是我的至交好友，有些亦曾在国外留学——一般地不像是能理解国会是整个政治制度的必要部分，而且它的地位为宪法所保证。相反，他们把国会看作令人厌恶的东西。"①1923年12月17日，在北京大学25周年纪念日民意测验中，关于信任国会问题的调查表明，相信者只有3票，不信任者有666票。

最后是政治评价取向。上文已经谈到社会大众在民国初年对共和民主政治合法性的认同，当时的激进派政党与保守派政党的纲领都主张政党内阁、两党政治。而主要的争论是对中国应该实行何种宪政制度模式的不同看法。五四运动后，一些信仰马克思主义的学者开始从阶级角度重新审视民主宪政，认为西方民主本质上是资产阶级民主，这种民主是在资本主义经济基础上产生和发展的，是为资产阶级经济和资产阶级统治服务的，并不能体现多数人民的意志与利益。因此，他们开始否定英美宪政民主，要求无产阶级民主。而与此相呼应的是从20世纪20年代开始，孙中山、朱执信等国民党人士也开始否定英美宪政代议制度，鼓吹"直接民权"。孙中山从民国早期议会政治失败中得出这样的结论："所以中国今日要实行民权，改革政治，便不能完全仿效欧美。"他认为"近年来俄国新发生一种政体，不是代议政体，是'人民独裁'政体。……惟想这种人民独裁的政体，当然比较代议制政体改良得多。"1923年1月国民党更是明确批评"现行代议制度，已成民权之弩末；阶级选举，易为少数所操纵"。在孙中山等人看来，真正民权是人民拥有选举、复议、创制、罢免等"直接民权"。而只有通过国民革命，打倒帝国主义与北洋军阀，才能实现真正民权。

同样地，由于议会政治在起步之初即信誉扫地，一些宪政主义学者的思想也不幸发生转折，开始怀疑并否定代议制度，章士钊就是其中的代表人物。1922年9月27日，章士钊在长沙《大公报》上曾宣扬代议制不适合于中国。因为代议制本是西方工业国的政治制度，而中国是一个农业国，并不适合代议制。而且"国会代议制之在欧洲，亦为历史上偶然之事实，并

---

① 顾维钧：《顾维钧回忆录》第1册，中华书局，1983年，第371页。

非学理上天经地义之制度"。

民国早期政治文化变迁中表现出两个显著特点。首先,政治认知上从一开始就出现"民主完美论"的看法。由于当时的政党政治文化不完全是一种民主的政治文化,它更多地表现出党派意识的极端对立、妥协意识的缺乏、敌对情绪的强烈,以及容易陷于意气之争和执迷于自己党派的利益,常常任意攻击诽谤对方,不时引发混乱的党争,忽略和影响了重要的政治事务。对此,人们认为政党政治文化应该是两党对立、公平竞争。梁启超曾反复申明,政党是以国家利益为本位,而国家利益是相对的,与本党利益相冲突者,未必与国家利益冲突。还有人认为开国之初,各政党应该牺牲其权利,以政见为重。当国家面临危机时,又应该牺牲政见,以国家为重。

其实这种认知是一种不了解实际政治的肤浅见解。即使在发达的民主国家,政党政治文化虽然表现出宽容、温和、妥协的一面,但是互相攻讦、利益争斗、黑幕交易也是常态,更不要说是在民主化的早期阶段。美国建国初期,华盛顿、富兰克林等众多政治领袖都对当时的政党派系斗争深恶痛绝。但是麦迪逊却承认党争是一种正常的政治现象,它合乎人性,根源在于人们利益的差异。他还形象地比喻道:"自由于党争,如同空气于火,是一种离开它就会立刻窒息的养料。但是因为自由会助长党争而废除政治生活不可缺少的自由,这同因为空气给火以破坏力而希望消灭动物生命必不可少的空气是同样的愚蠢。"

其次,政治情感取向经历从"宪政万能论"到"宪政无能论"的转变。萧功秦的研究指出,从清末新政以来,许多立宪派人士就认为"宪政主义已经成为医治中国各种顽症的唯一的灵丹妙药"。[1]这些政治精英的心态是"只要有了一个立宪国会,一切都是可以办到的。宪法一经制定,国会一经成立,失败误国的岁月将立刻一扫而光,财政竭蹶可以补救,国债可以偿还,军备可以扩充,国力将进而充沛,人民权利将被恢复。而多年

---

[1] 萧功秦:《危机中的变革——清末现代化进程中的激进与保守》,上海三联书店,1999年,第260—261页。

来中国民族所蒙受的民族羞耻将被扫除。国家的威信将广被全世界"。① 民国初年，政治界人士对宪政建设持盲目乐观与激进的情感取向仍然相当普遍。顾颉刚在《古史辨》自序中曾回忆说："辛亥革命后，意气更高涨，以为天下无难事，最美善的境界只要有人去提倡，就立刻会得实现。"

在这种情感的指引下，人们很难容忍国会政治在实际政治运作中产生的一些弊病，尽管这些问题在同时代的民主国家已经是司空见惯。早在民国临时参议院时期，《申报》就针对参议员议事违规现象，不止一次激愤地指出："此参议院不如解散，岂足以代表民意？"《大公报》更是不遗余力地批评参议院。仅在1912年7月，它就连续发表了13篇评论，将参议员各种不良行为暴露无遗。正式国会成立以后，人们对议会政治的批评不绝于耳，同时也表达了对民主政治试验的失望，认为各党"所争均无关政见，不过闹党而已"。杨天宏先生在研究国会制度消亡时，特别指出："由于代议制曾经被视为西方民主政治的体现，因而国会成了验证西方民主制度是否具有可行性的对象。但这种'尝试'显然是浅尝辄止。在不断有更新的'样板'可供效仿的情况下，当时的政治家和一般国人很快得出了国会政治'万万不能存立'的结论。"

从经验的立场来看，"宪政万能论"或是"宪政无能论"的政治情感取向非常不利于现实的政治实践。经验知识的缺乏，使人们很难全面认识宪政民主政治，包括对民主政治客观作用的领会，对民主政治建设艰巨性的认知等。这样，一旦遭遇挫折，人们就容易丧失对民主政治的信心，转向支持开明专制或者其他类型的极权主义。

政治文化变迁中另一个引起争议的问题是大众冷漠型政治文化。时人与今人都对当时广大民众不知民主为何物的境况感到遗憾。因此，人们认为近代中国民主力量薄弱和民主化的艰难，与广大人民的政治文化的落后状况有着直接的关系，也就是说相应的"国民程度"是实行民主政治不可缺乏的条件，这个条件不具备，不可能有真正的民主政治。其实完全不是这样。美国在独立战争之后的近半个世纪里，"在广大选民个人对成年男

---

① 《远腾报告》，《日本外务省档案》，转引自萧功秦：《危机中的变革——清末现代化进程中的激进与保守》，第261页，注1。

子选举权开始感兴趣之前,这种选举权对美国政治只产生了较小的影响。自从革命战争以来,很大一部分选民对于选举漠不关心;除了偶尔一次的州选举以外,参加投票者人数有限,仿佛乐意接受少数政治上杰出人物的领导。对于广大的乡村工匠和自给自足的农民来说,……政治是那些与之利害攸关而且具有管理公共事务所必需的经验的富豪们的事"。[①]在民主化早期阶段,出现大众冷漠型政治文化,是一种正常现象,它与民主政治的建立也没有多少必然的关联。

  至今,人们对民初精英文化的评价仍没有多少积极的看法。作为受教育程度较高的社会群体,精英关心政治并且态度积极,而大众则对政治较为冷漠和疏远。精英更倾向于参加投票、组成团体甚至竞选官职。在政治信仰方面,精英有着较为确定、恒久的信仰,而大众的政治信仰则往往不甚明确,且漂移不定。因此,在政治发展阶段中,精英政治文化的出现既是合理的,对社会变迁的促进作用也是不容置疑的。

[①] J. 布卢姆等:《美国的历程(上册)》,戴瑞辉等译,黄席群校,商务印书馆,1995年,第354页。

理念与利益：抗战时期民主运动的反思
——读闻黎明《第三种力量与抗战时期的中国政治》

闻黎明先生的《第三种力量与抗战时期的中国政治》（上海书店出版社，2004年10月版），是近年来国内不可多见的一本研究抗战时期第三种力量（中间势力）政治活动的专著。该书以史料见长，不少篇幅涉及抗战时期两次宪政运动，过程叙述相当精彩。不过遗憾的是，本书在对史事平铺直叙之时，却很少深入挖掘政治现象背后的复杂原因。同样，在近年来学界陆续出版的一些有关中间势力精英人物的传记文章中，出于历史的原因，人们也多是仅对他们在1949年后的政治遭遇表示同情。但是，回顾抗战时期的宪政运动，我们不难发现，这一时期恰好是中间势力领导人的黄金时代，他们的民主宪政理念在当时盛行一时。然而迟至今日，当人们在津津乐道那两次宪政运动时，却很少有人能够不为尊者讳，仔细发掘当年宪政改革口号背后的利益诉求，进而认真反思抗战时期宪政运动的得失经验。

在宪政制度设计方面，"期成宪草"一般被认为是抗战时期第一次宪政运动（1939年—1940年）的唯一成果，是当时中间势力借鉴西方代议制度，对"五五宪草"进行了一次较大的修改的结果，初步实现了从"五五宪草"的总统制到"期成宪草"的议会制的转变。不过，很少有人提到，"期成宪草"矫枉过正，最后形成的"议会制"却是一种有缺陷的宪政制度，主要是在权力制衡方面存在较多问题，立法、行政、司法三权之间分立有余，制衡不足。

例如,"期成宪草"在设计立法权与行政权的关系时,不仅增加国民大会议政会作为国大闭会期间的政权机关,而且作为民意机关的国民大会及议政会对总统及行政院的制约是单向的,没有形成双向的均衡关系。主要表现为:第一,罢免权。国民大会选举、罢免正副总统,亦可罢免经总统任命的行政院、司法院、考试院院长。第二,同意权。总统经议政会议决方能公布法律案,并得依法行使宣战、媾和、缔结条约及大赦、减刑等职权,依法宣布戒严和解禁。第三,不信任权。议政会通过对行政院正副院长及各部委长官的不信任案时,上述行政官员即应去职。第四,弹劾权。议政会通过监察院提出的对行政院正副院长的弹劾案时,被弹劾的院长即应去职。第五,议政会受理监察院提出的对正副总统的弹劾案时,总统应即召集临时国民大会,以作出罢免与否之决定。以上五点表明,总统及行政官员在诸多方面受国民大会及议政会的有力制约。

与此形成鲜明对比的是,总统牵制议政会的权力却是乏力的。虽然"期成宪草"规定对于议政会通过的行政院正副院长的不信任案,总统有不同意权,可由总统召集临时国民大会为最后之决定。如国民大会否决国民大会议政会之决议,则应另选国民大会议政会议政员,改组国民大会议政会。不过在实际政治中,很难想象与议政会同属立法机关的国民大会能够否决议政会的决议,所以总统的这种间接否决权,并没有多大的实际作用。

更重要的是在立法与行政两权关系中,与议会不信任权形成制衡关系的总统解散权却没有明确规定。在议会制度中,为确保立法与行政两权之间的平衡,针对立法机关的不信任权,行政机关同时保有解散议会的权力。"解散议会成为内阁责任的对应物。这样就建立起行政与议会之间的制衡,因为如果议会解散政府,政府也可以解散议会作为回敬。这就使内阁能够避免完全屈从于议会。而使两个相互反对的力量多少旗鼓相当,这才会造成两者之间可能和必要的合作。"①

立法权与司法权的关系也是如此。在"期成宪草"中,议政会只要通过监察院提出的对司法院正副院长的弹劾案,则正副院长即应去职。而

---

① 施雪华:《当代各国政治制度——英国》,兰州大学出版社,1998年,第148页,注37。

且国民大会及议政会创制、复决的法律一旦生效，司法院就必须执行，除非它被宪法解释委员会宣布为违宪。但是司法对立法权的制约同样没有实际意义。"期成宪草"规定的宪法解释权并不是司法院单独享有，而是掌握在宪法解释委员会手中，司法院只是宪法解释委员会的三名成员之一，同样，国民大会议政会也是其中的成员（第三位成员是监察院）。这种规定，与一般宪政民主国家都是将宪法解释权作为一种司法权力，让最高法院或宪法法院等司法机关单独行使的做法截然不同。由于司法院在宪法解释委员会中并不占有多数地位，这就使得司法机关在审查法律是否违宪的处分权上大打折扣。

"期成宪草"在立法权制度设计方面，依然延续了民国初年《天坛宪法草案》的某些做法，主要是为了防制行政权过大，过分突出立法权的地位与作用，从而违背了分权与制衡的基本宪政原理，不切实际地形成了立法（国会）至上，权力之间缺少互相制约的关系，行政权对立法权不能发挥平衡作用，司法权对立法权也不存在制约作用，立法权却可以过度侵占行政权与司法权，凌驾在两权之上，形成立法对行政、司法权力单向的制约关系。有学者认为："在这种体制下，不仅国民党的党治将难以持续，而且国民党的权力亦将受到严重束缚并被置于强有力的监督之下而难以再为所欲为。"[①]

因此，国民党对此的反应可想而知。1940年4月，在第一届五次国民参政会上，许多国民党参政员反应强烈，蒋介石本人亦"对于宪草中牵制政府势力之规定表示不满"。据梁漱溟回忆说，当时蒋介石的态度之强硬"为向来所少见"，他在即席演说中不但批评该案"袭取欧西之议会政治"，与孙中山的五权宪法"完全不合"，进而指责"期成宪草""对执政之束缚太甚"，实"不能施行之制度"，"今后国人如以国事倚畀于人，亦就不要束缚人才行"。

在翌年10月民主政团同盟成立后公布的《中国民主政团同盟对时局主张纲领》中，一些政治主张也相当激进。如第二条要求当局实践民主精

[①] 王永祥：《中国现代宪政运动史》，人民出版社，1996年，第303页。

神,结束党治,在宪政实施以前,设置各党派国事协议机关。第六条主张军队属于国家,军人忠于国家,反对军队中之党团组织,并反对以武力从事党争。第七条强调在党治结束下,应严行避免任何党派利用政权在学校中及其他文化机关推行党务;政府一切机关实行选贤与能之原则,严行避免为一党垄断及利用政权吸收党员;不得以国家收入或地方收入支付党费;取消县参议会及乡镇代表考试条例。这其实是对国民党统治合法性的全面否定,无异于宣判国民党训政体制的死刑。而且在成立宣言中也特别强调军队民主化在先,政治民主化在后,这样不仅中共不能接受,国民党反应更为激烈,张群曾对梁漱溟说:"老实对你讲,国民党的生命就在它的军队,蒋先生的生命就在他的黄埔系,……你向谁要军队就是要谁的命!"①

但是中间势力并没有停步不前,相反在1941年11月开幕的二届二次国民参政会上,民盟按照成立宣言与政纲目标要求,提出了《实现民主以加强抗战力量建立建国基础案》,直接向国民党方面提出了政治民主化的激进要求。其中在改革目标方面,要求"政府明令于最短时期结束训政,实施宪政"。在立法权方面,要求成立战时正式中央民意机关,其职权必具备现代民主国家民意机关最基本的本质;在政党体制方面,要求"任何党派不得以国库供给党费"。同时,政府机关不得歧视无党、异党分子,及利用政权吸收党员并强迫公务人员入党。在军队国家化方面,要求"停止军队中任何党派之党团组织,藉以防止以武力从事党争"。

提案在递交到参政会秘书处后,秘书长王世杰就认为它的要点在于"主张取消学校、军队中之党部及早日实施宪政,迅即扩充战时民意机关之职权"。而这些正是蒋介石最为忌讳的。蒋介石下令禁止将提案提交大会讨论,并怒气冲冲地指责张澜,"把我当成宣统了"。国民党机关报《中央日报》也发表评论:"任何国家,一值战争,便需权力集中,行动迅速,对于平时的传统民主政治,无不迫于形势,略加修正。因苟不如是,不足以应付非常,克服时艰。"民盟方面的反应同样激烈,主席

---

① 梁漱溟:《我的努力与反省》,《梁漱溟全集》第6卷,山东人民出版社,1993年,第961页。

张澜在与蒋介石发生冲突后，不顾国民党方面的反对，自行将提案油印散发。事实上，国民党方面对民主化进程问题已经作出妥协，在王世杰起草的《促进民治与加强抗战力量案》中，就提出："（一）抗战终了日召开国民大会制宪；（二）扩充战时民意机关职权；（三）用人不歧视党外之人；（四）保障人民之合法自由。"

第二次宪政运动时期（1943年—1944年），特别是中共提出建立联合政府主张，而国民党以召集国民大会相抵制时，中间势力的政治行为更加激进。最初，一些激进分子主张取消国民参政会。青年党主办的《新中国日报》刊文指出：国民参政会自设立以来，"不但不能与民主国家的议会相提并论，而且对于国事是依然无权干预的，它仅仅是政府的一个咨询机关而已，说得不客气一点，则是政府的装饰品、点缀品"。民盟云南支部则以昆明文化界的名义发出通电，全面否定参政会成绩与作用，反对民盟参政员出席参政会："至最近数届会议中，参政会不但不能主持公道，调解党争，且每每以冒牌民意机关之名，供一党排斥异己之用，卒使重要在野党派之代表，深惧被迫同流合污，裹足不敢列席。于是国内党派之分裂冲突，乃不得不愈演愈烈，而所谓国民参政会者亦已名存实亡矣……就实现民主而言：直至今日，国民参政会之组织、职权、工作，乃至其一切表现，殆无一不与民主精神背道而驰。"

随后，中间势力又反对召集国民大会，人们愤怒地谴责蒋介石宣布召集国民大会是"蒙蔽国际视听"，"拖延国内民主"，是"国民党内的少数分子要继续维持权位"，不肯接纳"各党各派开诚合作共挽危局等等要求"，认为这简直是"拒绝抗战胜利"。昆明文化界要求以"国是会议为战时过渡的最高民意机关，由该会议产生举国一致的民主联合政府，以执行战时政纲，并共同负担抗战及参与一切国际会议、奠定世界和平的责任"。在军队国家化问题上，主张"彻底改组国家最高统帅部，使统帅部成为超党派的国家机构，以统一全国军事指挥，集中全国军事力量，以便配合盟军反攻，彻底消灭日寇，争取抗战胜利，并保障在民主政治基础上实现军队国家化的原则"。

与此相呼应的是，出席国民参政会的黄炎培等以不参加讨论国民大会参政会会议的做法，间接表示反对召开国民大会的立场。青年党参政员们则直接表示反对，左舜生等人提出召开国民大会的议案，议案指出，目前急需解决的绝不是召集国民大会，而是"由政府正式承认各党派之合法地位，听其公开活动"，"由国民政府从速召集全国各党派及无党派人士所组织之政治会议，解决一切重大问题，包括政府改组，并重订召集国民大会之时期与具体之办法"。在提案说明中，左强调召集国民大会一事"关于国家前途甚大"，"必须先行实现民主措施，协调全国意见，始可再行定期召集国民大会"。左用强硬的语气宣称：若国民大会非在本年召开的话，"依于我们对这个问题的看法，依于我们对国家的责任感，我们便只好采取另一步骤，保留提出另一最后声明"。

中间势力之所以反对召集国民大会，支持中共提出的联合政府主张，表面似乎是为了宪政改革理念，但最重要的还是为自身的政治利益考虑。对中间势力来说，联合政府主张若能实现，无疑意味着长期在野的中间势力领导人，第一次有机会直接参与政治决策，获取政治权力。邓野先生指出："联合政府的口号一经提出，立即显示出巨大的政治吸引力。如果说宪政只是为第三方面提供了一个'研究明午之菜肴'的前景，那么，联合政府则提供了'眼前如何得食'的可能性。联合政府就是多党联合执政，从而最大限度地代表了第三方面的政治利益。"而国民党召集国民大会的主张如果能够实现，中间党派并不能保证在未来的国民大会选举中取得优势。权衡两种政治方案的利弊得失，中间势力当然不会再支持自己过去一直主张的召开国民大会的政见。

最后值得一提的是，中间势力在这一时期还忽略了对国民党内民主派的争取工作。其实，国民党内一直存在要求宪政改革的民主派，其中以立法院长孙科为代表。孙科是民主色彩浓厚的人物，曾多次指出："如果宪政不能推行，则民权主义便无从实现，三民主义也无从实现，而所谓政治建设也只等于一句空话。"他承认，宪政时期应当允许别的政党存在，"不许他党的合法存在，便不是真正的宪政"。1944年元旦，孙科在中央广播电台讲《认识宪政与研究宪政》。他一方面批评国民党内某些人在宪政问题上的错误观点，说这些人"忽视抗战建国同时并进的最高国策，不明白宪政运动就是我们政治建设的根本"。一方面他强调宪政的实施是"人类生活和国家组织的进步",它使"古代战斗厮杀的野蛮行动进到了近代和平礼让的文明行动",因此必须迅速完成我们民主宪政的建设。抗战胜利后,"人民的思想和能力,不但不是民国初年的时代所能比拟,也许比现在进步得多"。他坚信"三民主义的宪政必能随着这次中华民族起死回生的抗战胜利而彻底实行",也相信"因为宪政有效,训政未竟的工作,在未来的一二年内必有更大的进展"。其他人物还有国民参政会秘书长王世杰,曾著有《比较宪法》,是一位知名的自由主义宪法专家。他在草拟参政会组织条例时,在参政会的职权、参政员的遴选条件、在野党派在参政中的人数与比例等问题上,均采取了较为开明的立场,并且极力主张赋予参政会立法权,使其成为民意机关。

中间势力从政的精英人物,作为在野的政治势力,长期以来,他们的权力目标与利益诉求一直被当局压制,一旦有机会参与政治决策,就迫不及待地希望在未来的制度设计中进行有利于己方的权力安排,以增进自身的政治利益。从理性选择的角度来说,这种做法是符合利益原则的,但是它却忽略了严酷的政治现实。作为掌权的实力派,不仅不会同意自己在未来的制度改革中损失利益,而且还希望通过制度改革增进自己的利益。一旦发现改革有损于自己的根本政治利益时,国民党政府的反应,与民国初年袁世凯北洋政府的反应并无不同。所以无论是"期成宪草"的立法至上,还是民盟政纲中的军队国家化主张,都不可能得到当局的积极回应。从这个意义上讲,抗战时期的民主派精英,与民国初年的议会政治精英相比较,似乎并无大的进步,依然延续了民初激进议会政治传统。

国民党的十年政改(1938—1948)

在1938年到1948年的十年时间内,虽然身处内外交困的政治环境,国民党仍然进行了有限的政治改革,其主要内容包括立法与制宪、政治参与、地方自治等。

第一,立法与制宪。抗战时期国民参政会是一个战时准民意机关,具有立法建议、咨询、调查与预算初审权。从1938年至1947年,国民参政会总共召开四届13次会议,每年集会一至二次,每次十天左右。参政员人选的最终决定权虽然掌握在国民党中央执行委员会手中,国民党参政员在国民参政会参政员中的比例也较高,但是在每届参政会中,中间势力的各重要团体与政党都有自己的代表。中间势力非常重视参政会,经常通过提案的形式向政府提出建议,供当局参考。这些提案涉及抗战的方方面面,通过这些提案可以看出中间势力的主张。参政会为中间势力的参政议政提供了一个平台,他们凭借国民参政会这一政治舞台集结发展,凭借这一舞台推动着中国的民主政治的发展。在制宪方面,国民参政会第四次大会成立了宪政期成会,综合各界人士对"五五宪草"及国民大会组织法、选举法的诸多意见,最终完成了"五五宪草"的修正工作,名为《国民参政会宪政期成会对五五宪法草案修正草案》,又称"期成宪草"。台湾学者张玉法认为:"国民参政会的性质虽与国民大会不同,但对制宪国民大会的召开和宪法的制定有促成作用。"①

　　1946年1月召开的政治协商会议，在运作上同样发挥了立法建制的功能。1946年元旦，国民政府主席蒋介石发布元旦公告，呼吁中共方面要维护国家统一，双方举行会议以政治方式解决争端，这是政治协商会议开会的序幕。1月6日，国民政府成立秘书处，并公布召开政治协商会议办法七条并全体会员名单。10日，政治协商会议在重庆开幕，23日成立综合委员会，对各项问题进行协调。综合委员会委员共计10人，各党派分别推举代表二人，分别为国民党王世杰、吴铁城，共产党周恩来、董必武，民盟章伯钧、张东荪，青年党曾琦、陈启天，社会贤达王云五、傅斯年。从1月19日至30日，政协分组委员会进入分组协商阶段，不准新闻记者参加。争议最小的宪草、军事两组首先协商完毕。随后施政纲领、政府组织协议也相继完成。国大组和综合组联席会议最后完成的是国民大会问题。至此，政协五个议题全部有了结果。

　　政协会议闭幕后，负责起草工作的宪法草案审议委员会成立，"即依照既有的决定，由参加政协的五方面各推五人，另公推会外专家十人组织成立，以参酌宪政期成会修正案、宪政实施协进会研究结果，及各方面所提出之意见，汇总整理，制成五五宪草修正案，提供国民大会采纳"。②五人小组由各党派各派一人，分别是王云五、王宠惠、陈启天、张君劢与周恩来。经中共代表周恩来和国民党王世杰推荐，民社党的张君劢主持起草《中华民国宪法草案》（政协宪法草案）。政协宪法草案在1946年4月底完成，后因国共纷争不断，政协宪法草案审议工作陷入停顿，"直到十一月十八、十九两日，政府再度与中国青年党、民主社会党及社会贤达两次会商，根据政协的修改原则，再加审订整理和补充，成为完整的草案"。③政协宪草定稿之后，经国民党中央、立法院议决通过后提交制宪国大。

　　1946年11月15日制宪国大开幕，实际到会代表除1936年民选代表及部分遴选产生的无党派代表外，另有国民党、青年党和民社党的政党代

---

① 张玉法：《近代中国民主政治发展史》，（台湾）东大图书股份有限公司，1999年，第272页。
② 荆知仁：《中国立宪史》，（台湾）联经出版事业股份有限公司，1985年，第442页。
③ 谷正纲：《中华民国宪法之制定》，胡春惠编：《民国宪政运动》，（台湾）正中书局，1978年，第1109页。

表,共计1701人。国民大会关于宪法的审议,采三读会程序。"第一读会首先由代表对草案广泛发表意见,继即交付审查,至审查报告提出讨论为止。第二读会则依据一读会之修正案,作逐条讨论通过。第三读会,则为文字之更正与整理。若非发现条文之间互有抵触,仅就全案作可否之表决。"①11月29日,国民大会开始一读会程序。首先由各代表就草案广泛发表意见而不做决定。此项程序历时六天,有关意见及提案共有27件,依照宪草条文次序,汇合整理后,分别送交各委员会审查。关于宪法草案及各提案的审查,共设有九个委员会。第一审查委员会审查关于"前言总纲人民之权利义务及选举";第二审查委员会审查关于"国民大会及宪法之施行修正及解释";第三审查委员会审查关于"总统行政及立法";第四审查委员会审查关于"司法考试及监察";第五审查委员会审查关于"中央与地方之权限";第六审查委员会审查关于"省县制度";第七审查委员会审查关于"基本国策";第八审查委员会审查关于"蒙藏地方制度";综合审查委员会综合审查各组相互有关之事项及全案章节与文字之整理。

审查工作从12月6日至17日,历时12天,争执非常激烈,最后国民党作出妥协,基本维持政协会议宪法草案原案。第一读会在12月21日完成后,同日举行二读审议。由于宪法中的重要问题,多数已经在第一读会中获得解决,所以在第二读会中,虽有一些小的修改,但进行非常顺利。第二读会历时4天,至24日结束。25日举行第三读会,为文字之更正整理,并一致表决通过。制宪国大开会41天,共举行预备会议4次,宪草审查会12次,大会20次,至12月25日通过中华民国宪法,并决定1947年12月25日施行。

第二,政治参与。行宪国大的选举上文已经提及。在党团活动方面,虽然国民政府在表面上不承认国民参政会中有党团的存在,但是实际上在国民参政会中有各种党团的活动。时为国民参政会参政员的邹韬奋曾经将国民政府遴选的在野党派和"著有信望"、无党无派的参政员进行了分类,除了中国共产党,还有中国青年党、国家社会党、第三党、救国会、职教社、乡村建设派、教授派等中间势力的代表。其中坚力量是"三党三

---

①荆知仁:《中国立宪史》,第457页。

派"，即中国青年党、国家社会党、第三党；救国会、职教社、乡村建设派。为了进一步加强各党派的团结，中间势力于1939年成立了统一建国同志会，为了不刺激国民党政府当局，当时对外并没有宣称为政党。到了1941年，为了在国共两党以外寻求更大的发展空间，"遂由各小党派协商，结合国共两党外之各党派，而组织一民主政治同盟，使之成为一个大的力量，居于国共两党之间，调和监督，以期全国终能达到民主的团结"。①中国民主政团同盟的成立，标志着一个新的政党的诞生。民主政团同盟颁布自己纲领，其中最引人注意的就是"军队国家化"和"政治民主化"。

在政治表达上，中间势力人士围绕着修改宪草、扩充国民参政会职权、争取人身自由、改善书报检查办法和成立县级正式参议会等问题展开，以集会和座谈为主要形式，在大后方掀起了一场声势较大的第二次宪政运动。从1944年1月开始，重庆不断有讨论宪法与国事的座谈会召开，呼吁开放党禁、实施宪政、保障人权、改革内政。推动这次宪政运动的方法，主要采取的是集会与座谈等形式。

闻黎明的研究表明，当时在陪都重庆最为活跃的是刚刚诞生的宪政月刊社。该社于1944年1月1日创刊，发行人黄炎培，主编张志让。宪政月刊社声势不凡，编辑委员中有许多社会名流，不仅重视文化界，同时也动员了银行界和实业界。宪政月刊社主办的座谈会是1944年1月4日开始举行的，参加者主要是重庆地区的实业界、教育界、工业界以及妇女界的知名人士，也有法律界和国民党的部分人士。重庆各大报纸经常用很大的篇幅来刊登座谈记录。座谈会起初只有十几人参加，后来孙科、邵力子、于右任、王世杰、冯玉祥等国民党的首脑人物亦常常到会。不久，参加者就扩大到几百人。座谈会涉及的题目比较广泛，有"中国目前是否需要宪政？为什么需要宪政？需要什么宪政？""中国在抗战期间未实施宪政以前，是否应在民治大道上有所设施？应有何种设施？""今日在推动宪政运动之时，各界对于现在政治法令及一般状况之改进有何建议？""各界对于其有关事项，认为在宪法上应有何种规定？""目前应怎样推进宪政运

---

① 张澜：《中国民主同盟的缘起主张与目的》，《张澜文集》，四川教育出版社，1991年，第207—208页。

动?"等。其后,他们又讨论过"中国在制定宪法时及实施宪政前应注意改进之点","节制私人资本与保护私人企业","妇女与宪政","民生主义中的保护私人企业","私人企业与宪政","保护人身自由问题","建国最基本之地方政象刷新问题","我国对于结束训政实施宪政应如何加速准备,并应有如何明显之表示"等。①可见,他们讨论的范围不拘泥于一两个方面,并且比较广泛地代表了民族工商界的意见。

这一时期的政治参与,虽然较民国初年有所倒退,但张玉法先生认为:"尽管如此,由于政府控制的能力有限,抗日战争、战后行宪都需争取国人支持,故大部时间,都有反对党存在,都有反对派的言论存在,都有自发性的社团和社会运动存在。到1948至1949年间,更呈现失控和无秩序的现象。"

第三,地方自治。抗战时期,国统区为适应正面战场作战需要,以地方选举为主体的地方自治工作陷于停顿,但是中共控制的陕甘宁边区却仍有选举活动。1939年、1941年,以及抗战结束后的1946年,边区分别举行了三次参议会选举。而县与乡级选举,也举行过三次。在人员分配上,中共出于统战的需要,采用三三制,即中共党员、中小资产阶级以及开明绅士各占三分之一。抗战结束后,为了准备宪政,国民政府又开始大力推行地方自治。如上海市在1946年3月完成临时参议会议员选举。翌年4月,又举行正式参议会议员的选举,总共产生180名参议员,于8月宣告成立第一届参议会。战后的上海参议会历时三年之久,是与上海市政府几乎同等重要的机构。在地方自治事务中,"参议会作为民意机关,它一经成立,即把选民的利益放在核心的位置,成为为民请命的重要机关"。②据统计,1945年底全国成立的自治组织,县市参议会共有792个,乡镇民代表会21,146个,保民大会246,735个,至1946年底又增加三分之一。在省参议会方面,在1946年底建立完成者有24个,成立临时参议会有7个省市。

从总体上来说,"在民主化方面,1929年国民党开始训政,实行指

---

① 闻黎明:《第三种力量与抗战时期的中国政治》,上海书店,2004年,第216—218页。
② 周松青:《整合主义的挑战:上海地方自治研究(1927—1949)》,上海交通大学出版社,2011年,第322—323页。

导式的民主。抗日战争期间所成立的国民参政会，即为包括各党各派代表的咨议机构。战后行宪，正式选举国民大会、立法院、监察院，并由国民大会选举总统、副总统。至于地方政治，战前及抗战期间，县市成立参议会，战后行宪，正式选举省市议会"。①国民党训政多年，限制其他政党自由活动，而领导抗战又提升政府威信，加上选举期间的种种运作，因而在战后中央及地方的各项选举中获胜。此期间的人权保障，包括言论、结社等自由，受训政、抗战等影响，情况不佳。行宪以后，宪法列有人权条款，但因增订"动员戡乱时期临时条款"，使政府能够以各种法律、命令，限制人民自由。

国民政府制宪与行宪能够推行，与国民党内民主派的努力有关。抗战后期，国民党内一部分人士希望，通过国民党的民主化，在党内形成一股民主力量，从而分割蒋介石的权力，乃至最后排斥蒋介石，把国民党改造成民主的政党。上文提及的立法院长孙科，就是其中最突出的代表之一。高华教授的研究表明，在国家政治体制问题上，孙科最早提出实施宪政的政治主张；在国民党内，孙科强烈反对蒋介石的个人独裁，呼吁实现国民党的民主化。抗战后期孙科出于对国民党前途的严重忧虑，公开抨击蒋介石的独裁，要求实现国民党的民主化。孙科担任国民政府立法院长达16年之久，领导了国民政府训政立法、战时立法、行宪立法的全部过程。特别是在1943年至1946年间，孙科以国民党中央常务委员、国民政府立法院长的身份站在宪政运动的最前列，"要求党内党外都实行民主"。孙科对政协会议宪法草案也表示赞成，称这是"参考英美推行五权宪法"。国民参政会秘书长王世杰亦是国民党的宪政派，对抗战时期的宪政运动采取了较为开明的态度。如在起草国民参政会组织条例时，他本着的就是建立初步民意机关的设想。在他看来，立法、监督、财政三权是民意机关所必须具备的权力，参政会如要发挥作用，就应当首先拥有立法权。王世杰的想法虽然最后没有实现，但是其初衷无疑是富有建设意义的。

当然，十年政治改革能够取得有限成果，关键还是国民党内保守派的

---

①张玉法：《中华民国史稿（修订版）》，（台湾）联经出版事业股份有限公司，2008年，第6页。

妥协，特别是蒋介石在美国压力下的变化。抗战以后，蒋介石在宪政问题上一直持实用主义态度，"开放党禁和成立国民参政会，是国民党训政的两大挫折，使国民党原来构想的一党专政不能维系。不过，国民党开放党禁和成立国民参政会，目的只在结合全国力量，共同抗日。各党须接受国民党的主义与国民党的领导，参加抗战建国工作，并不含有共同执政的意思"。①抗战胜利后，在美国的压力下，蒋介石对1946年政协决议也未表示反对。虽然在1946年3月1日召开的国民党六届二中全会上，党内保守派发难，做出与政协决议针锋相对的决议，但是蒋介石随后仍然表示要继续推行宪政，如期召开制宪国民大会。后来正如上文所指出的，正是在蒋介石的坚持下，国民党在制宪国大上接受政协宪草，最终得以完成制宪。

---

① 张玉法：《近代中国民主政治发展史》，第355页。

《临时约法》与民国政体规划

《临时约法》规划了民国初年的政体制度。长期以来，人们一直认为《临时约法》中的政体制度是责任内阁制。但是近年来一些学者开始质疑责任内阁制度的传统论断，并研究这一政体制度的缺陷。

《临时约法》明确规定"中华民国之立法权以参议院行之"。《临时约法》赋予参议院的立法权有：1.议决一切法律案；2.议决临时政府的预算、决算；3.议决全国税法、币制及度量衡的准则；4.议决公债的募集及国库有负担的契约；5.国务员及外交大使、公使任命同意权；6.宣战、媾和及缔结条约同意权；7.大赦同意权；8.受理人民的请愿；9.建议权；10.质询权；11.咨请查办官吏权；12.弹劾临时大总统、国务员。其中涉及立法与行政关系的权力主要有同意权与弹劾权。与当时实行责任内阁制的法国、英国比较，民国临时参议院在权力关系中表现出非常浓厚的立法至上特色。

首先，增设参议院的同意权。《临时约法》第34条规定，临时大总统有任命文武官员的权力，"但任命国务员及外交大使、公使，须得参议院之同意"。有学者认为："《临时约法》最显著的特征在于赋予立法机构——参议院以广泛的权力，在利用立法权来束缚行政权的时候，却没有想到立法部门的权力也应当有所节约。这集中表现在'同意权'的设置上。"① 在英法内阁制国家，议会均没有总统制国家的同意权。梁启超在当

---

① 杨天宏：《论〈临时约法〉对民国政体的设计规划》，《近代史研究》1998年第1期。

时刊文指出责任内阁制国家国会没有同意权，而且"同意权与弹劾权不相容"。就连同情国民党的民国学者李剑农也认为《临时约法》上的参议院同意权，比较英法责任内阁制，实在是"变本加厉"。

其次，扩大弹劾权的使用范围。"参议员对于国务员认为失职或违法时，得以总员四分之三以上之出席，出席员三分之二以上之可决，弹劾之。"本来弹劾针对的仅仅是国务员的个人行为，与议会的不信任投票权（倒阁权）是两回事，后者是针对内阁的集体行为，如政府提出的施政纲领、政府声明或其他法案。但是当时造法者实际上将弹劾与不信任混为一谈，把不信任投票的意义包含在弹劾之内。①更重要的是参议院在政治实践中也确实将弹劾权作为不信任权行使，曾经提出过弹劾全体国务员。此外与美国总统制弹劾权条款不同的是，《临时约法》没有规定参议院在对大总统进行弹劾审判时，必须由最高司法机关主持，即参议院有权独自完成对大总统的弹劾程序。这种规定简化了国会行使弹劾权的程序，便于国会轻易行使这一重要权力，造成总统在权力关系中的被动局面。

第三，政府缺乏制约议会的行政权力。在责任内阁制国家里，当政府与议会发生政争时，政府拥有解散权，即有权提前解散议会，重新选举立法机关。而《临时约法》却没有规定解散权，致使政府缺乏反制议会的权力，形成一种单向的权力制约关系。在民初短暂的实际政治运作中，参议院在处理两院关系时，往往居于主动地位，可以毫无顾忌地提出弹劾案，而政府由于缺乏制衡议会的权力，在政争面前，一般以退缩为主，受制于参议院。当时美国驻华公使柔克义曾对这种权力设计提出批评，认为该法使国家行政机构"受制于看来似乎是真正管事的机构参议院"。有学者也认为："历史学家们经常责备袁世凯破坏约法，但是临时约法本身由于存在许多模糊不清的地方而备受批评。袁世凯不能控制内阁，内阁总理也不能。总理不是代表参议院多数党，他不能控制预算或者是地方政府。参议院可以弹劾政府，但是政府并不能解散参议院。"②立法与行政机关，

---

① 钱实甫：《北洋政府时期的政治制度（上册）》，中华书局，1984年，第84页。
② Ranbir Vohra, *China's Path to Modernization Prentice Hall*, Inc, 1977, p.112.

"万一发生争执,双方都没有合法的手段来制约对方"。①

责任内阁制度的前提是国家元首的权力受到严格限制,手中没有多少实权。而在总统制或半总统制国家里,总统(国家元首)却是掌握实权的最高行政长官。杨天宏先生认为,与责任内阁制国家元首不同的是,《临时约法》"在赋予内阁行政权力的同时,保留了总统制体制下国家元首享有的若干权力,致使总统府与国务院权限不明,混淆了总统制与责任内阁制的界限,将临时政府规划成了一种二元甚至多元的畸形政治体制"。分析《临时约法》赋予临时大总统的权力是"实权"还是"虚权",是评判行政权力结构性质的重要依据。

第一,总统作为国家元首的权力。《临时约法》规定:"临时大总统代表全国,接见外国之大使、公使","临时大总统得颁给勋章并其他荣典","得宣告大赦,特赦,减刑,复权",以及宣战、媾和及缔结条约之权等。这些条款与美国宪法中"总统应接见大使和其他公使","总统有缔结条约之权",以及"发布缓刑令和赦免令"等都是极为相似的。

第二,总统作为行政首脑的权力。《临时约法》第30条规定:"临时大总统代表临时政府,总揽政务,公布法律。"第34条规定:"临时大总统任免文武职员;但任命国务员及外交大使、公使,须得参议院之同意。"这一条直接取自于美国宪法第2条第2款规定。此外,临时大总统还拥有监督执行法律权和宣告戒严权,这两种权力美国总统也享有。

第三,总统的军事权。民国临时大总统的军事权主要体现在两个方面。一是总统是国家武装力量的首脑,他"统率全国海陆军队"。二是总统在经参议院同意后,对外有宣战权。这与美国总统的军事权中有关"总统为合众国陆军、海军和征调为合众国服役的各州民兵的总司令",以及总统在征得参议院同意后有权对外发动战争等大致符合。

第四,总统的立法权。根据《临时约法》规定,中华民国立法权,以参议院行之。但依据分权与制衡原则,总统实际上拥有一定的立法权,而且在立法过程中起着重要作用。《临时约法》赋予临时大总统的立法权主

---

① Franklin W. Houn, *Central Government of China 1912—1928, An Institutional Study*, Madison: The University of Wisconsin Press, 1957, p.41.

要有三个方面。一是立法提议权。第38条规定："临时大总统得提出法律案于参议院。"这一条款是总统立法权的宪法依据。它表明总统在提出法案方面拥有某种优先权，而且一旦法案被通过，就会大大加强总统对立法的影响力。二是立法否决权。第23条规定，大总统对参议院议决事件如不同意，得于十日内咨院复议，若到会参议员三分之二以上仍执前议时，就必须公布。这一条也是美国宪法中总统行使否决权的翻版，体现总统对参议院的一种权力制约。三是委托立法权。《临时约法》规定大总统有监督执行法律的权力，因而就有了参议院依据法律授予总统的委托立法权。例如总统可以制定官制、官规；基于法律的委任，可以发布命令等。所有这些立法权，美国总统也拥有。从以上比较中不难看出，临时大总统享有相当大的政治权力。

当然不可否认，《临时约法》对总统权力也做了不少限制。有论者认为这表明总统的权力有限，是符合责任内阁制原则的。其实这种限制恰恰体现了总统制立法、行政部门之间的分权与制衡原则。如总统在行使任命国务员、外交使节、对外宣战、媾和、缔结条约等权力时，须受参议院同意权的限制；又如总统只能依据参议院的议决公布法律，并不能直接公布法律；制定官制、官规，也必须经参议院议决等。所有这些对总统权力合理的限制性规定在美国宪法中都能找到。

与总统制国家不同的是，《临时约法》仿照法国内阁制规定，增设国务院（内阁），并且赋予国务员辅政权与副署权，即"国务员辅佐临时大总统负其责任"，"国务员于临时大总统提出法律案、公布法律及发布命令时，须副署之"。对此人们普遍认为："这两条的意思很可以体现责任内阁制的精神，即有国务员负实际政治责任。"[①]其实这个论断是站不住脚的。因为总统与国务员的关系明显不同于责任内阁制中的行政权力关系。

首先，临时大总统享有对国务员的直接免职权。根据《临时约法》规定，国务员的免职有两种方式。一是国务员在受到参议院弹劾后，大总统应免其职，但须交参议院复议；二是根据第34条规定，大总统可以在国务

---

① 钱实甫：《北洋政府时期的政治制度（上册）》，第84页。

员未受参议院弹劾时，直接行使对国务员的免职权。后一种情况在国务总理唐绍仪自行离职后，就曾经发生过。当时，袁世凯就正式发布过对唐绍仪的解职令。

由此可见，国务员的去职实际上有三种方式：一是受参议院弹劾后被总统免职；二是未受参议院弹劾即被总统直接免职；三是主动辞职。由于总统可以直接行使对国务员的免职权，因此从根本上来说，国务员还是受制于总统的，必须对总统负责。在两者关系上，总统居于主导与支配地位。这种总统与国务员（内阁成员）的关系，与当代法国半总统制中总统与内阁关系非常相似。由于总统握有行政实权，总理实际上只能在总统的赏识下行使职权。"当内阁总理同总统发生冲突时，总理要么服从总统，要么辞职。"①虽然在这种半总统制度中，"总理领导政府的活动，总理对国防负责，总理确保法律的执行"，国务员的权力的规定比《临时约法》更加明确，更加广泛。

其次，国务员的副署权并不能起到限制总统权力的作用。通过上文对总统免职权的分析，我们得出了在国务员和大总统的关系中，总统居于主导和支配地位，国务员实际上受制于总统的结论。从这个视角观察，将有助于分析国务员行使副署权的实际效果。当总统与国务员意见一致时，国务员的副署权仅仅是一道法律上必须执行的程序。但是当总统与国务员意见不合时，国务员虽然可以拒绝行使副署权，抗拒总统的决定，但是由于在国务员去留问题上取决于总统，因此总统可以合法解除拒绝从命的国务员的职务，重新任命与自己意见一致的阁员。这样一来，总统的意见还是占上风。所谓的副署权在实际运作中只能是一种形式。

这种情况也和现代半总统制法国内阁的副署权作用极为相似。法国内阁副署权设立的原因仅仅是"由于这些命令和法令是政府为实施其政纲，可要求议会授权它在一定时期内就某些通常属于法律范围的事项采取的措施，因而具有立法性质"。②副署权实际上并不能起到限制总统权力的作用。所以当时有参议员认为："袁世凯时代之内阁，可谓为美国式之内阁

---

① 洪波：《法国政治制度变迁：从大革命到第五共和国》，中国社会科学出版社，1993年，第228—229页。
② Franklin W. Houn, *Central Government of China 1912–1928*, An Institutional Study, p.213.

无疑也。"

从以上比较分析中不难看出,《临时约法》设计的政体制度绝不是一种责任内阁制。从参议院与政府的权力关系来看,立法机构在制度框架中居于超越至上地位,初步具备"超议会制"的雏形,所谓"南京参议院制定之《临时约法》,伸张国会权,制限政府行动,胥有过当之处"。同时,行政权力结构中的总统不同于《天坛宪法草案》中虚位总统权力设计,保留了《临时政府大纲》中总统制一些痕迹,总统仍然具备相当多的行政实权,"总统在当时是一个真正有实力的角色。参议院除了弹劾权,并没有其他的法律手段制约总统"。[①]《临时约法》中的行政权力结构兼有总统制与半总统制行政权力特点,实际上是总统制的一种变体。

这两个重要的制度特点都是对责任内阁制的根本否定。可以确切无疑地说,这是一种畸变的政体制度。民国时期有学者认为造法者对总统制与内阁制度的区别还未弄清楚,也不大明了责任内阁制的意义。而来自责任内阁制发源地英国的英国驻南京领事伟晋颂曾经富有远见地指出:"临时约法中对总统、各部和参议院院权力都规定得很不明确,将来很可能是经常产生争议的根源。"

[①] Franklin W. Houn, *Central Government of China 1912-1928*, An Institutional Study, p.42.

《天坛宪法草案》与民初宪政选择的失败

在民国初年民主转型的关键时期，1913年《天坛宪法草案》的制定成为各种政治势力关注的焦点。新生的民国国会力排众议，先后拒绝了临时大总统袁世凯与地方军绅势力的制宪要求，依据北京临时参议院制定的《国会组织法》，独自开始了制宪工作。然而令人遗憾的是，宪法草案的完成不但没有成为中国实施民主宪政的起步，反而宣告了国会遭受袁世凯非法解散的厄运的来临。人们在总结这段历史时，普遍的看法是袁世凯的独裁统治扼杀了初生的民主政治，他要为这次民主转型的失败承担最主要的责任，而民初中国资本主义经济的发展程度不足，封建旧势力强大也是其中的重要原因。

但是在宪政学者看来，"制宪通常完全由当时主导秩序的力量来决定，制宪是从零开始的政治工程，……制宪的成败与否，往往取决于社会各方的共识能否达成一个公约数"。[1]毫无疑问，民国初年最有实力的政治势力当属袁世凯的北洋集团。在新的宪政制度框架中，他们"总统制"的政治目标能否得到全部或部分实现，现实的政治利益能否得到真实的体现，将决定宪法与宪政的最后命运。

---

[1] 谢政道：《中华民国修宪史》，（台湾）扬智文化事业股份有限公司，2001年，第479页。

"立法至上"的国会权力设计

宪法草案中国会权力主要有十项，分别是立法权、质询权、受理请愿权、建议权、弹劾权、不信任权、设立常设委员会权、财政监督权、宪法修正权与宪法解释权。其中最重要的是弹劾权、不信任权、设立常设委员会权与宪法解释权。弹劾权与不信任权在后面分析行政与立法两权关系时将详细介绍。设立国会常设委员会权与解释宪法权既超出《临时约法》的规定，也是内阁制度国家如法国的议会所没有的，当时各主要民主国家立法机关也不曾拥有。

国会委员会设置仅在法理上就讲不通，国会作为一个代议制机关，在休会期间又成立一个40人的委员会，宣称可以代表国会行使立法权，包括咨请总统召开国会临时会，行使国务总理同意权、请愿权、建议权、质询权等。这种做法与代议制度的原则是根本违背的。如果国会委员会的存在是合理的，800人的民国国会也就没有存在的必要了。这种制度设计有把民主代议政治变成一种寡头政治的危险。

就连对宪法持肯定态度的学者张东荪也对国会委员会的设置提出批评。他提出如果国会不满国会委员会先前的作为，两者发生冲突，在政治上是非常危险的。张东荪质疑委员会权力的合法性。如果说委员会是国会的代表，"国会之代表必对于国会负责任，然则其责任将以何法课之"。他认为仅从法理上来讲，国会委员会就不是国会的代表，实际上是国会的补助机构。他强调："国会之补助机构，自不应与国会有同等之职权，且其职权非自国会委任而来，乃宪法上直接赋予者也。"因此国会委员会的权力不应该与国会相同。到了1916年张东荪发表《宪法草案商榷书》时，更是进一步认为："此委员会既有叠床架屋之嫌，复有责任不清之弊，更加以易为行政部所操纵，非删去不可。"

关于国会委员会的弊端，有学者认为主要有两点，"（一）以少数人同意政府之意见，于追认时，纠纷颇多，使国会自相矛盾；（二）代表人民之机关,以少数人行之,苟有不正,必致议员全体丧失信仰"。①当时持中间立场的黎元洪也批评国会委员会的设置是不妥当的,"委员会职权之广,直与国会相等,是不但以少数人专制多数人,不足以代表真正民意,且能使国家命脉惟其操纵而无如之何"。所以国会委员会"万无存在之必要"。

至于宪法解释权的规定,更是将最高司法权力赋予国会,取消司法机关在宪政体制中的独立性,这是当时法国议会内阁制度所没有的,从立法与司法关系来说,是严重违反宪政制衡原则的。

张东荪在1913年对国会宪法解释权没有表示异议。但是后来他觉察到这种权力的缺陷,在1916年宪法草案商榷书中就提出修正意见:"宪法由大理院解释,之有争执时由宪法会议决定之。""夫宪法问题之起,多因行政与立法两方之争执,若以解释权付之国会,是无异于原告裁判被告。非独不平,且将宪法永无确当之解释。"学者潘树藩进一步认为这种规定其实是自相矛盾的,"须知国会乃立法机关,一切寻常法律须经两院出席人数过半数的通过,乃能成立,若现在说国会过半数通过的某种法律与宪法某项抵触,乃将原案再交同一国会,要得到四分之三大多数的同意,来自行取消其从前已经得过半数议员同意的法律,事实上似难实现,恐怕到了那个时候,议员们不自甘蒙违宪的羞耻,就此曲解宪法,作为辩护,虽真有与宪法抵触的法律,亦不能取消了"。潘树藩认为还是应该让司法机关来解释宪法,因为司法机关超越党派,法官们又是一些精通法律、德高望重的人,他们可以保证以公平的立场来解释宪法。

关于立法机关行使解释权的危害,1803年首创司法审查权先例的美国最高法院大法官马歇尔有过精彩的论述。这位著名的大法官认为:"立法权力受到规定与限制;且因宪法是成文的,这些限制不得被混淆或遗忘。假若这些限制可在任何时刻被其意欲约束的权力所超越,那还有何目的去限制这些权力?又有何目的去把这些限制付诸文字?假若那些限制不能约束它们施加的对象,假若法律所禁止的和法律所允许的都具有同样的强制效力,那么具备有限与无限权力的政府就丧失了区别。无可争辩,若非宪

---

① 杨幼炯:《近代中国立法史》,上海商务印书馆,1936年,第147—148页。

法控制任何与之相悖的法律,即是立法机构可以通过寻常法律以改变宪法。"

一般宪政民主国家都是将宪法解释权作为一种司法权力,让最高法院或宪法法院等司法机关行使。宪政的目的是要控制政府的权力,保障人民的利益。这里的政府并不是我们一般所指的行政部门,而是行政、立法、司法三个权力机构。

"弱势总统"权力的理想规划

在《天坛宪法草案》中,总统主要有立法权、人事任免权、解散国会权、紧急命令权、军事权、外交权、法律公布权、戒严权、赦免权等九种权力。与法国"虚位元首"总统的权力相比较,有五项重要权力明显小于法国总统的权力。从理论上说,这是立法权力侵入行政领域,压缩行政权力的结果。

第一,行政立法权。法国第三共和国总统除了提出法律案以及复议权外,还有权提出宪法修正案。而且考虑到当时的政治现实,宪法中还特别规定:"在由1873年11月20日法律授权的麦克马洪元帅的执政时期,只有共和国总统有权建议修改宪法。"但是《天坛宪法草案》中宪法的修正权只是属于国会两院组织的宪法会议,总统没有提出修正宪法案的权力。即使与《临时约法》相比较,行政权力也是明显的缩小,《临时约法》曾规定总统与参议院都有权提出修正约法案。

第二,人事任免权。按照法国责任内阁制度的规定,总统任命全体文武官员,而不需要议会的批准。但是《天坛宪法草案》却要求"国务总理之任命,须得众议院之同意。国务总理在国会闭会期内出缺时,总统经国会委员会之同意,得为总理之任命"。而且国务员受到国会不信任决议时,大总统必须免其职。在人事任免上赋予国会同意权的做法,其实是仿照总统制国家美国的有关同意权规定,并不符合责任内阁制度的规定。在同样实行责任内阁制的英国,也没有这种权力限制。袁世凯的政治顾问、美国政治学者古德诺对国会同意权持否定的看法，"是一切行政权，俱在众议院矣"。张东荪也认为同意权的设立"揆诸法理，殊为矛盾。按之事实，亦有画蛇添足之讥也"。他强调所谓借助这种方式建立责任内阁制度是不可取的，最后只能造成"国会与总统，永永相轧轹而已。临时政府之试验，皆可指证也"。

早在国会制宪之前，梁启超就认为在责任内阁制度中，同意权与弹劾权是不相容的。因为国务员"既得赞助以行任命，则其人已为双方所信任，而不容复有弹劾以随其后"。同意权的规定是非责任内阁制度国家的做法。梁还特别指出"在法理上，同意权既与责任内阁制相抵牾，在政治上更有百害而无一利，将来宪法决不容有此陋制之存在可断然也"。

第三，紧急命令权。有学者认为这种权力的规定扩大了总统的权力。实际上并不是这样。就法国而言，依据1975年国会通过的法律，在某些特殊情况或急迫形势下，如一时无法召集议会，政府可以在合乎立法范畴的基础上，发布紧急条例。但是这些法令要在议会的下一次集会上得到默示或明示批准。同样，民国总统在行使紧急命令权时，所受到的限制还要高于法国的规定。草案第55条称："大总统为维持公共安全，或防御非常灾患，时机紧急，不能碟集国会时，经国会委员会之议决，得发布与法律有同等效力之诰令。但须于次期国会开会之始，请求追认前项诰令，国会否认时，即失其效力。"条文中最要紧之处是必须获得国会委员会的同意，限制的程度比法国宪法的规定加深，也使得紧急命令权的行使难度加大，并不符合规定这项权力的初衷。黎元洪就认为："紧急命令处分为国家元首宪法上之大权，在事实上万无可以反对之理。今草案竟以同意权予之数十委员，是直剥夺元首宪法上之大权，而使大总统无临机应付之余地。"

第四，赦免权。法国宪法规定总统有特赦权，大赦则只能依法律行之，对赦免没有加以限制。但是《天坛宪法草案》则不然，条文中特别规定只有经过最高法院之同意，总统才可以宣告免刑、减刑及复权。但对于弹劾之判决，经国会同意得为复权之宣告。与法国的责任内阁制度比较，总统的赦免权其实又受到了司法、立法权力的双重干涉，行政权力被弱化。关于最后一项权力解散国会权，因为与议会的不信任权有关系，放在

第三部分解释。

以上总统的几项权力,按照责任内阁制度原则,原本或是与立法机关没有关系,或是与立法机关仅有间接关系,但是在《天坛宪法草案》中,却基本上要与国会发生直接的关系。而且还为国会肆意扩大立法权力、强力干预行政权力打开了方便之门。本来法国责任内阁制度,一直被批评是一种过度分权的制度,而我们的所谓内阁制度竟有过之而无不及。

失衡的杠杆:行政与立法权力关系剖析

行政、立法关系主要体现在两个方面,同时也是责任内阁制度的两个最重要的原则。首先是国会的弹劾权。《天坛宪法草案》关于弹劾权的规定主要有三点。一是"众议院认为大总统副总统有谋叛行为时,得以议员总额四分之三以上,列席员三分之二以上之可决弹劾之";二是"众议院对于国务员有违法行为时,得以列席员三分二以上之可决弹劾之";三是"参议院审判被弹劾之大总统副总统及国务员,非以列席员三分之二以上同意不得判决。判决大总统副总统有罪时,应黜其职,其犯罪之处刑,由最高法院定之。判决国务员确有违法时,应褫其职,并得夺其公权"。

与法国宪法相比较,对总统弹劾的提出机关并不是参议院,而是众议院。这样做其实是有意不采用法国的规定,而效仿总统制美国的规定。但与美国宪法中相似的由参议院与最高法院选出同等委员组织法庭的意见却被否决。虽然这些弹劾权的条文中有一部分类似于美国宪法,但是1787年美国制宪代表对弹劾权的安排,无论是目的还是原则都迥异于民国制宪议员。汉密尔顿就认为:"立法机关的两个部门之间的分工,赋予其一以控告权,其二以审议权,才能避免使同一些人同时担当原告和法官的不便;也才能防止在其任一部门中由于派性统治而对别人进行迫害的危险。由于判决需要参议院三分之二多数的同意,对于无辜者的保障,有此补充条件,就将达到可以希望的最完整的程度。"

对总统弹劾的出席人数与表决人数,也比《临时约法》中"得以总员五分四以上之出席，出席员三分二以上之可决弹劾之"的标准放宽。对国务员的弹劾条件更是如此。法国1875年宪法仅仅是规定与职务有关的犯罪行为，即众议院可对总统的叛国罪及部长们的渎职罪提出控告，由参议院组成特别高等法庭审判。弹劾的条件是存在清楚的界定的，并不是针对国务员的一切违法行为。《天坛宪法草案》扩充了弹劾权可适用的范围，即国务员的一切违法行为。国务员受弹劾后除免职外，并得剥夺其公权。而法国参议院在审判后只能免去内阁部长职务，并没有权力剥夺其公权。关于弹劾的出席人数与表决人数，《临时约法》规定"参议院对于国务员认为失职或违法时，得以总员四分之三以上之出席，出席员三分之二以上之可决弹劾之"，但是《天坛宪法草案》竟然取消了出席标准，表决标准也放宽，这样就大大方便了议会对国务员行使弹劾权。

参议院剥夺受弹劾的国务员的公权的做法从表面上看又是仿效美国宪法，但是美国宪法第三条第三项关于剥夺公权的范围仅限于叛国罪，并不是针对一切违法行为。而且美国的制宪者明白剥夺公权是一种司法判决，原本属于司法机关的权力。本来让参议院作为审判机关，已经是一种不得已的制度安排，实际上是赋予了参议院一定的司法权力。诚如汉密尔顿所言："制宪会议草案赋予参议院的其他权力，则属于另一范畴，包括在行政方面参与对人员的委任和在司法方面承担审议弹劾案的法庭职能。……在完全民选的政府中建立审议弹劾案的完善法庭，虽甚需要，但绝非易事。"他认为很难设想行政部门的领导人会以不偏不倚的态度对待其行为需要受审查的人。而司法部门的法官不见得在一切时候都具有执行如此困难任务所需要的那种突出的坚定性。此外让同一罪犯受到一些法官的双重审判，也很难保证审判的公正。[①]

此外，内阁制度不同于总统制度，对于行政部门的权力制约，总统制只有弹劾权最为重要，所以也就特别强调弹劾权的行使。但是在责任内阁制的国家，因为议会还拥有对内阁的不信任权，所以弹劾权一般不被重视。虽然弹劾权首创于英国，"但弹劾制在英国，久已废弛不用，且自

---

① 汉密尔顿、杰伊、麦迪逊：《联邦党人文集》，程逢如等译，商务印书馆，1995年，第332—334页。

1805年以来，英国议会从无行使弹劾权之事；盖英国法庭的独立，既足以为国务员犯罪的制裁，而自议会内阁制实现以后，英国议会尚可投不信任票以为国务员犯罪或失职的制裁"。[①]在极端分权制度的法国，议会行使弹劾权也是非常谨慎的，从1875年第三共和国成立以来，法国总统、总理还没有一位受到过弹劾，政府成员受弹劾的仅在1920年有一例。与英法相比较，民国初年临时参议院行使弹劾权的随意性让人触目惊心。

二是议会不信任权与总统解散权。《天坛宪法草案》中关于不信任权（倒阁权）的规定非常模糊，仅仅说明众议院对于国务员得为不信任之决议。没有明确说明在何种情况下，众议院可以对政府行使不信任权。在责任内阁制度中，议会的不信任权针对的是政府提出的施政纲领、总政策声明或其他法案，法国宪法规定："各部部长，关于政府的一般政策对两院负连带责任。"当议会不同意这些政策法案时，就可以举行不信任投票。如果通过对政府的不信任投票，那么政府就必须辞职。

不信任权与弹劾权是不一样的。在内阁制度中，弹劾权针对的是官员的职务犯罪行为，是个人法律责任；不信任权针对的是政府内阁政策失当，是一种集体政治责任，而不是针对官员个人的失职行为。虽然在当时法国的宪法中，议会的不信任权不仅适用于政府的集体政治责任，也包括个人政治责任。但是这种做法在责任内阁制度中只是一个特例，在英国就没有这种规定。在民国初年，一些人习惯把两者混为一谈。不仅《临时约法》上有这样的规定，北京临时参议院还运用于议会政治实践。

但是多数人还是清楚两者的区别，也明白两权的正确使用范围。1913年初，《宪法新闻》上曾刊文指出弹劾权与不信任权的差异，"于政治失职问题，则行课税、拒绝或不信任投票是也。于法律违反问题，则弹劾是也。是故弹劾权专属法律方面，政治方面无弹劾之发生"。在制宪会议上，制宪议员孙钟也提到弹劾与不信任投票权的区别。他认为如果内阁与议会政策不合，而不是违法，那么议会只能进行不信任投票，"而无须乎弹劾"。

---

① 王世杰，钱端升：《比较宪法》，商务印书馆，1999年，第252页。

此外，国会通过不信任投票的表决人数是非常低的，以众议院列席员过半数的同意就可以成立，对众议院列席人数也没有特别规定，应是按照一般规定，议员总数过半就可以开议。这样，众议员总数是596人，以半数列席计之，一旦有150人表决同意，不信任投票针对者即应免职。这与有意不规定权力行使范围的做法如出一辙，都是为国会在未来的政治生活中全面控制政府提供法律上的方便。

在责任内阁制度中，为确保立法与行政两权之间的平衡，针对立法机关的不信任权，行政机关同时保有解散议会的权力。当议会对内阁政府提出并通过不信任案，内阁如果不愿意辞职，就可以提请总统解散议会，重新举行议会选举，让选民作出新的选择。提前解散议会成了现代议会运作中通常的做法。① 而且按照英国的责任内阁制度规定，总统解散议会是不必要通过国会同意的，但是《天坛宪法草案》与法国宪法相似的是，总统解散众议院都必须获得参议院的同意。这一点正是法国责任内阁制度有缺陷的部分。有学者认为，"法国内阁之不能解散众议院，则为一种违背内阁制真精神的一种习惯，并非宪法所规定"。② 当时古德诺就指出："在用内阁制者，行政权以解散议院为最有效力之武器，议院有恶意，或轻率之举动，惟此足以制之。"但是他认为对解散权的限制，实际上是剥夺了总统使用这种权力的可能性。古德诺还以当时的法国为例，称"法国共和至今，总统仅解散下院一次"。法国要求获得参议院半数同意尚且这么难，何况《天坛宪法草案》中的同意标准是必须获得参议院三分之二多数的同意。因此他认为"中华民国总统于众议院为不信任投票时，必不能解散议院，仅能罢免国务员，改组新内阁而也"。

北京临时参议院秘书长林长民曾经批评这种不必要的限制性规定，"总统解散众议院之权则如得参议员三分之二以上赞成，始能解散，不免为有名无实之权"。林长民认为应该给予总统无条件的解散权，"若不然则惟议会有武器，而政府毫无武器，其结果现出现议会专制之奇观，不可不防也。"他特别强调在宪法政治中，"倘国会既备有相当之武器，则政

---

① 刘建飞等编著：《英国议会》，华夏出版社，2002年，第97页。
② 王世杰、钱端升：《比较宪法》，第254页。

府亦不可不备有相当之武器"。林长民的用意在于必须保持行政、立法两权的平衡，才能更好地相互制约。

而且参议院的性质也引发人们对限制性规定的质疑。制宪会议在讨论解散权时，陆宗舆就指出民国的两院性质相同，"无须多此一举"。刘崇佑更进一步指出"今日之参议院与众议院不同之点究在何处，本席殊不能得其究竟。二者根本既属相同，而解散此机关必得彼机关之同意，岂非欺人之谈。故今日先决问题乃参议院应如何组织，与众议院之异同何在，而后始能定解散之有无"。

解散权的制度性缺陷对政治稳定造成的消极影响是非常显著的。在国会与政府发生政争时，作为政府的一方并不能合法地解散国会、依法重新举行国会选举，以此来解决政治冲突。最后采取的只能是体制外非法的武力解散国会方式。这在1916年至1917年府院之争、院院之争时表现得尤为明显。"如果当时政权体制更加完善，权力机构在解决政治危机方面，存在更有效的合法手段，行使机关与立法机关之间的矛盾能够通过体制内方式不断化解，政治危机不至于积重难返，不至于最终不得不采取体制外的非法手段来解决。议会政治也许不至于与中国社会如此格格不入，最终导致悲剧性结局。"①

"超议会制"与宪政变革的失败

迄今为止，虽然有一些论著指出《天坛宪草》设计的宪政制度的特点与问题，包括对宪法草案中政府制度提出批评。但自民国至今，人们仍然普遍认为草案设计的政府制度是一种责任内阁制度。有代表性的意见是草案基本上还是仿照法国责任内阁制度的，"全文十一章，都百一十三条，制度大半模仿法兰西，而间杂于美利坚"。②此外人们还认为国务员对议会负责、副署权的设置就是责任内阁制度的主要内容。但是责任内阁制度

①朱勇：《中国法律的艰辛历程》，黑龙江人民出版社，2002年，第375页。
②陈茹玄：《中国宪法史》，上海世界书局，1933年，第48页。

（议会内阁制度）是一个完整的概念，包括总统（国家元首）与国务员的关系、行政与立法的关系两方面内容。不能仅从总统（国家元首）与国务员行政权力分立的特点来界定责任内阁制。那种把责任内阁制度理解为仅仅是元首不负责任、国务员对议会负责、国务员可以行使副署权等，无疑是非常片面的。完整的责任内阁制度，仅有行政权力的分立的特征是不够的。19世纪普鲁士宪法中国务员也有副署权，但是它的政治体制却不是责任内阁制。

过去人们对责任内阁制度不准确的认识，最重要的原因的是忽略了责任内阁制中行政与立法制衡关系的内容，其中要旨就是国会对政府的不信任权（倒阁权），以及政府作为制衡手段的解散国会权。两权的制约关系是责任内阁制度中最重要的内容与特征，直接决定政局的稳定与政治发展的走向。

实行责任内阁制度的典范国家并不是当时人们心仪已久的法国，而应该是其发源地英国。与英国成熟的责任内阁制度相比，当时法国的制度还有不少缺陷与不足，特别是缺少权力制衡的机制，比较显著的是上文提到的解散权的规定。与英国不同的是，法国宪法增加了行政元首必须经过参议院同意才可以解散众议院的限制。而议会的不信任权却没有类似的限制，这样在理论上就破坏了两权之间的制约与平衡关系。而事实上参议院出于议会整体利益的考虑，一般不会同意解散众议院，在第三共和国时期，参议院仅同意过一次总统解散众议院。而与此形成鲜明比照的是，议会却经常对政府随意动用不信任权，导致倒阁现象频繁发生，在第三共和国存在的70年中，先后更换过105届内阁。法国内阁常被称为"半年内阁"或"短命内阁"，这是世界各国所罕见的。法国的宪政制度一直被认为是一种极端分权学说的体现。第三共和国的内阁制度被批评是"权力的绝对混乱"。当代法国第五共和国改变了传统的责任内阁制度，转而加强总统的行政权力，主要原因也是汲取了过去宪政制度缺陷造成政局动荡的经验教训。

20世纪30年代民国也有学者指出完全意义上的内阁制度还是英国，只有英国制度实践较为成功，而其他国家的责任内阁制常为世人所诟病。

责任内阁制度也不是以牺牲政治稳定为代价的,在国会保持立法监督权同时,政府也是一个强大的政府。所以"英国政府如果不是世界上唯一最强有力的政府,也是最强有力的政府之一。……虽然就一种意义上说,下院控制着政府是实在的,但就另一种并且是更实际的意义说,政府控制着下院"。①然而,即使是与法国的内阁制度相比,《天坛宪法草案》缺少的不仅是行政与立法权力之间的制约与平衡关系,还有三权分立上的不平等。立法权过大、行政权过小、司法权基本上没有独立性。形成一种二权分立、二权失衡的局面。而分权原则正是民主宪政的基石,"分权乃是文明政府之基础、宪政主义之内涵"。②

笔者把《天坛宪法草案》中这种具备责任内阁制度的一些特征,但是在权力的分立与制衡关系上明显违反宪政原则的内阁制度称之为"超议会内阁制度"(简称"超议会制")。简单地说,《天坛宪法草案》中这种内阁制度具备责任内阁制度的一些特征,但是相对于完整意义上的议会内阁制度(责任内阁制度),"超议会制"的权力分立关系,不同于责任内阁制度的三权分立;权力制衡关系,也不同于责任内阁制度中的权力平衡、互相制约。这实际上是一种畸形的、存在严重结构性缺陷的政治制度,并不符合宪政制度原理。制宪议员王印川事后就认为这种政体制度是一种"极端议会政治"。

1913年宪政制度变革的失败,虽然正如《剑桥世界近代史》对民初政治的评论,"中国有了一个新政权,但是它依然缺少一个可行的政体",然而背后的因素却是缺乏制度变迁的动力。最后的宪法草案,特别是其中的"超内阁制"政体,既不是朝野各方政治妥协的结果,也不是各种政治势力利益平衡的体现,更没有充分承认当时左右中国政坛的北洋集团的政治利益。对袁世凯这样的实用主义政治人物来说,以较少的代价,攫取更多的政治利益是其最主要的政治目的。他在1912年接受共和制度,其实就是建立在这种判断之上。以他不多的现代政治知识,当然会期望民国国家元首的权力与地位要远远超过他在前清的职权。但是在一年多的临时大总

---

① 埃弗尔·詹宁斯:《英国议会》,蓬勃译,商务印书馆,1959年,第7—8页。
② 张千帆:《西方宪政体系(上册·美国宪法)》,中国政法大学出版社,2000年,第3页,注13。

统任期内，尤其是在《临时约法》与临时参议院扩权的双重压力下，袁世凯对民初所谓责任内阁制度设计深感失望。国民党在国会选举中的获胜，更加深了他对未来权力可能进一步被剥夺的焦虑感。

作为政治强人的袁世凯，是不会甘心自己的权力轻易丧失的。在与国民党人关系破裂后，他开始以积极的态度参与宪法的制定。此时的袁世凯认识到，如果能够通过制宪方式改变现行的政府体制，至少可以达到加强总统权力的目的。为此，他公开表示只要宪法对于总统权力"无牵制过甚之弊"，那么无论是总统制，还是内阁制，他"均无所容心于其间"。而与他关系密切的制宪委员王庚、陆宗舆、曹汝霖等人，在宪法会议中也不曾反对完全意义上的内阁制度。毕竟对于袁世凯来说，和平的制宪手段是在1913年实现个人政治目标的一种捷径。1913年制宪环境的相对稳定，即使在"二次革命"发生时，制宪会议也没有停顿下来，正是11月初之前袁世凯温和的政治选择的结果。

但是国会不妥协的立场，以及《天坛宪法草案》"超议会制"宪政制度设计的完成，最终粉碎了袁世凯的政治企图，民主转型也因此失去了对他的吸引力，更无法奢望获得他的支持与推动。制宪最后的失败，恰好是北洋集团害怕在未来的政治制度变迁中丧失已有权力，激烈反对的结果。袁世凯最后也许意识到，1912年以来建立的民国政府体制，已经不可能成为一种满足个人政治利益的手段。在这种认识指引下，威权专制与后来的君主立宪主义，就取代共和民主政治，成为袁世凯政治策略中的新宠。

"超总统制"与民初政体选择的迷失

1913年《天坛宪法草案》，特别是其中的"超议会制"政体，既没有充分承认当时左右中国政坛的北洋集团的政治利益，也没有从制度创新方面实现北洋集团提出的正当的权力目标，从而失去了北洋派对政治制度变迁的支持。正是因为缺乏这种政治制度变迁的动力，民国初年宪政制度变革最后的失败也是在所难免。

而在随后的制度选择中，1914年《中华民国约法》（新约法）走向了立法权力弱化的另一个极端。在新约法中，立法权力大大缩小：立法机关采用一院制，拥有议决法律、预算、弹劾总统等立法与行政监督权，但是与总统制美国国会比较，参议院同意权被取消，最重要的弹劾权被分割。新约法规定国务卿、各部总长有违法行为时不受立法院弹劾，而是肃政厅弹劾，平政院审理。新约法对立法权力的规划，完全改变了《天坛宪法草案》中"超议会制"的设计，立法机关不仅不再是"国会至上"，而且一些正常权力也被剥夺，独立性被严重削弱。立法权力的过度削弱正是对"超议会制"最好的回应。

与此相应的是"超总统制"政体的出现。新约法规定大总统总揽统治权。国务卿、各部总长对总统负责。参政院是新约法创制的一个权力机关，参政院应总统之咨询，审议重要政务。虽然从表面看，总统在行使权力时，经常受到参政院的限制，新约法也赋予了参政院相当大的立法与行政监督权，如解散立法院同意权，公布立法院通过之法律，发紧急教令代替法律，为财政紧急处分，推举民国宪法起草委员，审定民国宪法案，在立法院未成立前代行立法院职权等，但是由于参政纯由总统任命，实际上也是对总统负责，并不能发挥有效限制总统权力的作用。所以有论者指出："夫以总统指定之一咨询机关，其权力之大乃如是，此为何种政治制度耶？盖袁氏欲夺立法院之权尽归于己。"

与总统制美国总统权力相比较，新约法中的总统除有立法提议权、委托立法权、军事权、荣赏权、赦免权、戒严权以外，还拥有其他特权：第一，解散权。约法规定总统经参政院同意，解散立法院。第二，外交权。缔结条约、宣战、媾和不需经立法院批准。第三，绝对否决权。新约法第34条规定，在总统否决立法院法案后，如立法院仍持前议，而大总统认为于内治外交有重大危害，或执行有重大障碍时，经参政院之同意，得不公布之。第四，财政处分权。其一是紧急财政处分权。为国际战争或戡定内乱及其他非常事变，不能召集立法院时，大总统经参政院之同意，得为财政紧急处分权。其二是特定财政处分权。法律上属于国家义务、法律上规定所必需、履行条约所必需、陆海军编制所必需的支出，非经大总统同意，不得废除或裁减。第五，宪法起草与修正权。参政院为宪法起草与审定机关。总统有权提出增修宪法案。第六，紧急命令权。大总统为维持公安，或防御非常灾害，事机紧急，不能召集立法院时，经参政院之同意，得发布与法律有同等效力之教令；但须于次期立法院开会之始，请求追认。前此教令，立法院否认时，嗣后即失其效力。第七，独立任免权。总统直接任免文武官员，不需要立法院批准。

以上这些行政权力都是美国总统所没有的。美国总统的外交权是受制于国会的，官员任命需要参议院同意，也不拥有绝对否决权。所以，有学者认为新约法杂采美国、日本、欧洲大陆各国宪法中最偏重行政之条文，再加以别出心裁，独自创作之集权制，以实行"一人政治"主义。"其要者则为取消内阁制，采用总统制；复将立法部权限缩至极小，大总统权限扩至极大。"[①]

[①] 顾敦鍒：《中国议会史》，苏州木渎心正堂，1931年，第219页。

此外，行政与立法机构之间不再形成制衡关系。总统拥有超级权力自是不必说，在立法行政监督方面，虽然立法院有弹劾总统权力，但这只是徒具形式。一方面弹劾难度提高，需要立法院议员五分之四以上出席，四分之三以上可决，明显高于美国国会弹劾总统标准。一方面，新约法规定大理院负责审理弹劾总统案，但是大理院法官又全部为总统所任命，这样袒护总统势所必然。"故弹劾案即能得立法院高额之多数通过提出，大理院亦未必能以无偏无党之态度，绳总统以法。"①而在对国务员弹劾问题上，由于平政院、肃政厅官员都是大总统任命，并不是独立的司法机关，弹劾效果可想而知。新约法又仿照议会制规定，赋予总统解散议会权，但议会却没有相应的不信任权，这显然是一种失去制约与平衡的权力关系，有分析认为"行政权特别扩大，而立法仅为大总统之附属机关"。由于司法机关没有宪法解释权，大理院法官又完全由总统任命，所以司法权不具有独立性，在三权关系上也不能发挥制衡作用。

因此，在新约法设计的政治制度中，总统行政权力极大，立法权与司法权相当弱小，严重违背权力分立与制衡原则。这种总统制已经不是美国式的总统制，而是类似于近现代南美国家阿根廷的"超总统制"。与新约法中总统权力相似的是，阿根廷总统也有独立任免权、紧急命令权、绝对否决权等。②"超总统制"的核心原则就是总统行政权力至上。

---

① 陈茹玄：《中国宪法史》，第76—77页。
② Arend Lijpart, Carlos H. Waisman：《新兴民主国家的宪政选择》，蔡熊山等译，(台湾)韦伯文化事业有限公司，1999年，第201—202页。

央地关系：民国初年省宪的制度设计

民国初年的"联省自治"运动又称省宪运动（各省宪法制定及相关运动），其中，省宪制定无疑是"联省自治"运动的重要标志，"联省自治运动中，各自治省份所推行最力的是省宪的制定，所获致的唯一成果，也是省宪的制定"。①不过长期以来学界研究多集中在省宪制定背景与过程方面，至于省宪内容仅是概述其要点，鲜有从比较宪法与政治发展的新视角剖析省宪制度特色的。与以往研究不同的是，本文的重点在于分析当年省宪制度在央地关系方面的设计与创新之处，并进一步揭示省宪政制对中国宪政发展的历史作用。

在当年出台的各省宪法或草案中，以湖南、浙江、广东省宪法最具代表性，其他各省宪法草案多以三省宪法为摹本。所以本文的省宪制度分析也是以三省宪法或草案为依据。

三省宪法有分权合理之处，也有过度分权之嫌。在地方合理分权规划方面，首先，省宪坚持国家统一原则。三省宪法第一条均标明本省为中华民国之自治省。其次，列举一些合理的省权。省宪中省的合理权力包括行政、文官考试、监督地方自治、司法、税收、财政、警察、教育、实业、卫生等。第三，以联邦制原则处理某些地方与国家关系。湖南省宪规定，"在于国宪不相抵触的范围内，省得制定法规，并执行之"。"省政府受

---

① 李达嘉：《民国初年的联省自治运动》，（台湾）弘文馆出版社，1986年，第202页。

国政府之委托，得执行国家行政事务，但因执行国家行政所生之费用，须由国库承担"。浙江省也有相同的规定。同时浙江省宪草案还强调，"属于国家立法事项，而国家法律尚无规定者，得由省规定暂行法；国家法律已规定而尚未施行者，得以省法定期施行"。对此，台湾学者胡春惠特别赞赏"湖南省宪法中将省权采列举之方式，使中央得保有较广泛之概括权，又颇能切近我国之历史与国情"。

而地方过度分权设计方面，主要体现在地方军事、立法、财政经济与外交权力的制度设计上。

第一，军事权。湖南省宪中，省的事权包括"省内之军政，军令事项"；"中华民国对外国宣战时，本省军队之一部，得受国政府之指挥"；"全省军务，为省行政之一部"；省有权设立一万人以内的常备军，由省长全权统率；省外军队非经省议会决定、省政府允许，永远不得驻扎或通过本省境内。

广东与湖南相似，广东省宪草案也要求，"国家之军事行动，及设备，有涉及本省之利害者，应先取得本省之同意。本省海陆军俱为省军；国家对外宣战时，本省军队之一部分得受国政府之指挥；本省内之要塞建筑或武库军港及兵工厂造船厂等均为本省所有"。与湖南、广东省宪不同的是，浙江省的事权中没有关于省军事的条款。

第二，立法权。在湖南，"省法律未公布以前，中华民国现行法律及基于法律之命令，与本法不相抵触者，仍得适用于本省"；"国宪未成立以前，应归于国之事权，得由本省议决执行之"。浙江规定，"国家立法事项，其施行有不适用于本省者，得以省法更定其施行之程序，但不得与其本法相抵触。国政府所定法律或对外缔约，有损及本省权利，或加重本省负担时，应先取得本省同意"。广东要求，"在省法律未公布以前，中华民国现行法律及基于法律之命令，与本法不相抵触者继续有效"。显然，省宪在立法方面的设计明显偏向省的法律效力，没有明确国家法律的至上地位，不符合联邦制国家联邦法律效力高于地方法律的原则。

第三，财政经济权。湖南对于省府与国府之财源无明白之划分，只是规定"在国宪未成立以前，省政府得征收国税"；"省以内之铁道、电话、电报支线之建设，但为谋交通行政之统一，联络省际商业之发达，及应国防上之急需，国政府之命令，得受容之"。

第四，外交权。主要体现在湖南省宪中的"更于省宪上设置交涉司，已明明侵犯国政府之外交权，尤为错误"。①这显然属于地方过度分权，因为外交权在联邦制国家中应该属于中央政府。

不难看出，省宪在处理地方与国家关系时，具有地方合理分权与过度分权并存的特色。省的事权中军事、外交权力的规定明显违反联邦制原则，因为当时即使是联邦论者也认为外交权与军事权绝对属于国家。省的立法、财政与经济权力也有不少地方侵夺国家权力，事实上企图架空中央政府的权威，"而且省宪中将原应属于中央政府的事权划归各省所有，在省宪制定者而言，虽认为是国宪未制定前的过渡办法，却颇予人以割据分裂之疑虑"。②当时有论者批评湖南省宪为"畸形的地方分权"。

不过，从政治发展的视野来看，有缺陷的制度设计在宪政试验中出现，不仅非常正常，而且可以为后来的制度变革提供历史经验教训。例如，在1922年国是会议宪法草案中，为避免省宪中地方过度分权的做法，就明确规定外交、陆海军、铁路及国道事项由联省机关立法或执行。省权中不再包括过去省宪中包含的有关省军事权、修筑铁路权。立法方面，强调联省宪法的效力在各省法律效力之上。明确规定国税税种，即关税、盐税、印花税、烟酒税、消费税及其他全国一律之租税。

不仅限于此，1923年民国宪法在上述基础上作出了更加符合中国国情的探索，创立了具有中国特色的地方过度分权矫正体制。民国宪法在保障省权的同时，在立法、军事、财政、行政等方面对省权又做出了许多限制性规定，而对国家权力的限制性规定较少。司法与军事都属于国权，不在省自治权限之内。宪法在处理中央与地方权力的争执时更加灵活。一方面主要仿照加拿大、德国的模式，采取中央与省的权力共同列举式，"凡中央事权，无论中央行使与否，各省不得行使；反之，各省事权中央亦

---

① 罗敦伟：《湖南省宪法批评》，《东方杂志》第19卷第22号。
② 李达嘉：《民国初年的联省自治运动》，第204页。

绝不能行使"。①这样易于操作，避免产生权力纠纷。一方面创造性地规定了中央与省的剩余权处理原则。"如有未列举事项发生时，其性质关系国家者，属于国家，关系各省者，属于各省。遇有争议，由最高法院裁决之。"当中央与地方发生权限争议时，宪法分别规定三个机关解决权限争议。第一，最高法院解决省自治法或者省法律与国家法律抵触之疑义，裁决国家与省权限的争议；第二，参议院裁决省与省之间的争议；第三，国会两院议员组成的宪法会议解释宪法的疑义。

所以在论及省宪运动的影响时，张朋园先生先生认为："中国每受一次冲击，则更为接近民主的正途。"省宪在政体与国体制度方面富有创造性的试验，其制度实践的意义是不可低估的。

---

① 王世杰、钱端升：《比较宪法》，第362页。

民国式制宪国大模式与1947年《中华民国宪法》

民国式制宪国大模式，其内容要点一是起草宪法的制宪委员会不是普选或任命产生，而是各党派协商产生。二是宪法生效的方式是间接民意，即通过选举产生的全国性制宪国民大会议决生效。民国式制宪国大模式集中体现为1947年《中华民国宪法》的制定，而1931年《中华民国训政时期约法》仅是生效方式较为相似。

1936年《国民大会组织法》第1条规定："国民大会制定宪法，及行使宪法所赋予之职权。"关于制宪国大代表的产生，依据1936年《国民大会代表选举法》规定，"国民大会代表之总额为一千二百名，依下列各款分配之：一、依区域选举方法选出者，六百六十五名；二、依职业选举方法选出者，三百八十名；三、依特种选举方法选出者，一百五十五名"。关于区域选举，该法第11条规定："由该区内各县之乡长、镇长联合推选候选人。"而且"省政府对于各选举区所推选之候选人，在呈报国民政府指定前，得签注意见"。关于职业选举，第20条规定："各省职业团体，由各该团体之机关职员推选候选人"，"各省职业团体所推选之候选人，由国民政府就中指定二倍于各该团体应出代表之名额为候选人"。关于特种选举，是指辽宁、吉林、黑龙江、热河省国民大会代表，蒙古、西藏代表，海外侨民代表，军队代表选举，特种选举不分区域与职业。此外"中国国民党中央执行委员、中央监察委员为国民大会当然代表"。

在当时国民党控制的区域，1936年时已将制宪国大代表选出，而日本控制的东北与华北部分地区未能举办选举。"不过国民党所控制的区域，选举也等于形式，只是由县长和国民党地方党部包办而已，人民并未投票，甚至不知有这一回事。"①抗战胜利后，国内民主化呼声日趋高涨。1946年1月10日至31日，国民党八人、共产党七人、民主同盟九人、青年党五人、无党派人士九人共38位代表在重庆召开政治协商会议。国共双方与民主党派经过两旬的艰苦谈判，以制度性妥协的方式，通过了政治民主化、军队国家化具体实施步骤的五项协议。其中宪法草案决议要求国共两党共同商议制定各党协商的民主宪法草案；国民大会决议承认1936年所选的1200名国大代表有效，台湾、东北等地新增国大代表150名，此外增选700名代表名额，以容纳中共及其他党派人士。后经过协商，在增选的700名代表中，国民党220名，共产党190名，民主同盟120名，青年党100名，社会贤达为70名。

政协会议闭幕后，负责起草工作的宪法草案审议委员会成立，具体工作及其后的制宪国大具体情况，见前文《国民党的十年政改（1938—1948）》。

与法国式制宪议会模式相似的是，制宪国大模式的最大问题也是制宪进程易受权力斗争的影响，各方难以达成实质性的宪政共识。1946年制宪国大受到了中共与民盟的抵制。虽然出席代表超过法定人数，属于合法大会，然而制宪国大本质上是一次政治会议，不同于一般的立法会议，"制宪的成败与否，往往取决于社会各方的共识能否达成一个公约数"。进一步而言，"宪政的一个基本精神在于把多元的政治力量容纳、整合到一定系统，使之在该系统之内进行和平竞争，其竞争的规则就是宪法。因此，容纳与整合，是实施宪政中的一个非常重要的内容。如果离开这一点去追求制定、通过宪法，实施宪政，则必然与宪政的基本精神相违背"。②所以即使程序合法，但由于共产党拒绝参加，仍然标志着宪政共识的破裂。正如杨小凯先生所说，"国民党片面宣布立宪，把共产党排除在外，这使得双方之间的结更加解不开了。③

---

① 雷震：《中华民国制宪史：政治协商会议草案》，（台湾）稻乡出版社，2010年，第69页。
② 刘山鹰：《从认可到放弃：政协宪政方案失败原因探析——基于1946年的历史》，中国战略与管理研究会网站，http://www.cssm.gov.cn/view.php?id=7420。
③ 杨小凯："中国宪政的发展——在哈佛大学费正清中心举办的中国宪政发展研讨会上的发言"，1999年11月18日。

民国早期制宪与民主化经验

虽然民国早期宪政民主化试验没有成功,但这并不影响今天客观评价议会政治的初步实践经验,特别是国会十年制宪政治留给后人的宝贵制度遗产。

首先是对法国式国会制宪模式的反思。详见后文《法国式制宪议会模式与1923年〈中华民国宪法〉》文末举出的20世纪20年代人们的反思。20世纪30年代,也有学者在总结民国初年的制宪经验时指出:"每经一次政变,国会停顿好几年,宪法也随同搁浅好几年,国会受宪法之累,宪法也遭国会之殃。"民国以来宪法未成的最大原因"还是立法制宪之权,归并于同一机关"。①

值得注意的是,反思不只是诉诸理论文字,更见于政治实践。开放性的制宪会议模式首次出现在省宪运动中。1921年湖南省宪法制定程序经过起草、审查、公民复决三种程序。其中起草的任务是由政府特聘的起草委员13人组织起草委员会担任,皆为具有专门法政学识与经验之人。审查的任务由湖南各县民选的审查委员150余人组织审查会担任。审查会对于起草委员所议决的草案,有修改之权。复决之权,属于全省公民,复决后由省长公布。特别是审查阶段,湖南各派系均派代表参加省宪会议。浙江、广东、江苏省宪制定模式与湖南相似,其中江苏省制宪规程明文规定起草

---

① 汪馥炎:《立法院起草宪法之根本疑问》。

员由省议会选举议员担任；审查会则以省议会、各法团（教育、农会、商会、律师会）代表组成。

其次是吸取政体与国体制度选择的正反经验。1925年12月国宪起草委员会制定的宪法草案最具代表性。这部宪法草案摒弃"超议会制"，采行类似于"半总统制"的政体制度，并且进一步完善联邦制度。与1923年宪法比较，"此草案颇表现民主主义色彩，实较前宪为进步"。具体制度特色主要有四个方面。

第一，总统选举与权力变化。总统选举第一次改变过去国会选举的方式，采取人民间接选举制度。"每县选举总统选举人一人，集会于国都，三分二以上出席，得票数超过四分三以上者当选。两次投票无人当选，就第二次得票较多者两名决选，以得票过半数者为当选。总统任期五年，得连任一次。"[①]总统选举制度仿照美国选举人制度，稍加修改，不在地方投票而在国都投票。这种美国式的总统选举制度表明，总统不再是对议会负责，而是直接对选民负责。总统权力也比过去增强，如行政立法权增加宪法修正案提议权。人事任免权中，国务总理不需要国会同意，而是由总统直接任免。同时总结过去府院冲突的经验，明确双方的权限，国务总理秉承大总统决定方针，国务总理去职时国务员应连同去职，不再标明国务员对众议院负责，总理只对总统直接负责，长期以来行政权力结构畸形的状况得到改变。与过去宪法草案比较，总统权力进一步增强，与当代法国半总统制中的行政权力结构非常相似。

第二，立法权力转变。国会立法权、质询权、受理请愿权、建议权内容变化不大。虽然众议院在闭会期间可以增设常任委员会，由议员互选20人组成，会期至众议院开会之日为止，但职权仅限于受理国民请愿，质问、建议、批准总统紧急命令权，行使财政预备费同意权和财政紧急处分权，而不得行使弹劾、不信任权等重要权力。这显然不同于《天坛宪法草案》的国会委员会。此外国会不再拥有宪法解释权，而是由国事法院行使解释宪法权，这非常类似于当代法德等国的宪法法院或宪法委员会。宪法

[①]陈茹玄：《中国宪法史》，第151—152页。

修正权也不再专属于国会。宪法修正案提出有三种方式："由民国议会提出者，须两院各有总额议员三分二以上之连署；由地方最高议会提出者，须有全国地方最高议会过半数之连署；由大总统提出者，须经民国议会总额三分二以上或全国地方最高议会过半数之同意。宪法修正案由国民会议议决之。"①

第三，立法与行政权力关系转变。国会虽然拥有弹劾权，但与1923年宪法比较，弹劾总统与国务员规定的出席议员人数分别从三分之二与半数均提高到四分之三，增加了弹劾的难度。同时参议院不再有权审判被弹劾的总统与国务员，改由专门设立的国事法院审理关于国务总理及国务员被弹劾事件。国会行使不信任权的标准也提高了，规定出席与表决人数不再是过半，而是三分二与过半数，而且总统有复议权。但是遗憾的是解散权规定依旧延续了1923年宪法的规定，总统解散众议院仍然需要参议院同意，没有创造不信任权与解散权的平衡关系。

第四，联邦国体制度选择转变。宪法草案第一条"中华民国永远为民主共和国"，不用过去的"统一"而用"共和"，即含"联合共治"之义，避免"单一"意味。第三章"国家与地方事权之分配"中，国权、国有立法权、省区权的划分更加明确。"当国家与地方发生权力争议时，由新设的国事法院裁决之。参议院裁决省区之间争议的事项。国事法院可裁决法律是否抵触宪法、国家与省区或其他地方权限之争议。"与1923年宪法不同的是，草案规定各省区"得自定宪法，但不得与本宪法抵触"。省区宪法由下级地方自治团体议决或全省区选民总投票产生。在省长产生方式上，调和长期以来省长民选与中央任命两种对立意见，规定省长"由省选举二人，呈请大总统择一任命，非经省议会议决不得罢免"。这样中央对省长只有任命权，没有免职权，民国宪法学者陈茹玄认为"是盖折中中央任命与地方选举两制之间者也"。不过，地方制度内容非常简略，不再详细规定县的组织与权力，以及省县权力关系，改变了过去县制入宪的做法。

回眸90年前的民国早期制宪风云，对于走向政治现代化的当代中国

---

① 《中华民国宪法案》第156—157条，夏新华等整理：《近代中国宪政历程：史料荟萃》，中国政法大学出版社，2004，第547页。

来说，国会制宪政治历程不愧是一段弥足珍贵的宪政民主传统。在承认早期民主化失败合理性的同时，深入检讨其中的经验教训更为迫切。在当年充满机遇与挑战的政治发展中，国会政治精英与各实力派，先后做出了违背民主政治原则的一系列错误的政治选择，不仅自身付出了巨大的政治代价，而且使得中国政治民主化进程过早地中断。

民国北京政府筹备国会事务局与选务运作

第一届国会选举是民国初年政治转型的标志性事件。过去的相关研究主要集中在国会选举竞争、两院议员背景的分析与评价。但是一个昭然若揭的事实是,作为现代中国第一次全国性的民意代表选举,整个选举过程耗时半年多,历经选民登记、初选举、复选举等重要阶段。不言而喻,国会选举的组织与管理其实对选举成功至关重要,其作用与意义不亚于选举本身,而这一点恰恰是以往研究者所忽略的。因此,本文主要关注的是第一届国会选举的组织与管理过程。筹备国会事务局作为主持全国性选举的中央选举机构,它为时半年多的选务运作则是本文的主要研究内容。

筹备国会事务局(以下简称事务局)是一个非常设性政府机构(国会成立时即行解散),成立于1912年8月,由内务总长领导,设在内务部内,负责议员选举、国会开会筹备等事项。事务局从成立开始,就面临繁重的选举组织与管理事务。在选前,主要是地方选务咨询、选举规章制定、选举日程安排等事务性工作。在选后,则需要处理投票程序争论、计票结果争议、选举诉讼等诸多棘手问题。通过对事务局日常事务工作的了解,可以帮助我们客观评估北京临时政府选务运作的绩效,以及对民初政治发展的影响与作用。

选举规章制定与颁行

国会组织法、参众两院议员选举法等主要选举法律，均为北京临时参议院制定。为了更有效地执行这些选举法律，在1912年下半年，事务局呈请内务总长与大总统，以部令或总统令方式颁布了一些选举工作施行规则。主要有《众议院议员选举日期令》（9月5日）、《众议院议员第一届选举筹备日期令》（9月8日）、《众议院议员选举法施行细则》（9月20日）、《国会省议会第一届选举费用补助令》（10月5日）、《蒙古西藏青海众议院议员选举施行令》（10月5日）、《众议院议员选举投票纸投票匦管理规则》（10月30日）、《众议院议员选举开票规则》（11月22日）、《参议院议员选举法施行细则》（12月8日）、《参议院议员第一届选举日期令》（12月8日）、《众议院议员初选举同姓名者被选决定令》（12月13日）、《众议院议员复选举选举票施行令》（12月13日）、《追加众议院议员选举日期令》（12月16日）。而且在参众两院议员选举法施行细则中均以图表形式公布《投票录定式》、《开票录定式》、《选举录定式》、《参议院议员证书定式》、《众议院议员证书定式》。

此外，根据地方反映的选区划分遗漏问题，内务部从9月开始及时更正一些省份的复选区划分。9月16、27、29日，10月9、13、25日相继六次公布《更正众议院议员各省复选区表》，涉及的省份有直隶、江苏、湖南、甘肃、四川、广东、广西、贵州、吉林等省，主要是在个别复选区内补列一些府、厅、县。10月30日、11月11日、11月14日又分别公布《更正众议院议员河南复选区表》、《更正众议院议员甘肃省复选区表》、《更正众议院议员新疆省复选区表》。

省议会选举日程设定

为配合参议员选举如期举行，北京政府同时要求省议员初选举、复选举分别在1912年12月6日、1913年1月6日举行，延期以六日为限。1912年12

月8日，内务部颁布参议院议员第一届选举日期令，决定各省参议员选举定于1913年2月10日举行。届时如果有的省区省议会尚未成立，可以呈报内务总长延期到省议会成立后第一次开会的翌日。蒙古、青海、西藏参议员选举定于1913年1月20日举行。必要时可以呈报内务总长延期，但最迟不能超过2月10日。中央学会、华侨选举会的参议员选举，都不能超过2月20日。如果投票人数不满法定出席标准，可以酌情延期。

投票日期协调

鉴于在两个多月时间内，全国要连续举行众议员初选举、复选举，省议员初选举、复选举、参议员选举等五次大型选举，选举日期如何协调无疑是一个难题。奉天省提到："省议会初复选期，依令均早众议院四日……惟查现在人民对于选举，尚多漠视，两次分办，距期虽近，恐因往返之劳，致生放弃之念。"该省建议将省议会投票之期改为与众议院选期同日，仍令省议会投票在先。直隶也提出类似意见。但是事务局反对这种安排，"查选举日期令所定省议会与众议院举行初复选日期相隔仅四日，原系为选举人便利起见，若必同日举行，诚恐一项之投票未终，而二次之时间又届。况按法文，有决投票之手续，尤非同日可以并行，致生种种窒碍。至初选区域，本仅一县，其区域稍广者，又可分为数投票区，与选举人，与选举人住所，当不致相距辽远，竟使往返有十分困难之虞"。

云南省原定于1912年11月25日举行省议会众议院议员初选，12月20日举行省议会复选，翌年1月10日举行众议院议员复选。考虑到两种选举复选区域相同，建议众议院复选提前，与省议会复选分别于12月20日、22日接续举行。事务局在表示同意后，慎重提醒云南当局："惟选举关系人民权利，办法不厌求详，希由贵总监督通饬各属，查明现办选举调查情形，是否一切法定程序俱可提前完毕。"

直隶省又询问，如果初选区内的某投票区发生诉讼，经法院审判确定宣告无效，"该投票区可否再行投票，倘再投票，与复选日期已近，而该投票区之初选尚未毕事,应否将该区有关之复选展缓日期"。事务局答复:"查宣告无效之投票区,仍应再行投票,如复选必须延期,得依选举日期令及追加选举日期令,将该区有关之复选酌延日期。"

选举宣传与选务通报

事务局比较重视选举宣传工作,曾提请内务总长要求各省将选举通告与大总统令分别编成白话浅说,分送民间,派员分途演说。还要求各地在投票所开票所公示大总统命令,印发多张,在选举前发送到每个选举人手中。一些省区也遵命积极行动。其中江苏省将内务部选举通告与大总统令分别编成白话浅说印刷六万份,颁发到60个县,分送各选举人,并令各县派员分途演说。直隶省除登报公布外,还准备加以简明解释,转发各属,使全省人民皆知需重视选举权。

与此同时,为更好地协调各地选务的有效展开,事务局在答复某省问题时,一般都会及时再电其他各省,通报此类问题的解决办法。"嗣后但有一省电请解释者,解释后当即通电各省。"

选举诉讼程序确定

福建省询问,该省南港县初选,选民因选举诉讼,经地方审判厅判决当选无效,候补人已经递补。但当事人不服,提起上诉,高等审判厅又判决选举无效。查选举法并无选举上诉的规定,仅第九十条规定,初选举诉讼应由地方厅起诉,复选举诉讼应由高等厅起诉。"现在复选日期即系明日,若如高等厅判决选举无效,则全局动摇。"事务局答复:"查法称选举无效与当选无效之选举诉讼,其判决固截然两事,即起诉亦判然两途。"前者是对于办理选务人员,后者是对于当选人。"南港初选诉讼,既由地方判决为当选无效,是其为对于当选人之诉讼也,可知该当选人于法定期间内未据上诉，地方判决即为确定，依法递补办理，并无不合。何以高等审判厅又判决选举无效。似此起诉之目的既若此，而上诉之判决又若彼，殊与本法规定不符。纵使上诉中发见（现）有选举法第八十二条情事，亦应有该管检察官厅依法另案向地方起诉。"因此，高等审判厅的行为不仅违背选举诉讼法规，而且与诉讼程序不符。

由于此类情况具有普遍性，事务局随后致电各省："此次选举诉讼纷纭，固由于办理人员之未改尽得宜，亦由于管辖权限之未经确定。查选举法第九十、九十一、九十二等条规定，选举人得自选举日起向审判厅起诉等语。所谓选举日者系指选举完毕，宣示当选人名之日而言。凡依法办理选举未经完毕以前，皆当为选举监督行政范围之职权，各该办理选举人员，果有违法舞弊各情事，该管监督官自应随时查办纠正。"此时并没有司法权介入的必要。"故依法文之规定，非办理选举人员不得为九十条及九十二条选举诉讼之被告，非当选人不得为第九十一条选举诉讼之被告，非选举人及落选人不得为各该条之告诉或告发人。至本法所称关于选举犯罪，即规定于刑律妨害选举各罪一章，无论何人有犯，俱为刑事诉讼范围，与法称选举诉讼者不同，应依普通刑事案件办理。"

选举舞弊投诉受理

国会议员初、复选举结束后，各地相继发生选举舞弊事件。仅1913年1月，筹备国会事务局就收到各地投诉选举问题的电文46件。投诉主体包括各政党地方支部、选民代表、众议员初选当选人、选举监察员、民间团体等。涉及的选举舞弊问题种类繁多，如虚报选民人数、私自代写选票、恫吓选民投票、冒名当选、选务人员做票、武力干涉选举、买卖选票、拖延选举案件审判、监视选民写票等。事务局限于人力、物力的限制，一般在受理后，不直接处理投诉，而是致电各省选举总监督，要求地方严格查办。

选务工作评价

各国选举经验表明，精干的选举组织与周密细致的选举管理，是选举获得成功的技术条件。"成功料理有数以百万计选民参加的现代选举是一项规模相当大的管理任务，它涉及一系列的选举操作、组织和必须加以细心安排和监管的选举日程等。"[①]一般认为，精干、协调、高效、公正原则是评估选举组织机构成效的主要指标。精干原则要求选举组织的组成人员和具体部门要少而精。协调原则要求不同层级、不同事务性质的选举组织之间要权责分明、相互配合和协调一致，而不得相互扯皮和拆台。高效原则强调选举组织的任何工作都应迅速而有成效地进行。公正原则要求国家选举组织对任何党派、团体和个人均不偏不倚，保持中立。[②]

在当时的社会经济文化条件下，事务局的选务工作是比较有成效的。首先从人员构成来看，事务局虽然人数不多，但是主事者多是法政方面的专家。如委员长施愚，留学德国研究法律六年，曾任晚清宪政编查馆科员、五大臣考察宪政团随员。委员张名振，时为法制局参事，毕业于日本法政大学，曾任晚清吏部主事。同为法制局参事的委员方枢，曾获日本早稻田大学法学士。其次，事务局相当重视选举制度具体实施工作，选前就向地方郑重宣示："此次选举，为我国四千年来之创局，一切筹备方法，不可不格外慎重。"初选举之后，事务局再次通电各省都督、民政长及蒙古、西藏、青海等地行政长官："此次选举，为我民国纪元之创局，五族共和，尤有我国民共同享之权利，所有办理一切选举事，宜务当遵照约法及选举各法，不分种族，俾得一体行使公权。"不仅如此，事务局还通过内务部呈请总统袁世凯以命令的方式，多次督促地方选举工作。1912年8月21日临时大总统发布命令，称："现在选举为时甚迫，尤当力促进行。……各地方行政长官，务按照法定程序，遵守应有职权，慎重执行，认真监督。"10月8日，临时大总统令中又指出："各该选举监督务须督饬

---

① T. E. Smith: *Elections in Developing Countries*, ST Martin's Press, 1960, p.3.
② 彭宗超：《公民授权与代议民主——人民代表的直接选举制比较研究》，河南人民出版社，2002年，第126—127页。

办理，选举事务人员依照法令各尽职权。总以国会选举一切筹备进行不致稍涉疏漏为要。"10月29日大总统令再次要求各地依法保护公民选举权："所有关于选举权事宜，凡各省长官命令有与选举法抵触者，均应作废。"

当然，与当时发达的民主国家相比较，事务局在选举制度建设方面还存在一定的差距。如在惩治选举舞弊层面，没有制定专门的选举法规，而英国早在1883年就已经颁布《取缔选举舞弊和非法行为令》，明文规定"禁止贿赂、款待、威胁以及冒名顶替等不正当行为，违者处以罚金和监禁"。①此外，在选举经费监管层面也是空白，缺乏关于候选人、政党竞选费用事项的细致规定。所以学者张朋园指出："这次的选举规程与办理选举的技术，虽较前清有所改进，但缺点仍多。"最后至为关键的是，事务局隶属于内务部，并不是一个常设的中央选举组织机构，无法成为一个独立于国家权力之外，不受任何权力尤其是政府行政权力干预的中立机构。

不过，"一个制度的建立，多须经过从经验中发现错误，在理性下求其改进的过程"。②事实上，在实际选务运作中，正是事务局卓有成效的运转促进了民初宪政改革的政治稳定。与清末咨议局议员选举相比较，民初国会选举选民人数急剧增加，政治参与程度迅速提高。与此同时，第一届国会选举仍然能够较为成功地举行，实在是与当时选举制度化水平提升有关。制度化水平的改进，不仅在于制定大量的规章制度，更重要的是能够切实贯彻执行。为此，筹备国会事务局的努力是功不可没的。

---

①阎照祥：《英国政治制度史》，人民出版社，1999年，第341页。
②张朋园：《从民初国会选举看政治参与——兼论蜕变中的政治优异分子》，《中国近现代史论集第19编民初政治一》，（台湾）商务印书馆，1986年，第89页。

民主遗产：清末民初上海的地方自治
——读周松青《上海地方自治研究（1905—1927）》

研究近现代中国的地方自治问题，有一些问题是无法回避的。例如，推行地方自治的实际成效怎么样？地方自治制度实施的经验有哪些？地方自治最后失败的真实原因是什么？这些难题长期困扰着关注近现代中国民主化进程的人们。周松青的《上海地方自治研究（1905—1927）》一书，以20世纪初的上海地方自治为个案，对当年的自治进程做了全景式的描述，将一段尘封已久的历史极其清晰地重新展现在世人面前，为探寻制度变革之道，作出了新的尝试。①

地方自治的制度建设经验

为期22年的上海地方自治开始于1905年，历经清末民初（1905—1914）、工巡捐局（1914—1923年）、市公所（1923—1927年）等三个时期。清末民初之际地方自治进行的时间最长，差不多有十年时间。1914年袁世凯政府宣布停办自治，上海地方自治亦告中止，此时出现的工巡捐局实际上承担了自治的功能，虽无自治之名，仍有某种自治之实。1923年，在全国联省自治运动的激励下，上海市公所接管工巡捐局的工作，自治正

---
① 本文有关上海地方自治的材料均引自周松青：《上海地方自治研究（1905—1927）》，上海社会科学出版社，2005年。

式恢复，此后一直延续到国民党政权的建立。从制度建设经验的视角来观察这一时期的上海地方自治历程，笔者认为至少有两个方面的实践经验值得关注。

首先是上海地方自治的制度设计。制度设计最为关键的是三个方面的内容，一是地方自治内部权力关系的构建，二是地方自治外部权力关系的处理，三是地方自治行政管理规章的制定。

内部政治权力关系的构建，主要涉及行使立法权的议事会（议会）与行使行政权的参事会之间的关系设定。一方面，议事会对参事会有制约权。在晚清新政时期，上海地方自治机构通过上级地方政府取得合法的自治权力，权力主要集中在议事会，议事会成为合法的权力来源，它的主要权力表现在通过一系列约法对参事会的执行权进行制约，这种制约权主要包括：参事会成员由议会选举产生；参事会的薪俸和行政经费来自议会制定的公益捐条例，参事会预算得到议会认可；参事会的行政事务是对议会议决事件的执行。另一方面，参事会对议事会的制约权也具有反制约性。反制约性主要体现在：参事会主持议长、副议长的选举；参事会对议会之议决，可以得多数之同意暂缓施行，呈报议会，对议会之议决也可提出异议，并交议会复议，若议会坚持不改，可以移交府州县议事会公断，若再坚持不改，由地方官申请督抚交咨议局公断；参事会议长可处理紧急事务，唯必于下次开会时报告。

这种权力关系构建很好地体现出宪政民主体制分权与制衡的特点，充分说明当时人们已经认识到民主政治是地方自治的基石。正如周松青所说："地方自治就其实质而言，是由一定地域的民众采取合法形式，通过多数选举的方式选出特定地域的民治机关，民治机关按照法定程序进行基本的行政工作，包括市政、教育、卫生、福利、警察等。民治机关根据法定程序设立，主要长官由多数方式选举产生，它与传统政治的显著区别是，地方长官不再由中央或者更高一级的行政机构任命，而是根据信誉、声望、能力等一系列指标由地方民众选举产生，其退休或被罢黜不是由高一级的长官决定。"

外部权力关系的处理，主要是指自治机构与上级地方政府之间的权力关系。在晚清新政时期，议长、副议长、总董、董事的选举和任命都需要上级政府核准。与地方行政有关的事件也需要地方官核准。此外，公益捐由地方官核准，地方官有委任办事之权。1909年清政府颁布的《城镇乡地方自治章程》规定，当议事会与参事会发生争执时，如不服地方官核准，可由地方官申请交省咨议局公断。

这种权力关系的处理，一方面表明地方自治与国家统一原则其实是一致的，关键在于构建一种行政调节机制。正如有学者研究当代德国行政调节制度时指出："它不仅为缓和联邦与地方之间的矛盾发挥着巨大的作用，更重要的是为国家政局的稳定和经济的持续发展作出了宝贵的贡献。"[1]另一方面也说明地方自治同样要受到一定的法律限制，即使在今天的发达国家也不例外。如1982年3月，法国国民议会通过了《关于市镇、省和大区的权力和自主权的法令》，法令明确规定市镇的权力和自主权，"要尊重商业和工业的自由、一切公民在法律面前平等的原则，以及计划法令中规定的领土整治条例"。该法令还有专门条款规定："如果任何自然人或法人的权利受到市镇某项行政法令的损害，他有权直接提出上诉。"[2]当代德国的地方自治制度也是如此，"地方自治并非是指地方政府的活动完全脱离上级政府控制。为了保证政府的法治，各州对地方活动实行不同程度的监督。对于各州委代任务，州政府全权监督地方政府之履行；但对地方自治事务，各州则只能实行有限控制"。[3]

上海地方自治的行政管理规章制定的内容更是发人深省。例如有关上海治安管理的规定，当时明确警察事务由自治机构管理。关于警察职责，自治机构做了详细描述：除了刑事案件以外，还有应行救护事件，包括"迷路、疾病、醉酒、投河、落水、马车溜缰、失物"等；应行禁止事件，包括"车子搁路、车子在夜间不点灯、车子不守交通规则、茶馆夜间十二时后不歇业、粪担随路停歇"等；应行笔记事件，包括"翻造修理房屋及围筑篱笆、在门外搭盖凉棚、在马路疏通阴沟、桥梁道路有损、堆积

---

[1] 胡康大：《欧盟主要国家中央与地方的关系》，中国社会科学出版社，2000年，第231页。
[2] 同上，第244页。
[3] 张千帆：《西方宪政体系（下册·欧洲宪法）》，中国政法大学出版社，2001年，第210页。

火油超过十五箱、柜台装在门限以外、堆积碍路之物在门限以外、河中有船阻挡交通、店铺开张或闭歇、居民有搬去迁入者、人家有死亡者、居户有婚嫁之事";在奖惩方面,对一些日常细小的不端行为,如"上差时与沿街妇女谈话者、上差时迟到五分钟以外者、上差时沿路食物买物及吸烟者、沿路长谈者",都会受到处罚。

又如有关食品卫生事务的管理,自治机构制定了关于食物店铺的卫生规约,对食物的卫生标准做了详细的规定。如"牛羊猪鸡鸭等店不得以有病之牛羊猪鸡鸭等及熟肉之腐臭者出售","熏腊店、饭店、面店、热酒店及各项点心店不得以隔宿之物出售,其糟鸡糟鸭及一切食物须用纱罩,以免蝇虫贻害","水果摊店不得以腐烂之物出售,西瓜不准切块,如不得已须将已切之西瓜用纸遮盖"等。不难看出,当代中国社会推崇的社会事务精细化管理,在当年已经达到了一个相当高的制度化水准。

其次是上海地方自治的运作程序。自治事务的运作程序是非常严格的。以议事程序为例,在自治议会厅,由议长主持会议,宣布会议开始,议会开始时需有半数议董到会,若就某一事件审议时议董没过半数达两次,将不受议董不过半数不议的限制进行议决。一议案被议董多数否决即被撤销。被通过提请讨论的议案由议长逐条询问议董应否决议,若经多数议董否决,即将议案拆去。同意议决的议案由议董议决可否。议决方法分签字、投票、举手三种,采取哪种方式由议长决定。议会每月开会一次,每年开年会一次,如果遇紧急事件,议长可临时邀集会议,若经议董三分之一以上赞成或参事会请愿也可开临时会。参事会作为执行机关,在会议的召开上更为频繁,每星期须开会一次,每一年内须开年会一次,年会在议会年会之后举行。参事会由议长召集,同时有三人以上同意联名具请愿书呈请议长可开临时会。书中对地方自治的运作程序做了客观的评价,认为"上海自治机构在体制上追求技术合理性和程序化的功能,成为一个重要的避震机制,能够有效地抵御来自外部环境的变化"。这样可以淡出政治层面和意识形态的纠葛,保持自治机构的独立性。

地方自治的成效评估

一般认为,"地方自治主要包括三个方面,一个是拥有颁布地方法令的权力,另一个则是实行地方行政管理,再一个便是公民的参与"。公民对地方自治事务的参与可以视为地方自治的灵魂。上海地方自治正是通过选举、议案和申诉等参与途径使民众接近政治。自治改变了市民与政治的关系。市民一改对政治的冷漠心态,而变为采取积极参加的行动。只有参加到自治中去,才能确保自身的利益得到维护。代表之意正是体现在当处理涉及社会主流领域的事务时,有自己利益的代言人,以使决策对自己有利。所以,公民参与地方事务最好的方法是直接担任自治职务,退而求其次,至少能在决策机构中拥有有效的代言人。从民众的投票率来看,随着选举条件不断放宽,1911年以前,参与投票的人只占有投票权公民总数的20%—25%,有时甚至更低,而到1913年,投票人数增加了一倍多。

对主导自治事业的精英人物来说,经过地方自治的实践,可以逐步习惯以协商妥协的方式处理冲突与分歧,形成一种较为成熟的民主政治文化。上海拆城案就是一个经典个案。1906年,上海地方自治领导人李平书等人联名上书上海道台袁树勋,正式提出拆城。他们认为上海开埠以来,租界日益衰败,原因在于南市受到城墙的局限,交通不便,地域狭小。为了繁荣商业,与租界竞争,只有将城墙拆除。这一建议得到了袁树勋的支持。但是反对人士也不少。他们认为城垣一拆,上海屏障尽失,盗匪、西方势力会乘虚而入,上海将被蚕食。各派的观点经过三年多的反复讨论,以及官方内部之间的反复协商,终于达成了一个折中方案,即不拆城,同时为了满足城内交通兴市的需要,在原有城门的基础上新辟四门,缓解城内外交通日益增长的压力。值得一提的是,在清末民初上海地方自治的十年中,不曾发生过不服地方官核断而请咨议局公断的事件。地方官和自治总局的分歧更多地通过二者之间的协商解决。传统政治一经贯之的绝对权威在上海地方自治总局和苏松太道之间的权力关系中淡化,地方自治机构与地方政府之间一种新型的合作模式已经初步形成。

关于上海地方自治的成效,有海外学者给予了较高的评价。《上海地方自治研究（1905—1927）》一书引用美国学者Mark Elvin的观点，认为1905年至1014年时期的上海地方自治在有限的意义上实现了民主，而且最让人吃惊的是它革除了中国根深蒂固的腐败积习。20世纪初的中国社会变革是必须的，而且不可抗拒，但是如果中国的传统精英普遍具有像上海士绅在自治中所表现出的创造能力，那么导致迅速突破和平变革结构的革命就是一场灾难。在1910年至1911年期间，如果清廷有一个或两个政治家，有能力调和宪政运动，不仅可以避免一场革命，而且可能有时间建立一个以上海自治为范本的，不会轻易被颠覆的新的政治秩序。

周松青也对自治成效表示肯定，认为："自治作为一种实践，随着其进行，具有渗透性的自治理念会改变实践者的行为习惯和思想观念，以及与思想观念相伴生的价值体系。如果给予自治足够的时间和耐心，上海可以将西式自治完整地引入中国，使之开花结果。此外，自治作为一种权利实现方式，涉及利益的重新分配和组合，以自治为载体完成的利益表达更能体现公正的理性诉求。"而且自治在上海社会的实践，证明了一个结论：在一个缺乏（自治）文化传统的地方，实践某种文化，这种文化会像植物的引种一样生根、发芽，生出较好的果实。自治在上海的实行，能够较完善地将上海带入一个充满活力和自主的自治社会。它也证明了一个没有民主传统的社会，在有较高文化素质的市民阶层的领导下，能够走向民主社会。上海自治以做得多、说得少的方式证明了许多事情只要踏实地去做，它自然能成为市民的个体化实践和思想实践，这是许多论证和口号所希望达到却没有达到的。

国家、社会与地方自治的命运

上海地方自治在20世纪初的成功与挫折，还很好地说明了国家与社会的互动关系，对地方自治命运的根本性作用与影响。

在清末新政时期，晚清政府的改革努力一直为人们所忽视。客观地说，晚清政府对地方自治作用的认知是正确的。第一，分治的方法，不是侵犯中央政府的权利，而是补救中央政府之不足。第二，地方自治是普及教育的基础。第三，可推动民众对社会公益事业的参与。第四，实行宪政在于发挥国民之力，让每一个具有独立人格的国民，享有权利并承担义务和责任。为此，清政府为推行地方自治作出了一定的努力。地方自治可以看作晚清诸多新政中最具实效的工作。地方自治一共进行了五年时间，在一定程度上维护了清政府筹备立宪的信誉。在制度建设方面，代表性的改革措施就是1909年《城镇乡地方自治章程》的出台。

在民间社会参与方面，清末民初也是最为活跃的一个时期。《上海地方自治研究（1905—1927）》中特别分析了上海民间社会团体的概况与作用。上海在1905年实行自治以前，已经有大量承担公共性和公益性事务的社会团体，如慈善机构、会馆、行业组织和公所、医院、研究所、红十字会、商会、学会、学校等。其中以商会在自治事务中影响力最大。"商会是上海社会中规模最大的组织，几乎每一个商业领域有成就的人都是它的会员，是上海举行自治之前覆盖上海全域，几乎囊括所有地方精英具有民间色彩的社会组织。"地方自治的许多领导人也多是商会领袖。所以"清末上海地方自治的酝酿和启动，与上海社会团体的主导和推动分不开，上海的社会团体是上海地方自治的核心支持资源"。

这些民间社会团体有不少可以视为今天的非政府组织。在当代转型国家地方自治推进过程中，非政府组织的作用相当显著，"非政府组织能促进更多的市民参与到拥护改革和批判旧有的处理事务的方法中。非政府组织被视为更深层民主改革过程服务的工具。……通过将非政府组织发展成为支持机构，可以建立一种伙伴关系。这会加强地方政府行动的能力，对于强化民主来说也是个重要的条件。"[1]但是令人感到遗憾的是，随着实行高度中央集权的袁世凯政府与南京国民政府相继出现，民间社会空间不断被压缩，上海地方自治在北洋时期的暂时挫折与1927年以后的失败，也就在预料之中了。

---

[1] 埃里克·阿姆纳，斯蒂格·蒙丁：《趋向地方自治的新理念——比较视角下的新近地方政府立法》，杨立华等译，北京大学出版社，2005年，第81页。

"职业议长"吴景濂与曹锟贿选

在民国短暂的十年国会历史上,奉天宁远(今辽宁兴城)人吴景濂先后担任过北京临时参议院(1912年—1913年)、第一届国会众议院(1916年—1917年、1922年—1924年)、非常国会(1918年—1920年)议长,时间长达六年之久,其间未曾出任过其他行政职务,堪称一位少见的"职业议长"。但是在其辉煌的国会议长生涯中,吴景濂最让人诟病的却是晚节不保的贿选事件。1923年6月至10月,年过半百的吴景濂参与并策划了曹锟的贿选总统活动,这一事件长期以来被视为吴的历史污点。

贿选总统的历史大剧已经落幕90年,当年的风云人物早已作古,现在有必要重新回到历史过程中去,重新审视这一历史事件与人物。

1922年6月第一次直奉战争后,直系军人以拥护第一届国会与临时约法为标榜,号召南北实现统一。此时国内形势呈现"一边倒"的局面。奉系战败后退回东三省,无力再战。西南护法政府业已解体,孙中山在陈炯明发动广州政变后避居上海。宣布"联省自治"的湖南等省也通电支持恢复"法统"。直系控制了国内大部分地区,一跃成为实力最强的军政集团。在曹锟、吴佩孚等直系首领的支持下,历经磨难的第一届国会终于再次复会。国会之所以得以恢复,最主要的原因是曹锟希望通过国会选举的合法途径,获得民国大总统的宝座。但是当时国会内部派系林立,意见不一。在总统选举问题上,极端反对直系选举总统的议员约有200多人,绝对赞成派约有200多人;中间派以制宪为前提,既不极端反对,亦未表示赞成的,约有300多人。按照大总统选举法的规定,总统选举会必须有三分之二以上议员出席才能举行,所以直系必须拉拢中间派议员与赞成派合作。这样时任众议院议长的吴景濂就成为直系争取的关键性人物。

"职业议长"吴景濂为什么愿意支持曹锟选举总统,他是一个什么样的政治人物,他支持曹锟贿选的动机又是什么呢?过去人们仅仅是从功利的角度来解读吴景濂的行为,认为他贪恋金钱与权位。其实事情远不是这么简单。从晚清到民国,吴景濂一直是个标准的立宪人士。在清末新政时期,吴景濂担任奉天咨议局议长,不断鼓吹立宪政治。辛亥革命爆发后,吴景濂又南下投身共和革命、反袁斗争、护法运动,以国会议长身份奔波于大江南北,备尝艰辛,为民国国会两度重开作出了重要的贡献。

然而多年的政治阅历,使吴景濂感到"国中军阀,无论南北,俱是一丘之貉"。在当时的中国,只有与直系这样的实力派合作,民国宪法才有望制定成功,议会政治才有可能继续存在与发展。吴景濂作出这一政治判断,其实是清醒地认识到国会在复会后所处的尴尬处境。第一届国会从成立开始,即以制定正式宪法为首要使命。但是从1913年开始,花费了近十年光阴却劳而无功。其间虽有惨遭两次非法解散的厄运,但是国会经常陷于党争而不能自拔,致使制宪大业停顿,也是重要的内因。国会第二次复会后,时人多以疑虑的态度审视国会,对国会并无良好期望,所谓"国会虽开会,然国会之前途必无好果"。[①]国会议员的政治形象也不佳,多数人被舆论批评是没有远大的眼光,只图功名利禄。梁启超曾在文章中指出,国会重开只是政治上一种无奈的现实选择,希望国会能够尽快完成制宪,促进政局的稳定。所以为国会存亡与个人前途考虑,吴景濂权衡利弊,决定支持直系大选。但是由于曹锟急于求成,在1923年6月发动驱逐总统黎元洪的北京政变,致使国会发生大分裂。许多反直派议员纷纷离开北京,准备在上海重开国会,形势一时不利于直系总统大选活动。

为重新整合国会力量,协调各方立场,特别是中间派的制宪诉求,吴景濂反对亲直派速选总统的做法,将大选重点放在以制宪为号召,劝请议

[①]《国会之前途》,《申报》1922年8月3日。

员回京工作上。1923年6月,在吴景濂的策动下,留京的35个政团代表举行协商会,达成关于制宪问题的协议:第一、劝告同人维持宪法会议;第二、宪法会议不得变更议事日程;第三、决定选举总统与公布宪法同时进行;第四、制宪经费正常发放。由于反直派收买议员的经费不足,在沪议员北返者人数陆续增多,经常留沪的议员一般只有200多人。此时直系又暗中筹集选举经费,在8月中旬展开新的银弹攻势。很快北京参众两院常会居然成会,议决"临时支给预备费办法",保证议员们在常会中也有50元一次的出席费。由于受到反直派议员通电反对,指责此举是吴景濂为曹锟进行贿选,加上中间派议员也反对支给办法而纷纷出京,此后不久两院谈话会议决定将预备费改为议员年薪(岁费),以容纳反对派意见。与此同时,众议员的任期到10月10日即已届满。有议员以完成宪法为由,提议延长任期。于是在9月7日、26日,众参两院相继通过众议院议员延长任期案,以安抚反直派与中间派议员。

1923年9月,吴景濂主持召开大总统选举预备会。随后又试开一次大总统选举会,到会者仅有420余人,离法定出席人数尚差150余人。9月中旬,直系直隶省长王承斌进京操办选举事宜,与吴景濂商定,应该以制宪与大选并进,容纳中间派与反对派意见,吴景濂甚至发表可以"出席不选曹"的谈话。很快形势突变,脆弱的国会反直阵营开始瓦解,在上海的议员们又纷纷北归。

吴景濂与直系在制宪与选举问题上的协商立场,有力地分化了反直阵营。后来有人指出:"直系以金钱利益收买的方式,确实比武力解散有效,议员在经历十年来的奔波之后,不但锐志全消,且年纪也从初入国会的三四十岁的壮年,至此步入中老年,在心态上显得暮气沉沉。"亲直派、愿与直系妥协的温和派力量控制了北京国会的三分之二多数,而激进派反直议员停留在上海,无法再对国会制宪与总统选举施加任何影响。10月5日总统选举会终于在国会举行,当日上午签到的人不多,吴景濂宣布为不定时开会,以签到者达到法定人数为准。从上午10点到下午1点20分,出席人数终于达到593人,已足法定人数,于是吴景濂宣布选举会开始,最后曹锟高票当选为民国大总统。

曹锟贿选总统的非法行为，一直受到人们激烈的批评，吴景濂与众多贿选议员也被时人痛骂为"猪仔议员"。但是在民主政治早期阶段，贿选现象具有一定的普遍性。从积极方面来看，它表明军阀对民主政治合法性的认同，虽然他们尽可以诉诸武力夺取选票，却并未如此行事。国会议员选票的价值受到了重视，民意的分量至少在形式上是不容忽略的。而且杨天宏先生最新的研究表明，若从"法律路线"进行考察，就会发现以往对曹锟"贿选"的各类指控证据大多存在瑕疵，这也是曹锟最终没有因"贿选"控告而受到法律制裁的因素之一。

此外，由于民国宪法在10月6日制定成功，更是表明经过十多年的民主化试验，在突破总统选举僵局过程中，终于出现了中国政治中难得一见的制度性妥协。吴景濂与多数国会议员经过一年多的努力，通过协商互动，而不是过去常见的抗争互动，不仅彼此之间达成宪政制度选择的妥协，而且与直系形成制宪与总统选举的双赢结局。对许多国会议员来说，最后结局的收获是双重性的，不仅多次难产的民国宪法终于制定成功，而且个人的政治利益也得到了保障。

国会政治与民国早期的民主转型

民国早期的国会政治主要经历临时参议院与两届国会等三个时期，实际会期历时近七年。长期以来，民国早期的政治通常被人们认为是近代中国历史上最不光彩的一页。在传统的史学家看来，军阀混战、政局动荡、社会失序，构成这一时期的主流特色。北洋军阀的封建专制统治是人们对民国早期政治的基本认识。在这一认识的指引下，历史的丰富性与真实性长期人为地被遮蔽了，其中就包括这一时期的国会政治。

然而，美国学者林蔚在研究1924年中国内战与民族主义关系时，特别指出北洋时期的中国并非通常所认为的病态时期，与此相反，这一时期经济有实质性的增长，言论有更多的自由，文化也有较多的成就，特别是出现了中国历史上从来没有过的国会政治，"虽然国会的成就有限，而且经常大权旁落。但是国会一直是整个北洋时期立法活动的焦点，这是不应该忽视的"。

民国国会政治的历史评价

一般来说，对民初国会的批评主要集中在两个方面。一是国会在法制建设方面建树不多。特别是不仅正式宪法迟迟不能议决，而且已经制定的法规种类也不够齐全，经济、地方自治法规数量极少，其他重要的刑法、民法、诉讼法、教育、审计、会计、农业等类法律，基本上都没有议决。黄兴在去世前就认为："国会应注意立法，法立而政治有依据。只问政治，则政治愈纷乱而不可收拾。"当时舆论也指出："国会之失职在于制定宪法之因循……第一次国会与平常之国会不同，其议事以建立国基为本，当有统系，有顺序，然后能按步以进。"①但是国会实际上则是"开会既数月寥寥曾不多见。吾人所习见者质问也，查办也，弹劾也，举外国国会数年数十年不一行使之职权，诸公月一行使之，日一行使之。数月以内无日不在与政府交战之中。"②即使在当代学界也是如此，人们对于北京政府时期的法制建设评价一直不高，较具代表性的看法是："这一时期的法制从形式上看较南京临时政府时期更为系统、更为完备，在法典编纂方面做了许多工作。但是，形式上的法典编纂并不能消弭军事独裁专制的本质，反而表明了法制的进一步半殖民地化。"③

然而在短暂的北京政府时期，据个人统计，民国临时参议院曾制定各类法规99件，其中行政法规65件、财经法规6件、国会选举法规13件、国会组织法规8件、地方自治法规5件、宪法类法规1件、其他1件。在法律体系构建方面也颇有成效。如有关国会组织、选举法规比较完备，从中央国会组织法到地方省议会暂行法，从中央国会两院议员选举法到地方省议会议员选举法，门类齐全。第一届、第二届国会在动荡的时局中，分别通过各类法规30件和16件，也殊为不易。而且国会的立法工作能够与时俱进，不断修正与发展。如国会组织与选举法规的多次修订，其革新精神无疑是值得肯定的，虽然与国外发达民主国家相比较，尚有差距与不足之处，不过选举制度中所彰显的民主政治原则是明确与坚定的。更重要的是，在选举施行方面制定的大量选举法令，在当时的政治法律环境中，非常具有可操作性，对三次国会选举的有效展开与顺利完成实在是功不可没。

其次是国会政治中的腐败问题。曹锟贿选总统的非法行为，一直受到人们激烈的批评，众议院议长吴景濂与众多贿选议员也被时人痛骂为

---

① 《国会之失职》，《申报》1916年11月28日。
② 《敬告国会议员诸公》，《晨钟报》1917年1月10日。
③ 公丕祥：《法制现代化的挑战》，武汉大学出版社，2006年，第317页。

"猪仔议员"。有研究者指出:"从一开始,中国民主就受到了媒体的负面报道。中国的记者与评论家抨击那些在学习西方民主的过程中极易出现的腐败现象,并以此作为支持民主的公共精神见证。"民国时期就有学者认为:"国会自二次恢复,以贿选之秽行,深为当世所诟病。嗣后护法护宪,均不足以资号召,而法统永无重光之望。"[①]但是在民主政治早期阶段,贿选现象具有一定的普遍性,也不是中国特有的现象。前文《"职业议长"吴景濂与曹锟贿选》文末对此有详述。

选举舞弊现象也是如此。作为同样在民主化初期存在的一种普遍现象,"选举的历史实际上只有两个世纪",但是"在选举过程中如何防止贿赂和其他不正当的行为已经是而且将仍然是十分重要的问题"。[②]在承认选举舞弊现象历史必然性的基础上,更重要的是如何在制度层面完善民主选举,同时在实践的层面不断培养选民的政治素养,让选举政治一次比一次更进步。在这方面,发达民主国家的经验值得借鉴。虽然这些国家在民主化早期也曾出现过选举舞弊盛行的情况,但是借助制度手段,在不长的时间里就遏止了舞弊现象恶性发展的趋向。如英国,19世纪相继推行了三次议会改革,通过重新划定选区、解决议席分配不公问题、扩大选举权、采用秘密投票法等方式改革腐败的选举制度,"1852年—1853年,议会两次通过议案,宣称贿买和威胁选民均属刑事犯罪",1883年颁布的《取缔选举舞弊和非法行为令》,明文规定"禁止贿赂、款待、威胁以及冒名顶替等不正当行为,违者处以罚金和监禁"。[③]所有这些制度改革均有效地减少了英国社会的选举舞弊行为。历史事实表明,随着政治民主化进程的不断深入与选举制度的不断健全,选举舞弊现象是不难得到控制的。

当然,作为早期民主化阶段的国会政治,其制度化水平不高是毋庸讳言的。前文《民国时期的政体转型》第一部分对此有详述。

[①] 谢振民:《中华民国立法史》,正中书局,1948年,第177页。
[②] 戴维·米勒、韦农·波格丹诺主编:《布莱克维尔政治学百科全书》,邓正来等译,中国政法大学出版社,2002年,第229—230页。
[③] 阎照祥:《英国政治制度史》,第341页。

国会政治失败的外因论

国会政治最后的失败,除自身因派系之争陷于停顿外,在笔者看来,更重要的原因还是来自外部。

首先,政治权威性不足。在革命时代产生的第一届国会,代表性狭隘单一,基本上只是一群中下层士绅、知识分子、职业革命家的代表。北洋军人、保守派官僚、地方军绅、资产阶级等一些举足轻重的利益集团,在国会中几乎都没有自己的利益代表。国会自身并没有军事、政治、经济实力,只能依附于各实力派,其政治影响力是有限的与脆弱的,并不具有实质意义上的权威性。民国初年的立法与行政关系难以协调就是一个突出的表现。

在20世纪20年代军阀割据的动荡时局中,与以往不同的是,各实力派纷纷公开介入国会政治,在国会中都有充分代表各自利益的政团,国会一度成为各种政治力量角逐的政治场所。其中以直系与国会各党派互动最为密切。虽然直系已是当时最大的政治势力,但是相对于反直力量并未取得绝对优势,而且直系内部也公开分裂为津保派与洛派。所以国会中亲直政团也是分裂的,并不拥有多数党派的优势。亲直国会也就失去了广泛的利益代表性,随着直系在第二次直奉战争中的失败,国会自然不再为各派所接受。

其次,政治环境不佳。财政危机与内战阴影始终是直系北京政府难以克服的困境。如财政危机竟然涉及国会日常办公经费的发放。1923年12月参议院曾就"金佛郎(法郎)案"通电全国,但由于"电报局无现款不予拍发,嗣经秘书长以私人名义借得一千数百元始将电报发出"。[①]与此同时,直系虽然控制中央政权,但是就全国局势来说,东北的奉系和南方的国民党人,都是挑战直系统治的重要力量。事实上直系北京政府也一直在积极备战,对宪政实施较为忽视。虽然北京政府曾在1924年元旦正式颁布下届众议员改选令,规定各省众议院议员初选定于4月14日举行,复选于5

[①] 临时会开会(仍请高代阁暨署外交总长署财政总长出席质问金佛郎案),1923年12月17日,"速记录",《参议院公报》第三期第14册,第95页。

月14日举行,蒙古、西藏、青海定于5月20日举行,但是事实上并未举行新的国会选举。

最后,受到第二次直奉战争结局的冲击。虽然1923年10月制宪完成后,国会由于派系之争,议事陷于停顿,但是如果没有1924年9月开始的第二次直奉战争,以及随后冯玉祥发动的北京政变导致直系中央政权的崩溃,这种现象毕竟只是暂时的。直系北京政府从其自身合法性考虑,一直是不放弃民国法统的。国会不仅在曹锟执政期间一直存在,并且发挥了一定的立法职能。到了1926年,复出的吴佩孚仍然坚持恢复1923年民国宪法的护宪主张。

因此,宪政最后的中断是北京政变与第二次直奉战争影响的结果,具有一定的偶然性。否则以直系一直坚持民国早期宪政制度的政治立场,新的宪政制度至少在形式上勉强维持下去的可能性是有的,中国过渡到初级或有限多元政治模式的可能性也是存在的。当然,以中国当时的综合条件,至多建立的还是一种威权政治形态,只不过政治民主化的程度应该超过袁世凯政府(1914年—1916年)与南京国民政府时期的威权统治。

民国国会立法程序与《罗伯特议事规则》

《罗伯特议事规则》中文译者袁天鹏、孙涤先生曾认为，最早将《罗伯特议事规则》引入中国的，当是孙中山先生，其1917年完成的《民权初步》大量参考了《罗伯特议事规则》。

不过在笔者看来，从清末新政开始，国人就已经间接注意到了《罗伯特议事规则》，1908年商务印书馆曾译有《日本议会法规》，其中就有日本明治时期的《众议院规则》，其内容多参考《罗伯特议事规则》。而同年清廷颁布的《各省咨议局章程》中的议事规则部分，亦参考日本《众议院规则》。《罗伯特议事规则》在近代中国的正式实践，则是始于民国初年，当时国会参众两院立法活动的议事规则，多采用《罗伯特议事规则》。

立法提案制度

立法提案制度与法律案的提出相关，是立法程序中的重要内容。《参议院议事细则》规定参议员所提各项事件应附加理由书，依法由赞成者连署后提出于议长，议长印发各议员。会议时议员提出动议必须有三人以上赞成，才能成为议题。议员对于议案提起修正动议必须要有十人以上赞成，否则不得成为议题。《众议院规则》规定："凡提出议案者应具案附以理由送议长，付印分送各议员。除参议院法及本规则另有规定外，凡发动议有一人以上之赞成即为议题，议长得令动议者将议题写出。动议成为议题后，议长咨询全院应否变更议事日程。动议成为议题后未经议决不得提出别种动议，但左列各项不在此限：一、延会。二、唤起注意议事日程。三、唤起注意违背法规。四、收回动议。五、讨论终局。六、付审查。七、修正。八、关于本规则第59条的变更议事日程。议题已经讨论，动议者非经众议院许可不得收回。"

立法审议制度

《参议院法》第38条规定："关于法律、财政及重大议案，须经三读会始得议决。"三读会是常见的立法审议制度。

第一读会。三读审议过程中，第一个程序是第一读会与交付审查。除紧急事项外，第一读会在议案发给议员后，必须两天后才能举行。在第一读会上朗读议案（参议院只朗读标题）后，提案人必须说明旨趣。议员有疑义时可以请提案人说明。政府在第一读会上提出的议案，或是他院移交的议案，应立即交付常任委员会审查，等到审查报告完成后再决定是否召开第二读会。议员提出的议案在大体讨论后即决定应否召开第二读会。如果有请求交付审查的动议并获得通过，应交付专门委员会审查。等到审查报告完成后再决定是否召开第二读会。凡是议决不需召开第二读会的议案即行作废。

第二读会。法律、法规经过委员会审查后，即提交第二读会。根据《参议院议事细则》与《众议院规则》规定，第二读会应在第一读会两天后举行。但是议长可以根据院议缩短时间，或与第一读会同日进行。第二读会应将议案逐条朗读。议员在第二读会时可以对议案提出修正动议，或在读会前准备修正案向议长提出。委员会审查报告不必有人赞成自动成为议题。议长有权变更条文顺序，或合并条文内容交付讨论。第二读会完成后，将修正议决的条文和文句交付原审查委员会整理。

第三读会。第三读会应在第二读会两天后举行。但是议长可以根据院决议缩短时间，或与第二读会同日进行。第三读会应议决议案可否通过。第三读会除更正文字外，不得提出修正动议，但发现议案中有互相抵触地方，或与其他法律相抵触必须修正者不在此限。建议、查办、请愿案经过院议后直接进行表决，不适用三读会程序。

立法发言与表决制度

　　发言次序。准备对议案发表意见的议员，应在会前将席次号、赞成或反对的意见通告秘书长，秘书长依照通告的次序载录于发言表，向议长报告。议长按照发言表中的次序，指令反对与赞成者相间发言。未事先通告的议员只有等待已经通告的议员全数发言完毕后才能发言。不过在已通告的甲方议员发言未完，但乙方议员发言已毕的情况下，未通告的乙方议员可以请求发言。未通告而准备发言的议员必须起立向议长报告自己的席次，等到议长许可后开始发言。两人以上请求发言时，议长指定先起立者发言，同时起立依照议长所指定。在无法辨别起立先后顺序时，众议院还进一步规定未曾发言者先发言，如果均未发言或均已发言，则允许席次较后者发言。在延会或议事中止时发言完毕的议员，可以在再行讨论开始后继续前面的发言。

　　发言限制。凡是发言者必须登上演讲台，但是简单发言及经议长许可者不在此限。讨论不得超出议题之外。议员对同一议题发言不得达到两次（众议院规定不得超过两次），但质疑、应答或唤起注意者不在此限。委员长、报告者、国务员、政府委员及提案者、动议者，为说明议案报告的主旨可以发言数次。会议时不得朗诵意见书。议长如果想参与讨论，应回到议员议席，请副议长代理。议长既参与讨论问题，在问题未表决之前不得返回议长席。讨论终局由议长宣布。发言者虽然未结束，但是有议员提出讨论终局的动议，参议院如有十人以上赞成，众议院如有五人以上赞成，可不用讨论即决定。参议院还规定凡是讨论终局的动议非赞成者与反对者各有两人以上发言后不得提起。但一方有两人以上发言，而他方无请求发言者不在此限。

修正案要求。有提出修正议案的动议者必须准备好修正案向议长提出。议员提出的修正案与委员会提出的修正案，其表决顺序以议员提出者优先。同一议题有数位议员各提出修正案时，其表决顺序以与原案相差最远者为先。议员提起修正案的动议业已成立者，非经本院允许不得撤销。修正案与原案均不得通过时，该议题为院议所不得废弃者，委员另行起草。政府提出的议案，在未经议决之前，随时可以提出修正案，但不得将原案撤回。

表决制度。非在席位的议员不得算作表决人数。议长打算行使表决权时，必须宣告应行表决的问题，经宣告后，无论何人不得再就议题发言。表决时议长应该命令赞同者起立或举手，并检查人数的多少，宣告表决结果。如果议员认为有疑义提起异议时，应该命令反对者起立反证。如果仍有疑义提起异议，并获得20人以上赞成时，应命令秘书长点唱议员席次再行起立表决。议员对于点唱表决的结果提出异议并得30人以上赞成时，议长应命令使用记名或无记名投票表决。议长认为有必要，或有议员20人以上提出要求时，可以记名或无记名投票方法表决。进行记名投票时，赞成者使用白色选票，反对者使用蓝色选票，各自记录本人姓名投入票匦。进行无记名投票，赞成者使用白色选票，反对者使用蓝色选票，投入票匦，并将本人名刺（名片）投入名刺匦。票数与名刺数不符合者应再行投票。点唱席次或投票表决时应封闭议场禁止出入。议员不得请求变更自己的表决。

两院会议制度

两院每星期至少须开会三次，可以根据需要经院议增加会议次数。开会时由秘书长查点出席议员人数，满法定人数后由秘书长报告重要文件后宣告开议。议完议事日程中的议题，议长可宣告散会。议长未宣告开议以前，或者宣告散会及延会之后，无论何人不得就议事发言。会议中议员退席导致不满法定人数时，议长应该宣告延会。未完成议事日程，但已到散会时间，议长可以宣告延会，时间由院议决定。参议员出席不满法定人数时，"议长得酌定时刻，命秘书长计算之。计算二次数仍不满时，即宣告延会"。"会议中议长得酌定时刻中止议事。"①议长或议员十人以上提议召开秘密会议时，议长应当要求旁听人退席。秘密会议事件不许刊行，由秘书长保存。众议院议事时间是下午1点至6点，议长可以根据情况咨询院议后变更之。开议满两小时，议长应宣告休息20分钟。议员出席不足法定人数时，议长可以延长时间，满一小时人数仍不足时，应宣告延会。

此外，议事日程应载明各种付议事件及其开议时间。"遇有紧急事件未载议事日程，或已载而顺序在后必须速议者，由议长提起或议员动议得依院议变更之。""议事日程所载某时应议事件，若其时刻已届，议长得依院议停止他项议事，改议此项事件。"议事日程中的事项如果不能开议或者开议后不能完成，议长可以改变议事日程。②参议院还规定议事日程记载内容依序包括：政府提出之案、众议院移付之案、本院自行提出之案、请愿事件应行提付院议者。议事日程中的各项议案必须事先印发各议员。众议院议事日程记载顺序以政府提出的议案优先。

---

① 《参议院议事细则》(1913年10月13日议决，1918年8月27日修正)第6—7条，《参议院公报》(影印本)第一期第一册，沈云龙主编：《近代中国史料丛刊续编》第54辑，(台湾)文海出版社，1977年—1986年。
② 参见《众议院规则》(1913年9月10日议决)第57、59、60、61条、《参议院议事细则》第11、13、14、15条。

南京临时参议院是如何开会的

武昌起义爆发后，1912年1月1日中华民国南京临时政府成立，1月28日由独立各省选派代表组建的临时参议院举行开院式，史称"南京临时参议院"（以下简称参议院）。参议院存在时间不长，会期只有72天。规模也不大，共有45位参议员。南北统一后，临时政府于1912年4月迁往北京，参议院随即宣布休会，以后在北京重新集会，开始北京临时参议院会期。本文介绍的是制度细节，主题是当年的参议院是如何开会的。

实际上，参议院对如何开会相当重视，成立后不久就制定了《参议院议事细则》。据此规则，在会议时间上，参议院实行周六与周日双休，周一到周五每天从上午9点到12点是正常会议时间，遇有紧急事件特别开会者，不在此限。议长必须在开会前拟好议事日程，由参议院秘书科提前印发给各议员。日程上所列出的议案，当天不能议决的，可以在下次继续讨论。如果在当天议程之外需要议决紧急事件，必须有五名以上议员的提议或者是议长认为有必要时，才可以提前开议。会议出席人数的规定是必须有半数以上的议员出席，才可以正式开会。

参议院会议的主要内容是立法审议，这是指议员对列入议事日程的法律草案进行正式的审查和辩论。关于法律、财政及重大议案的立法讨论程序，参议院采用三读会的形式。第一读会在议长将议案通知各议员后第三天举行。在第一读会上，提议人或者他的委托代表应该说明议案的要旨，并解答议员的疑问。凡是政府提出的议案，在经过第一读会后，必须交付参议院审查会审查。等到审查会提出审查报告后,再召开全院会议讨论,并议决是否召开第二读会。凡是议员提出的议案,则由到会议员在第一读会上讨论大纲,并当场议决是否召开第二读会。其他一般议案,如果多数议员认为应该合并读会次数,可以合并或省略之。

参议院审查会包括财政、法律、外交与请愿四个委员会,其职责是审查政府提交的议案,由审查员组成。审查会开会时间由审查长决定。审查会不可以在参议院开会时间内开会,但得到院会许可者例外。审查会有超过半数的审查员到会就可以开议,表决时如果到会审查员半数同意即为通过。审查会开会时,议长、副议长、议员和政府委员可以到会陈述意见或提出意见书。审查会可以请求议长向政府部门调取关于审查事件的文件。审查会审查结束,应该准备报告书,交议长通知各议员。

在第二读会上,由议员逐条讨论议案内容,并进行表决。第二读会结束以后,议长必须将议案交付审查会,由其修正条款和字句。第三读会召开的时间,或是与第二读会间隔两天,或是间隔一天,由议员投票决定。第三读会的任务,则是正式表决全案。在讨论时只能涉及文字更正,或是发现其中前后矛盾,以及与其他法律相抵触的内容,除此之外,条文内容不得提议修改。

参议员在开会发言时,议事细则规定,凡是未出席的议员不得反对未出席时所议决的议案。议员对于议事日程所列的议案,准备发表意见时,必须提前将座位号以及反对或赞成的意向报告于议长,由议长依据报告的次序,指令反对者与赞成者交替发言。讨论涉及议事日程以外的议题,议长必须制止。议员必须站在议场演讲坛上发言,但是极简单的发言经过议长许可者例外。讨论时除质疑或答问、原提议人解释自己议案的宗旨、审查会报告人说明报告用意的情况以外,无论何人不得对于同一议题有两次以上之发言。

在议员发言全部结束后,议长可以宣告讨论终局,进入表决阶段。表决方法分为举手、起立、投票三种。在表决前,议长先将两种意见相左的讨论结果公布于众,之后无论何人不能再就该议题发言。然后议长让赞成者先表决,反对者后表决,表决以多数同意为准,没有规定弃权票的情形。议长平时不参加议案表决，只有当出现平局时，议长才可以投票。

为维护会议秩序，议事细则还规定，开会时，议员必须在摇铃后10分钟以内一齐到会，由正门进入议场签到。议事时不得阅读报纸及书籍，不得哗笑或发赞成、反对之声。议场内不得吸烟、食物及携带危险物。凡是议员在议场上有紊乱秩序者，议长可以命令其停止发言或让其退出会场。此外，议员如果有连续缺席至五次者，每月请假超过五天者，都会受到不同程度的惩罚。

从整体上来说，《参议院议事细则》初具现代议会的会议制度雏形，但是也存在一些问题与不足，如在细则中忽略了对议员发言时间、每天发言次数、投票规则、第二读会与第一读会间隔时间等细节条款的制定。于是议员通过故意长时间发言来阻挠议事，或者经常缺席致使参议院无法凑足法定人数而宣布休会等现象便不可避免地发生了。与同时代美国国会的委员会制度相比较，南京临时参议院委员会数目较少，仅设有四个审查委员会，而同时期的美国国会共有46个委员会。委员会数目过少，使参议院无法承担繁重的立法工作，从而影响了工作效率，降低了参议院的立法功能。

关于议事细则的实际执行情况，有学者认为"南京临时参议院法律案的审议，较好地遵行了这一规定"。除否决案外，议案均在第二读会上经过逐条讨论、修改。[①]而且绝大多数法律案在第三读会时文字上均有所修正。例如《参议院法案》在第三读会审议时，第51条"各种委员会均禁止旁听"之"各种"改为"凡"；第54条"……将开选举会时日布告全国"之"时日"改为"日期"；第62条"……提出质问书，由议长转咨政府"之"议长"改为"参议院"。[②]

不过，为提高议事效率，参议院对二、三读会间隔天数的规定却有所违反，在26件经过三读议决的法律案中，仅有3件是完全按照规定办理，其

[①] 李学智：《民国初年的法治思潮与法制建设——以国会立法活动为中心的研究》，中国社会科学出版社，2004年，第70页。
[②] 《参议院议事录》(1912年3月27日)，张国福选编《参议院议事录、参议院议决案汇编》，北京大学出版社，1989年。

余23件法律案中，有20件是在第二读会后即连开第三读会议决，还有3件是在第二读会后的第二天即开第三读会。尽管参议院的议事细则内容与实际执行时仍然不完美，但是作为中国历史上第一个共和制代议机构，参议院在立法制度上的实践，仍然为后人留下了一笔宝贵的历史遗产。

民初国会议场上的质询场景

质询权是立法机关监督权的一种，是指立法机关的议员对于政府的施政方针、行政措施及其他事项，使用书面或口头方式，向行政机关主管提出质询，要求其书面或出席答复。质询权行使分为口头质问与书面质询两种方式。根据民国初年《议院法》有关条款的规定，议员在质问政府时，必须以20人以上的连署方式提出质问书，由各院转交政府限期答复。在政府答复后，如果提出质问书的议员认为政府答复不得要领，可以咨请国务员（国务总理或总长）限期出席答复。议员对于政治上的紧急问题，可以提出临时动议，经过院会议决通过后要求国务员出席答复。与书面质询相比较，口头质问在民国第一届国会时期虽然并不多见，但因为是即席方式，其场景有时更具有震撼性。

如在1913年5月第一届国会第一期常会期间，众议院就袁世凯政府的善后大借款案提出口头质问。众议员彭允彝首先质问大借款案的合法性，即正式国会成立之前的临时参议院是否议决并通过此案？出席众议院会议的代理总理段祺瑞答复说，借款事件在去年（1912年）商议一年有余，去年9月16日、17日政府代表曾经出席临时参议院会议商议此事，12月27日大借款五条已经在临时参议院逐条通过，有议事记录可以查考。段祺瑞特别指出就借款条件来说，现在的条件与从前的条件并无一点出入，政府仍然是依据以前的条款办理。众议员张嘉谋指出从前银行团是六国，而现在是否仍为六国？段祺瑞强调无论是六国还是五国，都是中国向银行团借款，并非向某某国借款。银行团最初是四国,后来加入日、俄两国变成六国,不久美国又退出,变成现在的五国。

围绕大借款案审议的程序问题,彭允彝在质问中又提到,由大总统提出的议案,必须经过临时参议院的议决方为有效。议决程序必须经过三读会或依法省略三读会,才算是通过,而且通过之后必须使用正式公文将议决法案咨复政府,议案方为完全成立,否则法案是不能成立的。况且财政总长个人更没有提出借款议案的权力。段祺瑞回复说,借款签字时因有赔款事情,属于非常危急的时刻。而且在欧洲巴尔干事件发生后,外国款项奇绌,外交团开列清单索要中国赔款急如星火。借款签字(1913年4月26日)虽然是在国会成立以后,但当时众院议长尚未选出,还不算正式成立,所以不能不请众议院谅解。段祺瑞强调如果临时参议院未通过借款条件,政府是绝不能签字的,此案确已通过,有前参议院议事记录可查。为反驳段祺瑞的答复,众议员谷钟秀竟然当场大声诵读1912年12月27日临时参议院的议事录,称关于借款条件,当时只将特别条款大体表决,普通条款并未议及。段祺瑞回应称议事录一切情形不甚记得,只是强调当日总理总长在政府报告后已获得临时参议院的同意。

众议员刘恩格在质问发言中痛斥说,如果审议手续只凭财政总长到院报告事件,即作为议决议案,这是"断乎不能",何况去年12月27日所议决者是借款大纲,所讨论者是特别条款,决不能算为全体议决。段祺瑞表示4月26日所签的合同与去年9月16日、17日及12月27日所议决的条件确实相同。刘恩格毫不客气地回应说,段祺瑞的回答是自相矛盾,段总理的意思是如果众议院选出议长,一定交付院会议决。如果前临时参议院确实已经议决通过,那这次何必还要交付众议院审议呢?所以说前临时参议院未经议决是显然可知的。一些众议员对于段祺瑞的答复表示强烈不满,称今日"只有质问,并无答复"。

第二期常会口头质问次数较多一些,有学者统计仅参议院就曾五次邀请国务总理段祺瑞到院接受当面质问,事由分别为陕西省议会被人破坏和捣乱事件、天津老开西与法国交涉事件、第一班参议员改选事件、派遣赴日专使事件与财政部官员收贿及交通部租车事件。在众议院也曾发生国务总理段祺瑞就财政次长受贿一事接受口头质询的事件，时间是1917年4月17日。

财政当局受贿案是在1917年4月初被《申报》披露的，此后一直受到媒体关注。大致情况是财政部在受理商人张兴汉开办炼铜厂申请的过程中，总长陈锦涛、次长殷汝骊等主要官员涉嫌收受张兴汉的商业贿赂。

据当时公布的《众议院速记录》记载，众议员吴荣萃质问：财政交通当局受贿问题是否确真？众议员胡祖舜进一步提到：现在报纸关注炼铜厂事件，其中财政总长收受商人贿赂有无其事？段祺瑞回复说，财政部事件自己近日才发觉，已派人密查。至于财政总长受贿问题，段祺瑞称派人查办，尚未收到报告。他还透露，此事被发觉是在上星期的国务会议，财政总长在发言时曾检举财政次长在炼铜厂事件中受贿。

对此，吴荣萃紧追不放，质问说：据报纸登载财政总长举发时并呈出行贿证据，为标记有"锦生堂"字样的银票一张，是否确有其事？段祺瑞承认，票子是有的，什么字号已经记不清楚了。段祺瑞还提到在国务会议上，财务总长曾经拿出商人张兴汉写的两三篇文字，仿佛是具结形式（即保证书），内容是担保财政总长对于此事并无受贿情节。吴荣萃对于具结一事提出质疑，认为如果财政总长没有问题，为何凭空让商人为其未受贿行为作保？段祺瑞只得再次表示政府一定认真查办此事。

众议员胡祖舜认为，此事既然是财政总长自行举报次长受贿，总长所知必较他人为真确，政府应即根据此种举发依法办理，为什么到目前为止还在密查之中？段祺瑞回复说报纸报道多有不实之处，政府不能只凭报纸登载的内容，即认为是事实的真相，所以对于财政总长的举发不能不派人认真密查。胡祖舜反问，既然总长将次长受贿情事自行举发而又拿出证据，并指出行贿次长、参事之主名，只要不是捏造行为，作为受贿的官吏其实已经失去任职资格，政府为什么还让他们在职而不加以惩办？

众议员张知竞认为，此事财政总长既是举发者，又为什么要让商人具结证明他自己未曾受贿，可见财政总长对于此事也在嫌疑之中。众议员张伯烈在发言中还声称：请总理注意，此事查明之后已属刑事上处分问题，现在对于此事有关系者应即秘为监视，切勿听其逃逸为要。众议员凌文渊表示：总理如对于此事尚在疑似之中，当然派人密查，倘已认为实有受贿情事，则对于受贿之人及受贿程度并经过情形皆可一为宣布。

段祺瑞表示，政府对于此事不无疑虑之处，所以才派人认真密查，虽然财政总长举发次长受贿，但当时有人称其中还有其他情形。既然是两方面情况都有，就不能立即认定主管长官举发属员是职责所在，因此需要认真调查。段祺瑞并承认财政部存在受贿事实，还一一回答众议员徐兰墅关于商人具结目前存放地点、时间与财政总长举发时间。段祺瑞称被举发次长是殷汝骊，表示此案将来交付法庭一定要有确实的凭据。

与过去不同的是，这次对于段祺瑞的回答，议员们均表示满意，称"总理答复甚为明了，可以不必质问矣"。财政当局受贿案在国会质询与舆论的压力下，竟然在第二天（4月18日）就有了结果，财政总长陈锦涛、次长殷汝骊（后逃匿）等人，因炼铜厂受贿事件，均被北京政府免职，不久后被逮捕，陈锦涛成为民国建立以来"内阁阁员因犯刑事案受到法院逮捕的第一人"。

在第一届国会第三期常会期间，国会主要是针对"金佛郎案"提出质询案。"金佛郎案"起于一战结束以后，当时的法国政府照会中国政府，表示愿意仿照美国的办法，退还一部分庚子赔款，充作中法实业银行复业以及两国文化教育交流的经费。但是中国付给法国的赔款，必须按照金佛郎内所含纯金数量，折合外汇计算。可是依照辛丑条约的内容，并未规定对法赔款必须用金佛郎计算，法国的币制为金本位，也没有金佛郎其物。而且一战以后，法郎大跌，照现值计算，中国只需往年一半的银两，就可以完全偿还法国应收的赔款。显然用金佛郎计算，中国会吃大亏，所以国会及工商界纷纷表示反对。但是时任财政总长的王克敏却积极谋求此案的通过。原因有二，一是他在1917年第一次担任王士珍内阁财政总长时，兼任中国银行、中法实业银行的总裁，当然希望中法能够复业。二是庚子赔款一向由海关就所收税款，直接拨付各国，余款方交中国政府，这笔公款称为"关余"，是北京政府的一项重要财税收入。自"金佛郎案"发生后，法国公使傅乐猷策动辛丑和约签字国，函请总税务司英人安格联，扣留"关余"不发，为数已有1000多万元。王克敏希望"金佛郎案"解决后，便可取得这笔"关余"，以解财政上燃眉之急。但是如果依照法国的要求，中国至少要损失6000万元；以将来的"关余"6000万换眼前的现款1000余万，无异于饮鸩止渴，所以国会众议院曾经否决"金佛郎案"，还为此案质问过张绍曾内阁。正式宪法颁布后，参议院对于内阁中有与"金佛郎案"有重大嫌疑的人又提出查办案。1923年12月14日参议院开始质问"金佛郎案"，三次要求代理总理高凌霨、代理财政总长王克敏、代理外交总长顾维钧出席，但政府方面均未派员出席。一直到17日临时会会议，政府方面代理外交总长顾维钧方才出席接受质问。

参议员陈寿如在质问中称，"金佛郎案"数月前已经被众议院否决，咨文已经送达政府方面。外交部作为对外事务的主管机关，究竟要等到什么时候才开始遵守众议院的议决？他同时询问法国政府对于"金佛郎案"的态度。顾维钧称"金佛郎案"始于1922年6月22日中法协定将要签字之时，法国公使来函说按照1901年辛丑和约与1905年和约换文的规定，所有法国部分的庚子赔款应该用金付给，所以请中国政府将付法郎数目改为美金。当时外交部没有答复。7月13日法方又来函称经过仔细研究，要求中国政府以后还是使用金佛郎支付赔款。外交部认为此事重大，立即拍电报到国外征求世界公法家的意见，作为答复参考的材料。此后不久，比利时公使以延续赔款时间为条件，要求中国用金佛郎支付部分赔款。意大利、日本等国公使也提出相同要求。12月30日外交部照会四国公使，"谓按照历年付款办法，对于庚子赔款不能以金洋付给"。但是法方仍然坚持金佛郎支付赔款的立场，并多次到外交部交涉。1923年2月10日，张绍曾内阁代理外交总长黄郛照会法国公使，称中方同意遵照中法协定，即用金佛郎支付部分庚子赔款。2月27日，比、西、日、美、法、义、英、和（荷）8国公使来照会均要求使用金佛郎支付赔款，并威胁中方如不履行，将改变关税会议的态度。外交部在11月1日曾照会法国公使，申明外交部对于此案极为注意，已咨请国务院财政部核办。

顾维钧的答复参议员们并不满意。紧接着参议员龚焕辰质问政府现在决定如何处理？参议员郑江灏、裘章淦又质问政府在对外交涉中，为什么不提及此案已经遭到众议院否决？顾维钧回复说，外交部对于众议院否决"金佛郎案"其实是非常重视的,政府之所以未将众议院否决之事告诉法方,原因主要是依照以前《临时约法》与现在公布的新宪法相关条文规定,认为"金佛郎案"虽然被众议院否决,但毕竟是一院的议决案,而参议院现在对于此案还没有议决,所以外交部对于外交团的正式通知,是准备等到议案在两院一致通过后才发布。

参议员郑江灏指出顾维钧的答复存在常识性错误,法律案虽然是必须等到两院一致议决后才为成立,但除法律案外,比如否认用金佛郎以偿还庚子赔款一案,是属于议决案,议决案是不需要两院一致通过的。政府应该在收到众议院议决案后即作为依据来照会外交团,这才是正当办法。至于顾维钧所称此案焦点属于解释条约问题,而解释条约须征求外国公法学家的意见,郑江灏认为这种做法也不现实,因为任何学说都具有正反两面的解释。郑江灏还坚称,虽然现在政府又表示不承认"金佛郎案",但是依旧存在程序违法问题,即对外缔结条约的行为,无论是遵照现在宪法的规定,还是从前《临时约法》的规定,均必须获得国会的同意。郑江灏最后批评政府说:"此案既关国库之损失甚大,又经众议院之否决,政府并不依据以照会外交团,做事抑何颠顶至此"。顾维钧对于政府应以国会之议决作为对外根据的看法表示完全认同。称现在正式照会虽然还没有发出,不过口头上已经向各国公使说过多次。顾维钧表示,关于众议院否决不需要参议院再为表决的看法,既然在法律上已经解释明了,政府可以遵照办理。

参议员赵时钦认为政府未能依据众议院关于"金佛郎案"的议决正式照会外交团,确实是政府的错误。按照《国会组织法》的规定,同一议案不得同时提出于两院,及一院否决之议案不得于同会期内再行提出。"金佛郎案"既然被众议院否决,当然不需要再在参议院提出征求同意。而且此案属于有关增加国库负担的议案,按照法律规定,众议院本来就有先议权,众议院既然否决,政府方面所谓还要征求参议院的同意的说法,在法律上也是没有依据的。赵时钦在质问中还提醒政府,现在对外条约最高批准权是在国会,被国会否决的议案,外国人是绝对不能不承认的。由于仅由代理外交总长一人出席,许多参议员当场表示不满,要求顾维钧回去转告全体阁员下次一定要出席,因为"此案乃系国务员全体连带之责任";而且2月10日外交部照会责任人是黄郛与王克敏,必须查办这两人。

在1924年1月23日院会上,郑江灏再次提出三点质问,一是有关政府办理"金佛郎案"的进展情况。据报载政府对于"金佛郎案"正在竭力进行,希望重新承认此案。这一情况如果属实,显然是违反了众议院议决。二是对于"金佛郎案"负有责任的财政总长王克敏为何又重任阁员,"王克敏身为财政总长,对于"金佛郎案"又为主管人员,且系负有重大嫌疑之人。乃竟违抗宪法,屡催不到"。现在王克敏又是新内阁阁员,"惟王克敏既有损失国权之重大嫌疑,今竟继续充任阁员,将来内阁对于金佛郎案政策是否与国会相合"?三是以前参议院所提质问书及查办案,希望政府依据宪法尽快办理。

出席会议的国务总理孙宝琦回复说,关于"金佛郎案",外交部已经照会八国公使,正式拒绝承认"金佛郎案"。孙宝琦声称"宝琦一日在国务总理任内,绝不容有人私自承认"。关于王克敏再任财政总长,是因为他在"金佛郎案"中的嫌疑并未成为现实,而且王克敏在财经界日久,经验甚深,不能说不是现在财长的合适人选。对于过去参议院有关王克敏的质问查办案,孙宝琦承诺应会立即处理。

总的来说,在质询权行使过程中,国会议员表现得非常积极与主动,在口头质问中提出的问题相当犀利,认识较为深刻,经常指出政府方面施政失当之处,充分发挥了口头质问的成效。

书面质询方面也是如此。如第一届国会第一期常会,据统计,在第一期常会7个月时间内,两院书面质问书合计228件,平均每个月约33件。在政府回复方面,平均回复率为七成,而且回复时限多数是在一个月内。不过在质询权行使方式方面,两院均以书面质问方式为主,口头质询次数不多,形式较为单一,在一定程度上影响了质询权的行使效果。

另一方面,北京政府在回应国会议员质询的态度上还是相当配合的,段祺瑞担任总理或代理总理时尤为如此。他本人曾多次出席国会的质询。最具代表性的一次是上文提及的1917年4月17日的质询。下午2点30分,段祺瑞与国务院秘书长张国淦先到众议院接受关于炼铜厂与财政部官员受贿问题的质问。众议院质问结束后，3点40分他又和司法总长张耀曾到参议院接受关于财政部官员受贿、交通部租车等问题的质问。虽然段祺瑞并不是议会政治的热心支持者，但总体上还是较为尊重民国早期的宪政制度。在时任美国驻华公使芮恩施的回记录中，段祺瑞曾私下对其说："我并不期望从恢复国会中得到很多好处；党派斗争和与政府作梗的情况将会层出不穷。但是，至于这种通过清谈进行治理的古怪的现代方法，我基本上看不出它有什么优点，但我还是愿意让它得到一种公正的试验。"

安福国会与保守主义议会政治

民初安福国会，又称第二届国会或新国会，成立于1918年8月12日，至1920年8月30日闭会，共历三期常会。安福国会在民国历史上声誉不佳，一般认为它是段祺瑞御用政客团体安福俱乐部一手包办制造而成，给民国政治涂上了许多污点。安福国会短暂的两年政治活动，也被时人称之为"安福祸国记"。不过回到历史过程之中，不难发现，作为立法机构的安福国会在制宪与行政监督方面，还是做出了一些实质性的立法工作。

新宪法草案的制定

1919年1月，安福国会议决不适用1913年的《天坛宪法草案》，另行起草。自1918年12月27日开始至1919年8月12日止，宪法起草委员会共开会26次，议决宪法草案101条。1919年9月19日开谈话会整理宪法草案说明书，当日完成。此后因南北议和开始，安福国会转而关注自身合法性问题，再加上起草委员会没有将草案交付院会讨论，制宪工作因之停顿。

就草案中宪政制度设计内容而言，1919年新宪法草案朝着完全意义上的议会内阁制迈出了关键性的一步，其意义不容低估。

首先是立法权力设计。新宪法草案中国会权力主要有八项，分别是立法权、质问权、受理请愿权、建议权、不信任权、财政权、宪法修正权与弹劾权。这与《天坛宪法草案》中的国会权力比较，有三个非常重要的变化。一是不再设立国会委员会。《天坛宪法草案》中曾设有40人的国会委员会，规定其在国会休会期间代行立法职能，权力极大且不受制约。二是取消国会的宪法解释权。《天坛宪法草案》虽然规定宪法解释权属于宪法会议，但是宪法会议是由全体国会议员组成，所以实际上宪法解释权仍是由国会行使。新宪法草案改为"宪法有疑义时，由左列委员组织特别会议解释之：参议院议长、众议院议长、大理院院长、平政院院长、审计院院长"。人员完全容纳立法、司法与审计机构，以保持一种权力的平衡。三是弹劾权的修正。《天坛宪法草案》规定参议院判决国务员违法后，有权剥夺其公权。而新宪法草案只是规定国务员免职后，如有余罪，交付法院审判，严格限制了参议院的司法权力。与《天坛宪法草案》中的"超议会制"比较，国会立法权力明显缩小。

其次是行政权力规划。新宪法草案规定总统由国会组织选举会选举产生，主要有立法权、人事任免权、解散国会权、紧急命令权、军事权、外交权、法律公布权、戒严权、赦免权、复议权等。与《天坛宪法草案》比较，重要的行政立法权与任免权仍然沿袭过去的规定，即总统没有宪法修正提议权，同时任命国务总理须经众议院同意。不过，同时也出现了改变总统弱势地位的积极变化。如紧急命令权取消了国会委员会同意权的限制，"大总统为维持公共治安，防御非常灾患，时机紧急，不能碟集国会时，得以国务员连带责任，发布与法律有同等效力之教令。前项教令须于次期国会开会后七日内，请求追认，国会否认时即失其效力"。[①]赦免权也取消了过去受最高法院同意的限制，总统可以直接宣告免刑减刑及复权。这两项权力规定与法国1875年宪法中的有关内容基本相似。虽然民国总统没有当时法国总统的宪法修正权，但是由于解释宪法特别机构五名成员中包括平政院长、审计院长，而这两院院长都是总统直接任命，所以总统对解释宪法权亦有一定的影响，这样就适当地弥补了没有宪法修正提议权的缺憾。

---

① 《中华民国宪法草案》第53条，夏新华等整理：《近代中国宪政历程：史料荟萃》，第506页。

值得注意的还有国务员资格的规定。宪法草案仿照英国宪制，"国务总理各部总长均为国务员，大总统于前项外得任命其他人员为国务员，但不得过各部总长总额三分之二"。而《天坛宪法草案》仅仅规定了国务总理及各部总长为国务员。有学者认为："以法理言之，国务员系代大总统对国会负责，但问其能负责与否，不必问其为总长与否，盖国务员与各部总长资格各别，各部总长当为国务员，而国务员不必皆为各部总长。我国前因此约法限于各部总长为国务员，而有肩国务员之才者，不能施其怀抱。"①

最后是立法与行政权力关系的处理。与过去不同的是，第一次出现了不信任权与解散权的平衡设计。不信任权规定与《天坛宪法草案》相似，"众议院对于国务员得为不信任之决议"。但是最重要的是解散权的新设计。与《天坛宪法草案》中总统解散权受到参议院同意权限制不同的是，新宪法草案第63条规定"大总统得解散众议院，但同一会期不得解散二次。大总统解散众议院时，应令行新选举，限六个月内继续开会"。这种做法完全与以英国为代表的责任内阁制度国家相同。在英国，当下院不信任内阁时，首相可以提请国王解散下院，重新进行选举，这是英国现代责任内阁中的一个重要原则。同时也是一种在必要时打破政治僵局，保证内阁制正常运转的有效办法。"当内阁和议会下院之间出现对立，互不相让时，可以诉诸选民裁决。"②而在民国初年，当国会与政府发生政争时，由于作为政府的一方不能合法地解散国会、依法重新举行国会选举，以此来化解政治冲突，最后采取的只能是体制外非法的武力解散国会方式。这种悲剧性场面曾在1914年、1917年两次上演。

综上所述，1919年新宪法草案秉持权力分立与制衡的宪政原则，吸取民国初年的政治实践经验教训，适当借鉴英国与法国议会制度中一些合理的规定，在不少重要的制度设计方面，更加接近于当时英、法国的议会内阁制度。

---

① 杨幼炯：《近代中国立法史》，第282—283页。
② 程汉大：《英国政治制度史》，中国社会科学出版社，1995年，第277—278页。

行政监督的实施

安福国会在行使行政监督职权时,对预算权最为重视。国会在开会之后,屡次作出决议,要求政府尽快提出预算案。考虑到民国七年国家收支事实上已经发生了超过大半,于是国会把主要精力放在民国八年度预算案上,其中为世人称道的举措是裁减民国八年度预算案中的军费开支。

1919年6月5日,总统徐世昌向众议院提出预算总案,至7月2日,又陆续提出八年度路、电、邮、航四政特别会计预算案。预算编列财政开支为5.4亿余元,其中中央经常、特别军费开支与各省军费开支,总计为1.7亿余元,约占财政总预算开支的三分之一。由于当年财政收入仅有4亿元,与财政支出相比较,显然是缺口太大。为此,众议院在一读会上作出裁减军费的决议,随后将政府预算案交付预算委员会审查。在预算委员会完成审查报告后,又在9月10日至11月13日期间召开临时会,历经二读会、三读会程序,通过政府预算案审查报告。11月15日移交参议院后亦获通过。

国会在预算案审查报告中特别批评了军费使用的混乱现状。"查政府八年度预算案,陆军部所管预算,关于陆军军队经费一项,名称既极复杂,章制尤复纷歧,关于编制系统,亦多未协。"同一项目开支,已经列入经常费用,却又拆分为若干项目列入特别费用。同一中央陆军经费,或是列入直辖各机关预算项目,或是列入其他军事机关预算项目。同是一个陆军师的军费开支,数目却非常悬殊,有的相差甚至多达几十万元之多。其他如中央与各省经费项目的划分,也没有统一的标准,非常混乱。

为此,国会提出了一系列的解决办法。关于特别军费问题,"业经本院议决取消。凡原列中央及各省特别门之陆军经费,应暂时分别列归中央及各省临时门,以免纷歧"。国会最后强调:"惟无论如何,八年度实支之数,只能以原列总数八成为限。"后来有学者评论说:"第二届国会成于军阀之手,而能毅然议决裁减军费至二成之数,盖亦难能可贵矣。"[1]

此外,安福国会还对政府违法行为提出了一些弹劾议案。虽然此类弹

---

[1] 顾敦鍒:《中国议会史》,第292页。

劾事件背后均存在派系之争，但是就议案本身而言，确实是有理有据，在一定程度上起到了监督政府的客观效果。例如，众议员光云锦等提出弹劾钱能训总理失职违法案，理由主要有四条：一是南北问题经年不决。南北和会召开之后，"钱能训于派遣代表之初，既不能慎之于始，已属咎无可辞。及至开议以后，又无术以济其穷，坐使时局纠纷，日甚一日"。二是在南北议和时，对南方委曲求全。"若以西南为护法举动也，则依法召集之国会以及依法选举之总统，均属非法，其他更无论矣……钱能训只知献媚南方，不惜动摇国本，紊乱国宪。"三是政府违法发行国债。"此次政府发行八年公债，乃于国会闭会之期，径由大总统以教令公布。及至国会二次常会开会，又延不交议，谓蔑视国会，违悖《约法》。"根据临时约法规定，募集公债必须获得国会同意。四是政府违法任命官员。在国会开会之际，政府擅自任命全国烟酒事务署督办、全国棉业督办等官，未交付国会议决。国会弹劾钱能训内阁的根本动机是不满钱能训在南北和谈中的态度，当时钱能训同意讨论商谈国会问题，"朱总代表（朱启钤）与西南会议，居然敢议及国会问题"，[①]钱能训在国会问题上的态度势必危及安福国会的合法性，所以引起后者的恐惧与愤怒。但是钱能训在发行国债、任命官员等问题上的违法行为也是事实，因此在面对国会议员的质询与弹劾时，钱能训只能是无言以对。

安福国会在成立之初，曾受到皖系军人的控制与影响。但是在进入政治实践层面之后，国会在一些问题上逐渐形成自己的政治定位。在五四运动时期，当国务总理钱能训迫于民意辞职后，总统徐世昌拟以北洋派官僚周树模继任，请段祺瑞代为向国会疏通。段祺瑞在指派徐树铮经办此事时，徐树铮就认为此事不太好办，国会不见得通得过。虽然当时安福俱乐部是国会中的多数党，但仍有不少议员扬言："我们当议员的，不比军人有服从的义务。"最后周树模的提名被迫取消。

[①] 南海胤子：《安福祸国记》，荣孟源、章伯锋主编：《近代稗海》第4辑，四川人民出版社，1985年，第376页。

议会政治的保守主义特色

安福国会在立法与行政监督方面不仅有所作为，而且立法运作过程较为平稳，内部派系以及与政府内阁之间没有爆发激烈的政治冲突。国会自我评价是："我同人等两年来宁处不遑，恪恭尽职，举凡关于国计民生重要各案，均能和衷共济，次第进行。"即使在皖系战败后，国会最终也能够平安闭会。与第一届国会激进的政治色彩相比较，安福国会的立法运作表现出浓厚的保守主义特色。这一政治特色是如何形成的呢？在笔者看来，主要有三个方面的原因。

第一，议员背景具有保守性。从安福国会议员的背景因素来看，他们平均年龄为43.5岁，比第一届国会议员的平均年龄高出约7岁。一般认为像国会议员这类政治家的年龄为45岁左右比较合适，此年龄段的人年富力强、心智已经成熟。在教育背景方面，拥有传统功名的议员约占已知总数的22.9%，比例也高于第一届国会。一些有功名的士绅之所以得以当选，主要是因为在安福国会选举中革命党人被排挤在外。在职业经历上，官僚、教育界与商界的专业人士居多。有98人曾经当选为前清咨议局议员，或第一届国会议员，具有一定的议会政治经验。此外，在利益取向上，"宪政符合前官僚及专业人员的利益，因为它给他们合法的政治职务，而又不使政治舞台向低于他们的集团开放"。[1]所以安福国会议员的政治立场较为保守，多数人习惯于维持现状，反对任何改变现状的激烈变革。当然对当时的中国来说，现状已经是民国的共和制度，而不是满清帝制。

第二，政治实践中做了政治妥协。政治妥协在立法与行政权力关系处理方面表现得较为显著。以组阁为例，这一问题一直是民国成立以来议会政治中最棘手的难题。由于议会掌握国务员的人事同意权，所以在第一届国会时期，曾多次出现过国务总理或内阁总长候选人被国会否决的现象。在安福国会期间，先后组建过钱能训、靳云鹏两届正式内阁，各派基本上能够事先就国务员人选进行广泛协商，在提交院议之前达成妥协，以确保

---

[1] 费正清主编：《剑桥中华民国史（上卷）》，杨品泉等译，中国社会科学出版社，1994年，第291—292页。

组阁成功。其实经过十年的立宪政治改革,在实际政治运行方面已有相当改善,党派间的对立状况较前缓和,已经能够采取谈判、协商、折中、让步的现代政治手段处理利益冲突问题。对此,曾经担任过第一届国会议员的众议院议长王揖唐深有体会,他在第一期常会闭幕式上说:"本届国会所持方针与第一届国会颇有差异,前届国会专以监督政府为务,监督之极流而为束缚,束缚不足变而为争攘,以致立法与行政始终不能相容。"王揖唐认为安福国会吸取了第一届国会两度惨遭解散的教训,"不惟对于阁员组织毫无争攘权位之思,且对于政府行为亦不效过度束缚之举"。

第三,议会派系政治处于稳定期。一般认为派系政治是导致民国早期民主化失败的主因,"宪法体制由于参与的分子热衷于派系斗争而耗尽了自身的活力"。①但是具体而言,一方面,与民国初年激烈的国会政党政治不同的是,安福俱乐部没有明确的政策纲领,政治诉求较为单一,完全着眼于实际利益,缺乏强烈的进取心。例如在组阁问题上,从未出现过安福部内阁,所谓"安福部实非政党,对于国家本无一定政策之主张,对于组阁无大政方针。故每次内阁同意案,安福部所注意力争者,不外交通、财政两部,纯粹的是金钱问题,绝无政党内阁之可言"。而在组织建设上,在各省并没有设立支部,除议员外也没有发展党员。俱乐部"其扩张也,私人团体势力之扩张耳,非党务之扩张也"。②另一方面,与国民党控制的第一届国会不同,安福国会多数党一直是皖系支持的安福俱乐部,议员人数多达330多人,与皖系政府关系比较缓和,没有发生大的政治冲突,有学者认为:"安福俱乐部的纪律以及它在国会的优势,使国会的活动更加顺利,在这种意义上有助于宪政发挥作用。"所以从议会派系政治发展的阶段性来说,此时正处于派系政治的稳定期,不同于第一届国会第二次复会后混乱的政治状况。

总之,主导安福国会的北洋政治精英,多数还是晚清新政派官僚,他们政治立场保守,基本上认同立宪主义。虽然在具体政体形式上,一些人对君主立宪政治情有独钟,但是在经历两次复辟失败后,他们也接受了共

---

① 费正清主编:《剑桥中华民国史(上卷)》,第315页。
② 南海胤子:《安福祸国记》,第341页。

和民主制度的现实。在处理政争时,他们往往以利益为导向,组成派系集团,同时政治手段灵活、政治经验丰富,习惯于政治妥协与交易。安福国会实用主义政治特色与现代立宪民主的起源地英国颇为相似。在光荣革命之后的半个多世纪内,英国乡村地主仍是一个颇为强大的社会势力,占据了议会三分之二的席位,是英国政治航船的真正主人,是英国社会上最保守、封建忠君意识最强的阶级。"具有现代化取向的保守主义对于激进改革观是一服必要的清醒剂。"[①]从这个意义上讲,安福国会的立法运作留下的制度经验是发人深省的。

[①] 费正清主编:《剑桥中华民国史(上卷)》,第309页。

民初临时参议院与临时政府的冲突

从南京临时参议院成立起,参议院与政府之间的冲突就一直不断。一方面是参议院为维护立法权进行了不懈的抗争;另一方面参议院在立法实践中也不同程度地进行了针对政府的权力渗透。

参议院维护立法权的斗争

一、定都之争。1912年2月14日,临时参议院开会讨论建都地点。事先临时政府已经作出了定都南京的决定。孙中山在辞职咨文中所附的三个条件,一条即为"临时政府地点设于南京,为各省代表所议定,不能变更"。不料,临时政府定都南京的主张,遭到了大多数议员的反对。在表决中,仅有"五票主南京"。参议院的决议称:"前经各省代表指定临时政府地点于南京者,因当时长江以北尚在清军范围内,不得不暂定临时政府适宜之地。今情势既异,自应因时制宜,定政府地点于北京。"从而否定了临时政府的主张。政府方面立即作出了强烈的反应。陆军总长黄兴威胁说,如果参议院不加更正,他将动用军人强行进入议院,逮捕所有的同盟会议员。议院内少数支持定都南京的议员也表示首都如不改在南京,"吾辈愿以身殉会场"。在内外交攻下,临时参议院被迫作出了让步,同意以南京为都城。但是到了3月初,当临时政府在定都问题上出现松动,提出由临时参议院议定时，临时参议院立即毫不犹豫地推翻前议，仍主张定都北京。在议场上，议员们群情激昂，"对于政府所拟办法痛驳其非，谓不但无济于现在之问题，且徒多生事耳"。

临时参议院在定都之争中，反对行政权干预的立场，赢得了舆论的同情和支持。江苏军政府都督庄蕴宽曾通电指责临时政府强迫参议院改变决议的做法是"立法为行政所侵，不能保持其独立，民国开此恶例，最可寒心"。

二、争夺《临时约法》的制定权。南京临时参议院在捍卫临时约法制定权的立场上毫不退缩，并且一直强调立法机关的独立性。在酝酿起草约法期间，起先临时政府打算揽取约法制定权。1912年1月27日，《民立报》公布了宋教仁主持制定的《中华民国临时组织法草案》七章五十五条，它体现了孙中山的五权宪法思想，就内容和结构而言是一部宪法草案。1月30日，孙中山将草案咨送临时参议院审议，"查临时政府现已成立，而民国组织之法尚未制定，应请贵院迅为编定颁布，以固民国之基。兹据法制局局长宋教仁呈拟《中华民国临时组织法草案》五十五条前来，合并咨送贵院，以资参考编定"。[①]

第二天，临时参议院开始讨论政府交议的组织法草案。令人吃惊的是与会全体议员竟一致决定"将原案退回"。2月1日，又郑重其事地议决了回复政府的咨文。咨文措辞颇为严厉，它首先强调了立法机关制定约法的专属权，"宪法发案权应该归国会独有，而国会未召集之前，本院为唯一立法机关，故临时组织法应有本院编定"。继而参议院对政府逾越权限，揽取制宪权的做法表示不满，最后参议院断然拒绝参考政府的草案。这样，制宪权就无可置辩地回到了临时参议院的手中。

三、否决内务部增设次长案。1912年4月10日，临时大总统袁世凯任命张元奇、荣勋为内务部次长。5月4日，袁世凯向临时参议院提交了咨请将官制通则内务部加次长一人案。在审议大总统议案的第一读会上，政府特派员章宗祥称："内务部现将蒙回藏事宜归并本部……该部事务本甚繁

[①]《临时政府公报》第3号，1912年1月31日。

赜，诚恐次长一人不敷辅佐，故再增加一人。"针对政府提案，先后有九位参议员发言，均持反对意见。一种意见认为是没有必要。有参议员提出，在前清时代，也只有一位次大臣，而没有听说有两位次大臣，"何以前清时代足以辅佐，此时反嫌不足"。李国珍认为，蒙回藏事务繁多，只能增加专科，不能再增加次长，"因一部之总长次长不过提纲挈领任监督之责，凡事必当委之于科长科员，断不能事事躬行。即断无增加次长之理由"。另一种意见认为法律程序存在问题。阮庆澜质疑道："总统以咨文而忽然变更参议院议决案，并无提出修正案，在法律上已不正当。"张伯烈认为有两个理由不能增设次长："其一则各部皆一次长，而独内务有二次长，官制上不免冲突。其二则因内务有二次长，他部亦皆可以藉口。"所以只能加设专科。最后议长决定将此案交法制股审查。

在第二读会上，法制股审查报告的意见也是否决增设次长案。虽然报告称根据最新学理，每部可设两位次长，其中一位次长管理事务，"但政府并未说明事务权限"，更重要的是"事实上亦并未将蒙藏事务专划归于该次长管理。即该次长专管蒙藏事务，亦必增设蒙务司藏务司等附属机关。如此则有各司各科专办蒙藏事宜，即一次长已足辅佐总长，又何必再增设一次长？"此外，考虑到蒙藏事务与内务事务的不同，以及蒙藏事务的重要性与特殊性，为达到谋蒙藏同胞幸福，实现五族平等的目的，建议另设直属国务总理的蒙藏事务局特别机关，管理蒙藏事务。

对于审查报告的意见，殷汝骊虽然同意另设一局，但是并不赞成属于国务总理，认为还是应当属于内务部，"因其事与全国内务有关，一方面特设机关以精通蒙藏事务之人理其事，一方面可与内务行政联络"。李国珍对于政府意见、审查报告意见以及殷汝骊的意见均不赞成，特别是审查报告的意见，他认为国务院直属各局设立的原因，是因为与各部都有关系，"凡各部无所归宿之事，均容纳于国务院附属之数局内"。蒙藏事务显然与此不同，李国珍建议仿照英国设立爱尔兰部的做法，专设一个蒙藏部。副议长汤化龙总结说，此案表决应分两次，第一次为是否增设次长，第二次为不设次长，应否设特别机关及其组织问题。但有议员提出先表决审查报告。最后议长决定分三次表决。多数赞成审查报告不设次长的意见。第三读会通过否决案。5月12日,袁世凯下令取消对张元奇、荣勋两人的任命,参议院取得了一次维护立法权斗争的胜利。

参议院对政府的权力渗透

一、借款问题。借款问题肇始于南京临时政府时期,当时日益加深的财政危机迫使临时政府不得不举借外债,以解燃眉之急。南京时期商议的外债主要有四笔,谈成的仅苏路借款一笔,其他都遭到了参议院的否决。其中争议最大的是汉冶萍借款,这笔外债是南京临时政府和盛宣怀分别同日本三井、正金财团达成的协议。协议中关于中日"合办"汉冶萍公司、"公司股本中日各半"的条款,激起了临时参议院强烈的反对。

1912年2月12日、18日、22日,临时参议院连续三次向临时政府提出质问,指斥临时政府违法借款。在收到孙中山的答复后,临时参议院又提出此事"当经公决,认为来咨答复不得要领,请即日派专员到院切实答复,并将有关汉冶萍借款各种文件携交本院,以便讨论"。在临时参议院作出插手借款谈判的决定后,孙中山被迫放弃前议,取消借款,并派总统府秘书长胡汉民出席参议院会议,回答质问。但是临时参议院立场丝毫未变,声称:"总统两次答复,均无理由之可言,此事既未先交院议,无论股东会能否通过,本院绝不承认。"自此在借款问题上,临时参议院开始了积极的介入。

南北统一后,北京临时政府面临的是更加严峻的财政困难。大借外债成为临时政府财政工作的重心。唐绍仪内阁成立伊始,即同英、法、德、美四国银行团商议借款,整个谈判过程一波三折,相当棘手。

此时,临时参议院也密切关注借款谈判的进展。1912年5月13日召开了秘密会议商讨借款问题,国务总理和内阁成员均出席。"会上唐总理报告借款经过,熊总长报告借款现在实情。各议员众口一词,均反对外国资本团要求监督财政及检查会计权,异常愤激。但本会系谈话会,尚未表决。

并闻资本团不应诺,则即提出国内公债案及契税案等以为抵制。"①在5月20日的秘密会议上,共和党籍参议员张伯烈攻击唐绍仪为"亡国总理",另一共和党籍议员李国珍指责唐绍仪的行为带来了亡国之灾。到了7月8日,由于银行团的条件过于苛刻,谈判一席宣告中断,一直到了11月28日方才恢复。

在第二次谈判过程中,临时参议院的介入丝毫没有减弱。就借款问题反复咨催政府,要求详加答复。12月27日,财长周学熙将大借款合同的五项特别条款交临时参议院讨论,获得临时参议院的大体同意。②至此,临时参议院方才停止了对借款谈判的涉足。

笔者认为,虽然约法赋予了临时参议院议决国库有负担契约的权力,但这并不意味着临时参议院可以广泛介入政府的对外谈判事务。实际上,按照各国惯例,立法机关一般只是对某项涉外协议的草案进行议决时行使此项权力。

如果把借外债视为涉外活动,当作临时参议院的承诺缔结条约权的内容则更是说不通。《大公报》曾指出:"然所谓外交者,指国防而言,如议和、宣战等类,非指借款而言也。"实际上,按照当时的国际惯例,缔结"条约"的主体只能是主权国家。而四国银行团,或是后来的六国银行团,只是一个非常设的金融组织,民国政府和它之间签订的借款合同仅能算是协定,至于协定,按照英美惯例,是可以不经临时参议院议决的。从临时参议院在借款问题上的种种表现来看,它的立法理论水平有限,议员中真正通晓欧美宪法史、精研法律的专业人士寥寥无几。

二、胡瑛任职风波。1912年5月13日,袁世凯总统任命陕西经略使胡瑛改任新疆青海屯垦使。殊不料,这一任命遭到了共和党籍参议员张伯烈等12人的质问。他们认为对胡瑛的任命实属违背约法。总理唐绍仪在回复咨文中反驳说:"屯殖使系职非官,胡瑛为民国有功之人。大总统因时事必要,以权宜对付之,并未违法。"

其实按照《临时约法》规定,临时参议院的同意权对象只限于国务

---

① 《要闻》,《大公报》1912年5月15日。
② 胡绳武、金冲及:《辛亥革命史稿(四)》,上海人民出版社,1991年,第253页。

员及外交大使、公使。无论是经略使还是屯殖使均不在此限,自然也谈不上报经临时参议院同意。临时参议院这一质问纯属无中生有。其中的真实原因还是党争。胡瑛是老同盟会员,共和党人自然不甘心对他的任命。但是,一旦党争变成了临时参议院的逾权行为,就非常令人忧虑了。

三、催交预算、决算。临时参议院在催交政府预算、决算案一事上表现得异常坚决。自5月11日到7月14日,连续三次咨文大总统袁世凯,最后一次要求限期一个月内交院议决。

袁世凯于7月15日提交了"六月份支出概要案"。此案在经院议时,一开始遭到了议员们的反对。共和党参议员李国珍提议不必讨论,因为概算已经过期。他愤怒地指出:"今日已七月十五号而政府始交六月份之概算提出,其昏愦为何如?直可谓之不懂法律。设使本院商从而议决之,岂不贻人口实,传为笑柄?"多数议员支持李国珍的意见,并且当即决定将此案退回,要求政府迅速编制8月之前的决算和8月之后的预算。

关于预算决算的期限,临时参议院要求"由政府按月将各部用款造册交院"。在临时参议院的施压下,政府方面陆续提交了"八月份经费支出概算案"、"八月份追加改正概算案"、"本年九至十二月临时预算案",以及政府各部"九至十二月临时预算案"等。

临时参议院行使临时政府预算决算权力有两个特点。其一,提案期限以月度为单位。这种做法在各国议会史都是绝无仅有的。各国一般都以年度为预算单位。正如政府方面指出:"概算发生于预算,政府财政计划应以全国岁入岁出为标准,此各国通例,政府所以不提出全国概算书者,因五月间贵院咨催政府速办预算、决算交议决。办全国总预算于法律上非常困难,会计法既未规定,岁出岁入又不平均,于事实亦有困难,地方因全国财政迄未统一,既有法律事实两方面之困难。"有议员也承认:"关于预算案决算均有一种法律上的手续,若求手续完备,非三月不能编制成功。"出现这种情况的确与临时参议院忽视会计法律的制定有关。本来曾有议员提议规定中华民国会计年度,但是在讨论中,以会计法尚未议决不能实行为由未获通过。

其二,要求各部门分别提交预算案。实施这种规定,便于临时参议院直接监督政府各部的政务活动,从而扩大临时参议院对行政部门的权力渗透。而这种渗透恰恰又违背了《临时约法》的规定,即临时政府的预算、决算才是它的议决对象。

四、凌钺事件。凌钺是同盟会会员,滦州起义的发动者之一,曾任滦州敢死队队长。1912年6月,他作为河南省外债与国民捐代表来京,不久,便被内务部以涉嫌侵夺滦州敢死队遣散费和枪毙云南军官为由逮捕。在内务部调查期间,临时参议院向政府提出质问书。理由是内务部"妄逮于前,误禁于后",认为此种行为是非法逮捕。但是出席院会的政府委员辩驳也是有力的,他认为逮捕凌钺的手续是合法的,"因新刑律未完全颁布,传讯手续亦未完全规定,执行之时非常困难,不得不认从前之习惯,刑事者用逮捕,关于民事者用传唤"。他表示如果查明凌钺无罪,"自当正式判决宣告无罪"。最后,政府方面对临时参议院行使质问权的权限提出质疑,"按院法九章六十二条之规定,参议员对于政府上有疑义时,不指一般之解释,乃抽象之解释,既而研究政治上乃指大政方针,……彼个人果有冤抑,尽可提起诉讼,无待参议员之质问"。

然而参议员们,尤其是河南省参议员反应非常强烈。该省议员陈景南激愤地说:"逮捕凌君,即蔑视河南全省人民,蔑视河南一省人民,亦即蔑视全国人民。"全院不满政府方面的答复,执意要求内务总长赵秉钧出席会议。最后凌钺被宣告无罪,很快又被选为第一届国会议员。

凌钺事件的处理本属司法诉讼范围,作为立法机关的临时参议院介入此事,从法理上来说是不适当的。政府方面对临时参议院滥用质问权的做法的指责也不是无中生有,还是有一定依据的。

五、张振武、方维事件。武昌起义时期的革命军将领张振武、方维被北京政府处决一事,曾是民初政坛上的爆炸性事件,被称为袁世凯政府公开非法杀人的第一次。在这里,笔者不想具体分析张振武、方维案的前因后果,仅打算从临时参议院对张、方事件反应的合法性作一评价。

在张振武、方维被杀后的第三天,即1912年8月18日,以共和党参议员张伯烈领衔,由刘成禺、郑万瞻、田骏丰、时功玖、卢士模等19人连署,向临时参议院提出《质问政府枪杀武昌首义将领张振武案》。从法律上来说,提案中最有力的依据是政府的行为违背了约法第六条,即"人民之身体非依法理不得逮捕、拘禁、审问、处罚"。张振武"既为中华民国之人民,即应受有中华民国人民之权利。而张振武之被杀也,并未捕送审判厅公开审问"。

但是参议员忽略了一个基本的事实,即张振武并不是普通平民。他当时的身份是"副总统处军事顾问,亦是大总统处军事顾问,且所服者系上将制服"。①张振武的民国高级军官身份是毫无疑问的。关于这一点,起先张伯烈等人拒不承认,但是到了后来,张伯烈也无可奈何地承认了张振武的军官身份。议员们的质问最后只剩下一条理由,认为即使张振武有罪,也不应该在北京处决,以及质疑军法会议是否召开过。其实,问题的关键正如《时报》一针见血指出的:"袁氏之杀死张氏所争之点当辩其为军官与非军官","如其为军官,自可以军法从事。如其非军官也,则袁氏杀之手续为失当焉"。

一旦张振武的军官身份被确认,临时参议院的质问就变得软弱无力了。后来弹劾案的失败,一方面固然是因为法定人数不足,议员意见分歧,但是法理依据不足,致使临时参议院参与此事的合法性不强,也是另一重要原因。此外,在议事程序上,临时参议院为张振武一案自8月19日起连续休会,延误了正常立法事务,也使得自身的形象受损。

与凌钺事件一样,对张振武、方维案的处理,临时参议院最佳的做法仍是提交司法诉讼,而不应该轻易动用立法权力,招致种种非议。加之内部意见不一,无端使自己陷入一种尴尬的境地。

六、对蒙古问题的干预。蒙古问题自民国成立后,一直是困扰临时政府的外交难题。本来,关于外蒙古的对俄交涉、谈判,纯属政府外交事务。但是,临时参议院对此事也倾注了极大的热情,并以各种方式积极地干预。

一是频繁召开秘密会议。会议内容涉及政府对解决蒙藏问题拟用的外交、军事政策。从9月16日至18日,临时参议院连续召开了三次秘密会议。

---

① 《参议院第67次会议速记录》1912年8月23日,《政府公报》1912年9月15日,第138号,附录,第755页。

到了11月14日，又重新召开秘密会议。12月再次决定召开秘密会议。每次秘密会议，国务总理和各国务员均出席答辩。

二是抨击政府的外交政策。在一次院会上，参议员金鼎勋在质问书中指责政府在蒙藏问题上举措失当，软弱无力。他要求政府"即无对付之策，亦应宣示国内，乃隐忍坐默"。另一参议员刘崇佑更是面责外交总长梁如浩，斥得悻悻而退。临时参议院在抨击政府的同时，极力主张和平解决蒙古问题。

三是坚决要求总理、总长定期报告谈判情况。从11月30日起，临时参议院数次坚请国务总理及国务员出席报告中俄谈判进展情况。由于当时谈判正在紧张进行，政府方面出于保密考虑，有时不便及时通报。但是，临时参议院却不罢休，12月23日，再次要求政府详加答复中俄库伦交涉情况，内容包括俄方代表资格、修约情况、外交总长的政见等详细情况。

临时参议院维护立法权的斗争，反映了参议员们重视立法机关的威望，强调立法权力对行政机关法律上的制约作用，体现了独立的立法权力意识的萌生。如胡汉民所说，参议员们"顾狃于三权分立之说，好持异议"。①在从传统的封建集权体制走向现代宪政分权体制的演变潮流中，临时参议院的这种变化是值得肯定的。

同样，关于临时参议院对行政机关实施的权力渗透，也必须作出客观评价。究其主要原因，大致有以下三点。

第一，《临时约法》制度性缺陷带来的决定性影响。《临时约法》赋予了临时参议院对政府的制约权力，却忽视了政府对议会的反作用，从而使得立法、行政机关之间没有形成一种权力互相制约的良性平衡运作状态，反而造成了一种临时参议院高踞政府之上的地位，这样不可避免地加强了两个机构之间的紧张关系。此外，正如前面所指出的，约法没有构建一种完全意义上的司法独立体制，这也是一大缺陷。它使得司法机关不能在立法、行政部门之间发挥协调和仲裁作用。说是三权分立，实际上只是两权分立。在这种失衡的权力架构中，权力渗透现象的发生也是理所当然。

---

① 胡汉民：《胡汉民自传》，《近代史资料》1982年第2期，第57页。

第二，传统政治思维模式的习惯性作用。中国传统政治制度最重要的特征是一元制的集权化结构。由于权力一直高度集中在皇帝和官僚集团手中，使得崇尚集权和权威的观念在人们的政治意识中根深蒂固。[①]对中国的政治家们来说，在处理现实中的权力关系时，非常习惯于这种自下而上的服从和被服从的纵向权力观念。在民初政治实践中，英美式的分权和制衡理念无论对政府，还是对临时参议院来说，都过于新鲜，绝大多数参议员还是习惯于传统的崇尚政治权威的思维模式。《临时约法》赋予了临时参议院超平衡的权力，无形中使得这种意识更为强烈。从临时参议院进行的权力渗透活动中也不难发现，整个政治运作中浸透着某种"参议院至上"的现代版的传统政治意识。

第三，政治妥协的缺乏。临时参议院和临时政府的一些政争，除了制度层面的原因以外，还与政治活动家们缺乏近代民主政治的妥协观念有关，或者说近代中国在学习欧美宪政制度的同时，忽略了学习、领会与欧美的民主制度相适应的政治文化和政治习惯。特别是其中的政治妥协观念，它在民主进程中的作用被视为是一种极其重要的近代政治艺术。因为妥协能够促使对抗的政治利益集团采用更理性、更务实的态度，而不是激烈的斗争手段，通过谈判去谋求解决政治争端。事实上，"建立民主的过程就是一个将所有导致不确定性的各种集团的利益制度化的过程"。促进这一过程平衡推进的重要途径就是政治妥协。"妥协必须是形成实现各种利益集团特殊利益的预先各种可能性的制度。如果和平的民主转型是可能的，那么它首先必须解决的问题就是，在不威胁那些可以改变民主转型过程的利益集团的利益前提下，如何解决政治走向不确定性的制度化。其方法就是民主化的制度性妥协。"[②]民国初年对政治妥协鼓吹最有力的是章士钊的调和立国论。章士钊认为宪法作为组织统合全国人的根本法，应当是国内各具有不同意见、利益、情感的人们，经过"极严整之论战，极审

[①] 詹姆斯·R·汤森，布兰斯特·沃马克：《中国政治》，江苏人民出版社，1992年，第34—37页。
[②] Adam Przeworski, *Some Problem in the Study of the Transition to Democracy*, Guillermo O'Donnell, Philippe C. Schmitter, and Laurence Whitehead (edited) *Transitions Authoritarian Rule Comparative Perspectives*, Baltimore and London: The Johns Hopkins University Press, 1988, p.60.

慎之调和"之后制定出来的。调和立国,充分调和各方的意见、利益、情感,才是立宪政治的精义所在。只可惜在临时参议院时代,政治妥协的观念还未成为多数政治精英的共识。

民初第一届国会选举舞弊与竞选活动

关于民国初年第一届国会选举舞弊问题的述评，在有关研究论文中均有所涉及。一般来说，人们都是就事而论，习惯对此作出负面评价。即使如此，与第二届国会（安福国会）选举舞弊问题尚有研究的状况相比较，学界至今尚未出现此问题的专文论述。本文试图在全面研究第一届国会选举舞弊的基础上，从民主转型的视角客观剖析其实际作用与影响。并通过与英美国家早期选举政治的比较，从历史变迁的角度评价当年的选举舞弊现象。

组织选举：舞弊现象的出现

选举舞弊，一般认为是在竞选活动开展以后才会发生。但是实际上在组织选举阶段，舞弊现象就已出现，其主要表现形式为虚报选民人数、操纵选务人事安排等。

在选民造册工作中，虚报选民人数的做法最为常见，主事者多是从事选举事务的地方政府官员。政府从事此类舞弊行为，"考其原因，皆由议员名额系按选举人之多寡分配。而党派林立，皆欲占选举优胜，故争相运动，复行调查，只求增加选民，不恤逾限与否"。最终目的当然是希望本地区获得更多的众议员名额。

如在江苏省，各复选区纷纷虚报选民人数，其中以第三区虚报数最多，结果分得众议员名额数也最多，为13人，超过第一区的8人、第二区的9人与第四区的10人。在湖北汉口，当地省议员初选分为汉口商埠四区与夏口地方五区，共有九区。1913年1月1日投票时，汉口四区投票人数稀少，仅有1170多人。而夏口仅罗家墩选区，投票者就多达13000多人，韩家墩选区高达七八千票，并有韩某一人得票1300多张。在21名省议员初选当选人中，汉口四区仅得6人。选后经调查发现夏口地方虚报选民人数高达4万多人。在广西，浔州全府人口不满百万，竟然上报选民人数为36万；桂林人口约30万，上报选民人数为14万；柳州所属马平地区人口不满20万，初报选民人数为15万，后受到舆论攻击，才减少为8万；来宾、昭平两地人口均不满10万，却各自上报选民人数6万多，全县人口20余万，上报选民人数为12万。最后统计的结果是，广西人口不足千万，选民总数已达220余万，而广东人口2000余万，选民总数却不足200万。山西也有类似情况，有的大县选民只有五六千人，而小县反而多达五六万人。

一些地方虚报选民人数歪风的盛行，也刺激一些处于劣势的选区想方设法在限期之外采取补查、补报等手段增加选民人数。在湖北，一开始上报的选民人数不满210万，后来经过多次补查、补报，很快就增至540余万，其中武昌、黄安、黄冈等县增加人数均超过原来的数倍。除政府虚报选民人数外，一些地方士绅也积极参与其中。如湖北省汉川县临时省议会议员刘邦贞，串通地方自治组织负责人刘履谦、程何藩等，"雇人造册，嘱造百家姓，糊取姓名，以为儿戏。上有：母狗子、石滚垱、桃花红、柳叶白等怪名，实系本无此人，而捏取姓名，使人入册"。运用此类舞弊手段，希冀当选。

出于党派利益的考虑，一些省份的都督、民政长操纵选务人事安排，期望借此控制选举过程，以利于本党候选人的胜出。根据众议院议员选举法的规定，初、复选各投票所办理选举人员，由初、复选监督分别委任；初选举以县为选区，初选监督由该初选区的行政长官（即县知事）担任；复选区合数初选区而成，复选监督由选举总监督任命。除华侨和蒙古、西藏、青海等地区外，其他各省均以都督或民政长担任选举总监督。都督和民政长，对县知事也有委任之权。许多官员都利用这种权力，任命自己的亲信为选务官员，便于这些人利用公务身份进行舞弊活动。

在国民党方面，江西都督李烈钧任命的六名复选监督全是国民党人。县知事是国民党员的，委任为选举监督；知事不是国民党员的，如赣州、南昌知事，则委任其他国民党官员充任选举监督。广东都督胡汉民任命的七名复选监督，其中有六人是国民党员。湖南在亲国民党的湘督谭延闿支持下，国民党员司法司长仇鳌转任管理选举事务的民政司长，同时兼任选举总监督。仇鳌上任以后，着手布置全省的选举网。一方面调整了负责办理众议员初选举的各县知事，派出五个选区的选举分监督，设立竞选办事处，使"省、县、区的选举负责人联为一气了"。另一方面，在各县组织国民党竞选机构，在临近投票日时，每县还派驻政府选举大员与国民党的观察员，全力介入选举工作。[1]共和党方面也是如此。本来湖北选举总监督民政长夏寿康就是共和党人，但是共和党本部仍不放心，为了进一步增强在湖北的胜选概率，选前又派阮毓松回鄂，由都督黎元洪任命为筹备选举处长，"复选监督亦多该党之人"。

选举竞争：舞弊活动的盛行

1912年9月5日，北京政府公布众议员选举日期令，规定在当年12月10日举行初选，1913年1月10日举行复选。同年12月8日公布参议院议员第一届选举日期令，规定各省议会、中央学会、华侨选举会的参议员选举于1913年2月10日举行，蒙、藏、青海选举会的参议员选举在1913年1月20日举行。实际选举进程并不能完全按照日程进行，竞选活动开始于1912年下半年，一直持续到翌年3月中旬结束。

在选举竞争过程中，舞弊行为非常盛行，其主要类型是贿选，此外违规投票、权力滥用等行为也很常见。在众议员复选前夕，北京政府内务总

---

[1] 仇鳌：《1912年回湘筹组国民党支部和办理选举经过》，全国政协文史资料研究委员会编：《辛亥革命回忆录》（二），中华书局，1962年，第182页。

长曾通电各省，列举自国会选举以来的种种不法行为，"各省选举之以违法舞弊，电请部局查办者，日或数起，综起弊端，或一人而投数票，或散票而预书名，或无权而顶冒他人，或明知而不为检举，甚至以票纸而为买卖之物，持势力而行强迫之私"。

贿选主要是指以金钱或财物的方式收买选票。当时初选票价由一元至十元不等，复选票价由数十元至数百元不等。在华侨选举会选举参议员时，曾出现一票卖至50余次的现象。此外，设酒宴款待、备船轿迎送，以及赠送金徽章、燕尾服、鸦片等，均是贿选手段。广东某富商在参议员选举时以燕尾服为礼物，凡是投他一票的人，就送七套燕尾服。当时一套礼服约需60元，一票总值420元。以37票当选的最低门槛计算，总数应在1.5万元以上。在首义之省湖北，"众议院初选，各运动家因省议会初选违法舞弊，无从惩罚，野心益张，是以为所欲为，毫无顾忌，竟敢期前极力运动"。①当地负责选务的官员，因未投票选民约占总数的五分之二，于是开始卖票，大开纳贿之门。有的在投票所附近布置聚会地方，以方便所雇用的投票人更衣写票饮酒。还有伪造入场券换取选票，或在中途拦住投票人，收买入场券。省议会贿选的情况也值得关注。在湖北，省议会初选定在1913年1月1日举行，一些候选人"或邀集军营士兵、工厂工人，更衣前往代投；或使人沿门收买选民入场券，每张代价仅铜元数枚"。

除贿买选票外，冒名顶替等违规投票行为非常猖獗。与前者相比较，后者更能确保贿买的选票不会流失。冒名顶替投票的多是助选人员，或候选人的亲友、邻居、同宗、同党以及雇用的人，且多受到当地选务官员的纵容与包庇。在江苏苏州，因年龄、籍贯不符，当场被发现的冒名顶替投票者高达四五千人，而投票者总共只有7791人。广东某党，雇用数十人，每人给予一小铜牌以为标志，承办选举人员以此标志，即投票数十次，亦不追究。在广东顺德县，开票后发现"投票之字迹，似只数人所写"。而且字迹相同者，多的有80张，少的也有七八张。在当局进行调查之时，有操作舞弊之嫌的选区监票员拒不到场配合调查。

---

① 《湖北选举议员怪现状》，《时报》1913年1月19日。

在选举舞弊行为中，贿选虽然最为普遍，但是一些经办选务的地方官员滥用权力，控制选举的情况更为严重。在浙江、湖南、广东等省，某些投票管理、监察员或询问选民欲投何人，并将己名填写票上，交其投入票柜；或撤除写票桌四周的围屏，不让选民秘密写票；或选民写票后，必须交其阅看，方准投入；或勒令、胁迫选民填写某人，遇有不从者，"则暴行胁迫，涂票夺票"。一些兼任选举总监督的地方都督也会主动干预选举结果。如广东都督胡汉民，曾在电报中要求地方选举林柏和、黄增耆、司徒颖、易次乾为众议院议员，被媒体批评为："大有专制时代牌示委派之象。"江西都督李烈钧，为阻止共和党参选人李国珍在家乡武宁当选，竟直接指使都督府监印官黄懋卿回武宁参选议员，并确保黄懋卿当选成功。不过李国珍早已有所准备，在九江秘密参选，当选为国会议员。不仅地方官员介入选举舞弊，时为临时大总统的袁世凯也不能避免。据曹汝霖回忆说："有一天忽然接到当选蒙古议员证书，甚为诧异。余既不是蒙古人，又没有参加竞选，何来当选议员？……后来知道，名为当选，实由总统指派。此事闻是项城（袁世凯）知我清贫，暗示补助之意。"①

1913年1月，正值众议员初选结束，复选紧张进行之际，北京政府筹备国会事务局收到各地反映选举舞弊情况的电文38件，主要分为选票作弊、投票违规、开票作假、金钱贿选、选举暴力、裁判不公、权力滥用等七类。数量排名前三位的是权力滥用、投票违规、裁判不公，这些行为多是与政府官员组织选举不力有关。值得一提的是，选举暴力情况则不多见。

选举舞弊与民主转型

选举舞弊现象发生的原因，一些学者已有专文分析。一般而言，均认为与选举制度的缺陷、选民民主意识的薄弱、行政权力的滥用、社会监督的不力等因素有关，考虑到有关论述相当翔实，此处不再赘述。本文关注

---

① 曹汝霖：《一生之回忆》，（香港）春秋杂志社，1966年，第79页。

的是如何从民主转型与历史变迁的视角,客观评估选举舞弊的实际表现。

以贿选与选举结果关系为例,有学者认为一则并非所有候选人都非常有钱,二则选民的投票倾向主要依据候选人的声望及党团关系等因素。有钱并不一定能当选,当选也不一定就有钱。湖北省议会举行参议员选举时,国民党籍省议员并不富有,但意气甚盛,终于使韩玉辰、居正等五人全部当选。广西籍国民党议员曾彦亦称:"国会选举……肯出钱买票的极少,结果大多是地方知名之士当选。"此外,值得注意的是虽然贿选盛行,但是暴力事件却不多见,尤其未曾发生严重的流血事件,实属不易。"腐化是暴力与制度化的中间站;腐化虽不好,但比之于暴力尚可容忍。在国家尚未制度化之前,只有容忍腐化,避免暴力。"[1]与民初国会选举形成鲜明对比的是,在19世纪上半叶的美国选举站,却存在选举暴力频繁的问题。

更重要的是,选举舞弊并没有改变民国初年民主转型的实际成效。民国初年的民主转型,从《临时约法》的颁行、竞争性议会选举的开展、言论出版的自由,到国会政治的运作与宪法草案制定,经历了一个完整的过程。这不仅无可置辩地成为政治民主化的重要内容,而且表明当时的中国实际上正处于从专制政体向民主政体的转型时期。

民主转型的实际成效主要表现在三个方面。

一是政治参与的进一步扩大。民初选民人数急剧增长,丝毫不逊于欧美发达国家在早期民主化阶段的政治参与程度。由于选举条件放宽,平均每省150多万人,总数达到3400多万,比例超过当时中国总人口的10%。远远超过清末咨议局的选民人数,那时全国选民不过170万,仅占总人口的0.4%。而英国在1831年选举制度改革前,选民仅有50万,占全国人口(2400万)的2.1%,直到1869年第二次改革之后,选民人数才接近8%。[2]

---

[1] James C. Scott, *Comparative Political Corruption*, Prentice Hall, 1972, p.146, 转引自张朋园《安福国会选举——论腐化为民主政治的绊脚石》,《(台湾)中央研究院近代史研究所集刊》第30期,第198页,注146。
[2] 龙天然:《法国大革命时期的议会和大众政治参与——一种政治现代化模式的剖析》表一、表二。刘宗绪主编:《法国大革命二百周年纪念论文集》,生活·读书·新知三联书店,1990年。

美国在1840年选民人数才达到总人口的16%。①

二是选票与民意的重要性得到彰显。一些地区的选民政治投票非常踊跃。奉天省奉天府与江苏省江宁县两地的投票率分别达到60%及70%。虽然贿选之风在许多地方盛行，但是从积极方面来看，选票的价值受到了重视，民意的分量至少在形式上是不容忽略的。"各选民则充分地运用法赋权利，自由地投票或弃权，以自己的意志为意志，保留对政治发展的最终决定权，并以选票来表达自己的选择。这都是中国历史上前所未有的新鲜现象。"②

三是选举产生的国会政治颇有成效。正如前文指出，第一届国会在民国初年短暂存在的半年多时间里，不少议员问政积极，仅众议院就提出9件弹劾案，19件建议案与查办案，173件质问书，涉及政府工作的各个方面，先后迫使国务总理赵秉均、财政总长周学熙辞职。此外，还制定出民国宪法草案，通过各类议案42件，展现出一定的立法活力。国会初开的两个月，被后人称为"国会神圣时代"。美国学者Ernest P. Young认为与中国历史上其他时期相比较，代议制度与独立政党之间竞争性选举在民国初年（1912年—1913年）几乎获得了支配性地位。③

---

① 塞缪尔·亨廷顿：《变化社会中的政治秩序》，第 88 页。
② 刘劲松：《第一届国会选举再论》，《安徽史学》2003 年第 3 期。
③ Ernest P. Young, *Presidency of Yuan Shih-K'ai , Liberalism and Dictatorship in Early Republican China*，p.76.

民初上海第一届国会及省议会议员选举

关于民初上海的议员选举，目前仅有清末民初上海地方自治机构选举的分析，而第一届国会议员与省议员选举，至今尚未有专文研究。根据《众议院议员各省复选区表》的规定，上海县属于江苏省国会众议院议员第二复选区，而《省议会议员各省复选区表》则将上海县划入江苏省省议员第四复选区。另又按照《众议院议员选举法》与《省议会议员选举法》的规定，上海县作为初选区，只能举办国会众议员与江苏省议员的初选举。考虑到这两次选举都是直接选举，而且选民资格与选举时间相似，所以本文拟以这两次选举为题，探讨上海在民国初年（1912年—1913年）政治参与的概况。而众议员的复选举，即众议员的产生，以及江苏省省议会选举产生的国会参议员，因不在上海区域内进行，所以不在本文研究范围之内。

筹备选举事务

一、选民登记。选民登记是选举中确认合格选民的法定程序。上海县在办理国会众议员与省议员选举时同步进行，分别造册。选民登记首先需要统计选民人数，这主要是通过调查户籍人口的方式来进行，"今户籍法虽未经参议院议决通行,而选举公民自以户口之约数为根据",①并且参照过去咨议局选举的章程办理。

按照《众议院议员选举法施行细则》与《省议会议员选举法施行细则》的规定,上海县也成立了筹备众议院议员与省议会议员初选举事务所,因两次选举程序相似,所以是同一机构。初选举事务所负责监督初选举一切事宜,配置有调查委员、投票管理员、开票管理员、投票监察员、开票监察员等选务人员,上海县民政长(后改为县知事)吴馨兼任初选监督。负责选民登记的主要是各市乡的调查委员。《申报》曾登载1912年10月8日上海县初选监督呈送复选监督的公文,据此推断,第一次完成选民登记的工作时间是在10月8日前。而选举人名册的制作方法,则是各市乡调查委员先后将选举人名单分别汇送到初选举事务所,然后再按照投票区域制作众议院议员初选举人名册一份。第一次统计的符合选举资格的选民共有16,375人,省议会议员选举人总数与之相符,"除一面赶造名册另文呈报总监督外,合行备文将已造就之众议院议员初选举人名册一份依限呈送"。②

由于内务部筹备国会事务局又对选民财产资格作出新的解释,即选民纳税及不动产可不限于本区,但仍以在国内而又可以证明者为限。于是上海县又进行了补查选民的工作。10月13日,上海县筹备众议院、省议会议员初选举事务所通告各市乡公所补查选举人,"现查本县入册选举人仅有一万六千三百余人,遗漏必多,本应补查,除先行宣示外,为此飞速通告,即请贵公所即日分知各调查员按照青电事理,赶速将前项住民补查,于国税不动产项下开明区域",要求在10月20日完成补查工作。

10月16日,上海县初选监督发出公告称,"众议院议员初选举人名册从本月十六日起开始向公众宣示,省议会议员初选举人名册名数,因与众议院议员选举人名数相同,按规定可以同时宣示,一律以五日为限","如本人以为错误遗漏,得于本月二十日以前,取具证凭一并呈请更正"。第二次选民登记工作完成后,最后选举人名册记载总数为20,751人。

根据内务部制定的众议员选举日程规定,10月10日前,各地应该制定

---

① 《编查户籍》,《申报》1912年10月4日。
② 《呈送选举人名册》,《申报》1912年10月10日。

完成各初选区选举人名册。初选监督在各投票所颁发选举人名册，向公众宣示，并分别呈报复选监督与总监督。10月20日前，初选监督判定更正选举人名册。上海县的选民登记工作基本上是按时完成的。

二、选举费用与时间。在选举费用方面，按照《众议院议员选举施行细则》的规定，"各省众议员选举旅费，选举人名册，选举人资格调查表、投票簿、投票纸等制办经费，选务人员公费等，均由所在选举区负担。各省众议院议员选举、省议会议员选举费用，各初选区地方经费有不足者，由该省收入经费项下分别补助，省的经费不足者，由国家经费补助之；国家经费支出或补助应列入特别预算，但是国家补助省议会议员选举费用以不超过该省选举费用总数三分之一为限"。上海的众议员与省议员选举经费由江苏省与上海县共同承担，"所有省议会议员选举费用，应比照众议院规定，于解省款内留支银五百元，其余应需经费均由各该县所得忙漕附税项下提支"。

按照北京政府内务部的要求，1912年12月10日前，复选监督向初选举区颁发复选举通告，举行初选举。12月31日前，初选投票所、开票所一律裁撤，确定初选当选人。初选监督通知初选当选人，发给初选当选证书，张榜公布当选人姓名，并呈报复选监督。1月10日前，初选当选人名册一律到达各复选监督驻在地。初选当选人一律齐集各复选监督驻在地，举行复选举。

在上海，初选举事务所11月27日发布公告称，全县设置10个投票所，分别设在市政厅、乡公所、学校与庙宇内。在初选举时间安排上，省议员初选举安排在众议员初选举之前，间隔四天。12月5日，上海县筹备众议院、省议会议员初选举第一区投票所发出通告称："上海市中区、东区、南区选民在此投票时间，每日上午八时起，六时止。""省议会选举十二月初六日，即旧历十月二十八日举行，如当选人不足额，于十二月初十日，旧历十一月初二日，在原投票所投票决选足额。众议院选举十二月初十日，旧历十一月初二日举行，如当选人不足额，于十二月十四日，旧历十一月初六日，在原投票所再行投票，如仍不足额，临时通告再选至足额为止。"

三、当选确认标准。关于当选确认标准问题，最早的疑问是来自广东省，其在致电筹备国会事务局时称，如果初选举第一次当选不足额，重新投票当选票数如何确定？事务局在答复中说明："当选票额，无论第一次投票与再行投票，均须依分配该区之当选人名额与投票人总数，按法比例计算。"后来上海也向江苏省选举总监督提出类似问题，称众议院议员初复选举第一次当选不足额，重行投票其当选票额是否仍以全区当选人总数除投票人实数，或者以所缺的当选人数除投票人实数计算，《众议院议员选举法》只是规定初复选举再行投票至足额为止，"假如上海第一次投票者共实到三万人，以配定此项初选当选人名额五十名除之，得数三分之一应以二百票为当选票额，其决选时所云仍以第一次投票时当选票额，是否即以二百票为当选票额，抑以全区当选人总数除投票人实数为当选票额，应请迅赐核示"。江苏总监督在回复中称，根据筹备国会事务局的电文内容，"声明仍以第一次投票时之当选票额为准一语，即来函设例二百票之数"。

选举过程及结果

《众议院议员选举法》规定，第一届国会众议院议员选举为间接方式，分为初选举、复选举两步。初选举以县为选区，选出初选当选人。凡地方行政区划和名称（如州、厅等）还未改定的，均以县论。复选举合若干初选区为复选区，由初选当选人选举复选当选人，即该复选区众议员。省议员选举方法与国会众议员选举有关规定基本相同，也是采用初、复选举的间接选举制。

12月6日是上海县省议会议员初选举投票日，沪南市政厅是上海第一区投票所，城内中区及城外东、南两区选民都在此就近投票。上午6点，投票所职员均已到位。据报载，当天选民投票热情高涨，但秩序稍乱，"闻该三区选民约达二万余名，故自晨至暮，甚为拥挤，签名簿桌子设至十余处之多，犹应接不暇"。①

因12月6日省议会初选投票时人多拥挤，为保证投票秩序，12月9日上海初选监督吴馨特地邀请商学各界人士，在市政厅召开预备会，分别委任代表担任选务工作，并设计出新的投票路线，"故议在市政厅第一区投票所，装设栏杆，多备签名桌子，令投票人从正门入内，缴验证书，签名领票，从第二进登楼，绕入厅室之二层楼上，写被选举人姓名，复从后面下楼至大厅上投票毕，转向毛家弄畔之大门退出"。②如果有冒替及其他违法举动，就由管理监察等员当场令其退出。吴馨还在选前发出投票须知，其要点一是入门须验通告单，领取号票，未携通告单者不得入内。二是入门须依号鱼贯而进，不得争先。三是入门后须先至签名处领票，报姓名，在名册上签字后领取选举票。四是写票处座位须经指导人指定。五是入门后不要喧哗，投票完毕后立即退出。

12月10日是众议院议员初选举投票日，在沪南市政厅第一区投票所，由于初选监督提前安排120多人维持秩序，所以毫不挤乱，"至所投票者自晨至暮，约有一万余人云"。③

省议员选举结果在12月9日公布："本月六日省议会议员初选投票，按规定在本月八日在开票所当众开票，计实到投票人数一万二千三百二十九人，依省议会选举法第五十六条之规定，以应出当选人名额八十三名除投票人总数，得数三分之一为当选票额，即满五十票为当选票额。"初选当选人共有56人，其中最高得票数为213票，最低得票数为80票。

众议院议员选举结果在12月13日公布："本届众议院议员初选举遵章于十二月初十日投票，计实到人数一万二千八百七十六人，依选举法第五十六条之规定，以本区应选出初选当选人五十名除之，得数三分之一应以满八十六票为当选票额，兹于十二日上午当众开票，得足额者五十名外，其余满法定票额者二十名，按照选举法第五十九条之规定，作为初选候补当选人。"初选当选人共有50人。

---

① 《初选举投票之盛况》，《申报》1912年12月7日。
② 《再记众议院初选之预备》，《申报》1912年12月10日。
③ 《众议院初选投票》，《申报》1912年12月11日。

最后值得一提的是，由于《众议院议员选举法》第68条与《省议会议员选举法》第68条均规定"复选当选人不以初选当选人为限"，而《参议院议员选举法》第21条也规定"各省选举参议院议员，该省省议会议员被选者不得逾定额之半"。所以最后当选的四位上海籍省议员中有三位是初选当选人，而众议员姚文枬、参议员秦锡圭却不是初选当选人。

选举现象争议及评价

一、选举现象争议。在选民登记时，主要围绕非户籍人口选举权与选举人财产资格等问题产生争议。1912年11月10日下午，镇江旅沪同乡会专门开会讨论选举权问题。主持人袁恒之称镇江同乡在沪者约有两万余人，"此次国会省会选举既不能同时回籍投票，又不能在沪参与，凡我公民势必放弃权利"。会议决定先行调查合格选民人数，然后"俟调查告竣，即行备具公呈，送往议会情愿"。

而选举人财产资格问题，涉及商人的选举权，不仅在上海，而且在全国也引发了很大的争议。上海商会在9月30日致电国务院、临时参议院与临时大总统袁世凯，认为不动产500元与年纳直接税2元的选举财产资格的规定，对商人是不公平的，因商人侨居各地，未必都会购置不动产，所纳货物税也不是直接税，"是商人合于选举资格者甚少"。要求对选举法重新解释。①上海商会还派人到京，与北京工商界人士一起，"一面上请愿书于国务院及参议院；一面约参议员开谈话会；一面通电各省工商会，如参议院不听，今后全国工商界无论国家地方各捐税一概不纳"。但是所谓"不出代议士不纳税"的主张只是说说而已，并没有诉诸实施，自然对立法活动无甚影响。最终，资产阶级在第一届国会议员中所占席位极少，大约不超过总数的3%。②

---

① 《上海总商会等来电（九月三十日）》，天津历史博物馆编：《天津历史博物馆藏北洋军阀史料：袁世凯卷一》，天津古籍出版社，1996年，第720页。
② 张亦工：《第一届国会建立及阶级结构》，《历史研究》1984年第6期。

在选举过程中，全国各地均发生选举舞弊事件。仅1913年1月，筹备国会事务局就收到各地投诉选举问题的电文38件。涉及的选举舞弊问题种类繁多，如包括虚报选民人数、私自代写选票、恫吓选民投票、冒名当选、选务人员做票、武力干涉选举、买卖选票、拖延选举案件审判、监视选民写票。在以上投诉中，没有来自上海选区的。不过，选民登记时的虚报与漏报现象在上海也发生过，这是当时江苏省各复选区的普遍现象，其中以第三区虚报数最多，结果分得众议员名额数也最多，为13人，超过第一区的8人、第二区（含上海县）的9人与第四区的10人。选举投票时的舞弊现象在上海初选举时未见媒体报道，主要出现在众议员与省议员复选举阶段："各地市井无赖之觊觎省议会议员，而以金钱购买选举票者，实繁有伙，一选票有值至百元外者，一人有购至二十票者，私囊不敷购，则称贷以益之。""故欲为议员者其收买初选当选人之费多者三四千元，少亦二千余元，且必付现金，不容赊欠。"①

在选后，主要是在计票时曾出现当选人同名同姓现象。上海初选监督通告称，12月8日省议会初选开票第八区当选人王佐才，得票79票，但是虹桥、法华、陆行三区共有同姓名者三人，"其票数是分是合，无从制定。已奉大总统制定《众议院初选举同姓名者被选决定令》，被选举人有二人以上同姓名，除别有方法能证明其当选应属何人外，依决选投票方法决定之，前项证明于三日内有本投票区选举人二人以上确为不实者仍行决选，又第七条本令规定于省议会议员之初选举准用之"。上海初选监督决定先采用规定中证明的方法："查省议会初选投票同姓名被选王佐才一名，其票均系第八区票柜内开出，为此示仰第八区省议会初选举人一体知悉，各于三日内每日下午亲至本署事务所签字证明，证明人以列名该区投票簿前经签到者为限。"

二、选民的政治参与。选举是政治参与的重要内容，上海与全国其他地区一样，其政治参与仍然是一种市民阶层的精英参与，而不是大众参与。台湾学者张朋园认为："实则民初的国会选举，有民主政治的外观，

---

① 《自由谈话会》，《申报》1913年1月7日。

尚少民主政治的实质。人民在这次空前的大选中是茫然的，对政治有兴趣的只有极少数的优异分子。优异分子的造型是半传统半现代性的，他们有求变的观念，但自身的利益优先。"民国早期的政治仍然是一种传统类型的中国政治，因为能够发出合法政治声音的群体仍然是少数特定的精英人物。①其实欧美民主国家在早期民主化阶段也是精英参与的。张千帆评论美国建国初期政治参与时说："民众的政治参与极为有限；政党组织松散而力量脆弱。宪法整个忽略了政党领导的可能性，党派也不具备组织选民与领导政府的能力。"当然，无论是参与主体的数量、参与质量的高低，精英政治参与都是无法与大众政治参与相比拟的。即便如此，上海的议员选举仍然反映出民国初年上海市民阶层政治参与的三个显著变化。

首先是政治参与意识的高涨。当时闸北分属上海、宝山县，上海县辖境内公民均已办理选民登记与投票，但是住居宝山县辖境内的闸北公民，由于宝山民政长没有派人调查并列入选举人名册，以致本届选举无法投票，人心大为愤懑，"爰请都督暨省民政长责令重行调查，定期补选，誓达目的而后已"。②在上海的中华全国商会联合会各干事，还援引中央学会与华侨商会选举参议员的方式，请求政府专门划定商界参议员名额，允许商界单独选举参议员，"宽订商界议员额数，克日宣布，由联合会通行全国商会遵章选举赴会"。③

民初上海市民阶层政治意识的高涨，其实是与清末新政以来上海地方自治的活跃有关。学者周松青的研究表明："自治改变了市民与政治的关系。市民一改对政治的冷漠心态，而变之以积极的参加。只有参加到自治中去，才能确保自身的利益得到维护。"就清末民初上海地方自治机构议员选举而言，在1905年到1913年历次选举中，"虽然自治选举被限定在较狭窄的范围内，但在清末民初十年自治进程中，选举范围仍有较大扩展，选举动员达到较高的水平"。

---

① Andrew. J Nathan, *Peking Politics, Factionalism and Failure of Constitutionalism*. Berkeley Los Angeles London：University of California Press ,1976, p.223-224.
② 《闸北公民力争公权》，《申报》1912年12月12日。
③ 《商界另选国会议员之要求》，《申报》1913年1月23日。

其次是政治参与程度的加深。选举条件放宽，特别是对选举人教育文化程度与财产的资格，从清末咨议局议员的中学文化程度及不动产5000元的标准，降至民初的小学文化程度及不动产500元。清末咨议局人数包括上海在内的整个松江府选民只有13,018人，民初的这一改变致使上海选民人数急剧增长，达到2万人之多。①周松青教授的研究也表明，在1912年之前上海的历次地方选举中，选民人数最多时也仅有4269人，投票率在20%至25%之间，有时甚至更低。而上海第一届省议员初选举投票率为59.4%，众议员初选举投票率达到62.1%，当时全国投票率较高的地方，如奉天省奉天府与江苏省江宁县两地，其投票率分别达到60%及70%，上海与之相比也是不低的。《时报》在1912年12月7日刊文报道选举时，标题就是"上海人选举之踊跃"。有论者认为第一届国会选举，"投票有热烈与冷落之分；有的地区显得热烈，有的地区甚为冷落。大体言之，沿海沿江得风气之先，趋向于热心，内地省份，风气闭塞，反应冷落"。②应该说，上海作为得风气之先的地方，其经济发展程度与教育文化水平位居前列，成为全国投票率较高的地方，也是在情理之中。

再次是政治参与质量的变化。以往论著一般批评选举中出现的负面现象，如贿选、冒名投票、行政干预、武力冲突等不时发生，而且"从一开始，中国民主就受到了媒体的负面报道。中国的记者与评论家抨击那些在学习西方民主的过程中极易出现的腐败现象，并以此作为支持民主的公共精神见证"。③但这并不是中国特有的现象，"民主政治的先驱英国，其议员贿选，虽至二十世纪亦所不免"。所以美国学者杨格（Ernest P. Young）的看法是客观的，他认为与中国历史上其他时期相比较，代议制度与独立政党之间竞争性选举在民国初年几乎获得了支配性地位。就上海地区众议员与省议员初选举过程而言，与清末江苏咨议局选举相似的是，"选举的主流还是好的"，本地媒体的批评性报道并不多见。

---

① 王树槐：《中国现代化的区域研究：江苏省（1860—1916）》，（台湾）中央研究院近代史研究所，1984年，第177页。
② 张朋园：《清末民初的两次议会选举》，第10页。
③ John H. Fincher, *Chinese Democracy: The Self-Government Movement in Local, Provincial and National Politics, 1905–1914*, p.224.

总之，第一届国会众议员与省议员在上海的初选举，在总体上来看，还是比较成功的。特别是得到了上海商学界市民团体的介入，选举过程比较平稳，没有出现严重的选举舞弊现象。从议员选举现象来观察辛亥革命以后上海社会的政治参与，不难发现，由于上海的市民社会已现雏形，地方自治富有成效，上海市民阶层的政治参与意识、程度与质量，都在清末上海地方选举的基础上，有了进一步的发展。而且与清末以来的上海地方历次选举相似的是，此次选举的选票与民意的重要性得到进一步彰显。

一位北洋政府外交官1917年的社交文娱生活

对北洋时期的政治，人们的传统印象是时局动荡、混乱不堪。仅就1917年而言，这一年发生的大事真是不少。在北京，总统黎元洪与总理段祺瑞的府院之争愈演愈烈，最终上演张勋复辟的闹剧。段祺瑞随即在天津马厂誓师，率军讨伐张勋，再造共和。在南方，孙文南下护法，在广州成立护法政府，声讨北洋政府，南北分裂的局面从此形成。在这个纷乱的政治环境中，执政或下野的上层政治人物的日常生活，似乎受到的影响并不大，仍然延续晚清以来官场的社交应酬与文娱消遣，这在《伍朝枢日记》[①]中表现得尤为明显。

《伍朝枢日记》是时任国务院参议、兼署外交部参事的伍朝枢1917年的全年记事。伍朝枢（1887—1934），广东新会人，民国时期外交家、法学家。生于天津，10岁起随时任驻美公使的父亲伍廷芳留美，接受了完整的美式小学、中学教育；20岁再度出国留学，赴英国伦敦大学攻读法律，因成绩优异，最后以第一名的考试成绩毕业，获法学士学位，后进入法律研究院深造。在1911年英国大律师考试中，他又名冠榜首。1911年伍朝枢从英国学成归国后，时值辛亥革命爆发，24岁的他出任湖北都督府外交司司长，从此开始了职业外交官生涯。南北统一后，伍朝枢进入北洋政府，历任外交部条约委员会会长、众议员等职。1917年随父亲伍廷芳脱离北洋

[①] 伍朝枢：《伍朝枢日记》，《近代史资料》第69号，中国社会科学出版社，1988年。

政府，南下参加护法运动，历任广东军政府外交部次长、广东大元帅府外交部长、南京国民政府首任外交部长、驻美公使等职。

伍朝枢在1917年的政治生涯同样跌宕起伏。1917年初，北洋政府内部因对德宣战问题产生严重分歧，总理段祺瑞力主对德宣战，而总统黎元洪与国会却持消极乃至反对态度。5月下旬府院之争终于公开化，黎元洪免去段祺瑞的总理职务，时任外交总长的伍廷芳暂时代理国务总理职。张勋复辟后，伍氏父子离京来到上海。9月，伍廷芳南下广州，出任广东护法军政府政务总裁兼外交总长，伍朝枢任外交部次长兼总务厅厅长。

政局虽然动荡，但是伍朝枢在1917年的社交文娱生活不仅没有间断，依然丰富多彩，颇具中西特色。从1月1日至7月2日，除去6月13日至18日随父出京赴山海关、19日在天津外，伍朝枢其余时间均在北京，约为半年光阴。

伍朝枢在北京的社交生活，一类是参加正式晚宴，总计有80次，5月为最多，当月有晚宴18次。伍朝枢在北京常去的饭店有西安饭店、东兴楼、醒春居、今雨轩、杏花村、六国饭店等。他参加的晚宴中，已知的涉外宴会共有11次。如1月3日出席美国公使芮恩施（Paul Samuel Reinsch）的晚宴，1月11日参加外交部晚宴，1月13日出席外国友人晚宴，1月22日出席葡萄牙公使晚宴，2月2日与《泰晤士报》驻京记者莫礼循晚宴，3月3日参加中日记者俱乐部在大和俱乐部的宴会，1月17日参加日本公使晚宴，3月8日出席外交部晚宴，4月3日外交大楼宴请外交使节，4月12日赴日本友人宅晚宴，4月28日参加外交大楼晚宴。国内政商学界宴会共有63次，对象包括总统、议员、政界名流，也有欧美同学会、华安公司等。家宴较少，仅有6次。分别是1月14日、29日、2月5日、3月31日、4月14日与6月4日。但是参加伍氏家宴的名流不少，如"一月十四日，父宴梁任公（启超）、蔡子民（元培）、汪伯棠等，余陪座"。2月5日晚，伍朝枢在家中请客，汪精卫、廖仲恺、王正廷等在座。汪精卫、廖仲恺均为国民党要人，王正廷时为国会参议院副议长，毕业于美国耶稣大学法律系，为著名的外交家。日记中还记载了总统宴会中西合璧的特色。"一月二十八日，大总统如宴于怀仁堂，准十二时入座并观剧，京城名角均齐，食中菜，西食法。"

另一类社交方式是文体活动，共计57次。如看电影与魔术表演、观剧、击桌球、参观博物馆与汽车展、游园等。作为"海归派"的伍朝枢，最喜欢的活动是看电影与击桌球。经常去的电影院是平安电影院，仅在2月就有6次之多。在桌球游戏上，最常去的地方是行健会。伍朝枢因去国务院上班，一度居然与总理段祺瑞成为球友。日记记载，4月7日、10日、14日、17日、21日、28日在国务院，"午与总理打弹子，胜之"。伍氏曾对美国福特汽车产生兴趣，4月6日去福华公司看车，7日、8日试车，9日购车，并与母亲、妻子乘车购物及游行。其他还有一些社团活动，如3月30日，中国社会政治学会第二次年会，伍朝枢当选为干事会书记。5月4日，在清华大学演讲法律职业。

即使在政治局势看起来最为紧张的6月，伍朝枢的社交文娱生活依旧如常。除宴请外，6月5日仍往行健会击球，然后再赴平安电影院看电影。6月6日赴外国友人家击球并晚宴。随后的7日至12日，天天击球或看电影。彼时伍廷芳在段祺瑞被免除总理职务后暂行代理国务总理，6月10日至11日，黎元洪三次派步兵统领江朝宗携解散国会命令正本，要求伍廷芳副署，均被后者拒绝。为避免黎元洪的逼迫，6月13日伍廷芳离开北京赴山海关，伍朝枢也随车陪同，这样在京的社交生活暂时中断。6月19日回京途中在天津停留一天，在与国民党议员周珏、陈策、赵世钰等人晚宴后，"晚往俱乐部"，20日专车回到北京。从6月21日开始，除有三天身体发热不适外，伍朝枢还是天天击球或看电影，一直到7月1日张勋复辟发生。其实从6月14日张勋带兵入京控制北京后，人们的生活依然一切正常，即使是复辟当天，据《纽约时报》报道"张勋政变非常令人意外，各国公使馆的多数使节和外交官都在京城外度周末"。

张勋复辟翌日（7月2日），伍氏父子家人包车出京赴天津，2日至11日住在天津。7月11日上午11时30分启程，7月12日下午2时到达南京浦口，再乘车往上海。从7月13日到9月27日，伍朝枢在上海停留约有两个半月。

伍朝枢在上海的正式晚宴不多，共有27次。常去的饭店有一品香、春江楼、倚虹楼等。其他文娱活动较多，主要项目是击桌球、赛球、看戏、看电影、打网球。特别是8月和9月，他几乎天天击球，最常去的地方是广东俱乐部，还有大世界、北四川路青年会。其中8月击球共有22次，9月也有19次。伍朝枢在沪生活还有一件趣事，就是忽然对黄金首饰产生兴趣，7月19日日记对上海金银业着墨甚多，"上午与王儒堂、朱鼎青由谭海秋带往看金银业，初往广肇公所，于七时会齐，即往安裕银号，由其当手作响（向）导，先往钱行看其定英（鹰）洋、龙洋市价及银折，继往久泰丰炉房（银）及泰亭源炉房（金）看铸元宝。闻其成色如下：银元宝九八六；摽金九七八；足赤条金九九八；沙金合赤九九九八。旋往金业商场，看买卖金条，闻金条（摽金）价与土零价相关，以一一六四四用本土分之，则所得之数与金价不相上下，最后往公估北局看估元宝"。

不久，伍氏父子决定南下追随孙文护法。从9月27日开始，伍朝枢与父亲先后奔波于香港、澳门、广州、梧州、南宁、上海等地。9月30日抵达香港，停留4天后，10月5日到达广州。11日又到澳门，15日返回广州。10月18日再从广州前往广西梧州，23日至26日住在南宁，30日回到广州。11月7日又离开广州，11日抵达上海。在上海居住半月后，11月25日启程，29日坐船途经香港，30日返回广州。

在港澳与广州期间，正式晚宴共有51场，另外还有家宴4场。在香港的饭店主要是联升酒楼、务本堂、昭泰隆，在广州的饭店包括东山酒楼、烟浒楼、东亚酒店、南园、裕记饭店等，在澳门的饭店是银牌酒店。回到上海的饭店仍然是倚虹楼、一品香。这一时期，伍朝枢虽然奔走于南北各地，但社交文娱活动似乎仍然不少，如在上海的俱乐部击球，在上海虹口公园观看童子军表演，在广州海珠戏院听戏，西濠酒店打弹子，以及参加广东留学生会东亚酒店年会等。

笔者以为，北洋时期政局的纷乱与动荡，不同于革命时代的血腥与暴力，上层政治人物，无论在台或下野，也无论政治主张的异同，大家似乎仍然谨守一条底线，即人身自由与生命财产不受侵犯。特别是那些政治失意者，在失势之后的日常生活仍然优裕自在，这与革命时代专政对象的境遇不可同日而语。从伍朝枢1917年社交文娱生活中凸现的这种日常政治现象，对于理解现代中国政治变迁不失为一个好的视角。

下辑 | 比较政制发展与制度体验

民国与美国：制宪目标与模式的比较

在民国初年，制宪目标是当时各政治派别在制宪问题上最初的分歧。国民党人主张民权主义，"主权在国民，乃共和国体最重要之原理，不妨特为规定，使国民晓然于共和之所以为共和，全在此点"。①同时强调民权能否发展，国力能否强固，以及政治良善与否，"胥视此为转移"。在政体选择上，国民党坚决反对总统制，希望通过削弱总统与政府的行政权力，扩大代表民权的国会立法权力，制宪"要以极端伸张民权，防专制之复兴，制总统之叛逆为第一要义"。在第一届国会中国民党人占优势的情况下，国会的制宪目标与国民党是基本一致的，"此宪法之目的，在束缚行政权，使为国会之役使，将一切威权给诸国会。使其为立法独尊"。①真实目标是企图建立一种立法权力至上的"超议会制"政体。

北洋派与一些拥袁的地方都督均主张国权主义，目的在于扩大总统权力，建立一个强有力政府，实现国家富强。其中最具代表性的是云南都督蔡锷的意见。蔡锷认为根据民国的现状，不建立一个强有力的政府，就不能统一内政，而内政不统一，"即国防外交必因之废弛失败"。所以"民国宪法应宜以巩固国权为主义。国权巩固，国力自张，然后有发达民权之可言"。蔡锷的国权主义也是袁世凯等北洋派的制宪目的。冯国璋称蔡锷的主张"实为民国救亡关键"，要求政府组织的宪法研究会以蔡锷电文为

---

① 王宠惠：《中华民国宪法刍议》，胡春惠编《民国宪政运动》，第79页。
② 潘大逵：《中国宪法史纲要》，第35页。

编纂宪法的依据。

必须指出的是，袁世凯当时虽然主张国权主义，希望建立强有力的中央政府来渡过政治社会危机，但是他在维护自己政治利益的同时，对民权主义主张也作出了一定的妥协与让步。为了换取朝野政治势力对自己的支持，袁世凯曾公开表示只要宪法对于总统权力"无牵制过甚之弊"，那么无论是总统制，还是内阁制，他"均无所容心于其间"。袁世凯要求的自由任命国务总理权与不受限制解散国会权，正好符合英国式内阁制度的相关规定。政府方面的宪法研究会也一致认为："总统制不合中国国情"，"赞成内阁制"。近年来有学者认为制宪开始时袁世凯与国会之间的争端本质其实是内阁制与总统制之争，而且"袁世凯蓄意实行总统制，也没有逸出民主共和的范围"。

与北洋派政见相似的是，一些进步党人提出国权与民权调和的主张。梁启超在《宪法之三大精神》一文中一方面批评《临时约法》不合中国国情，窒碍难行；另一方面建议"稍畸重国权主义以济民权主义之穷"。梁启超坚持政党内阁制度的同时，也主张加强政府的权力，"畀之以广大巩固之权"，希望以良善而强有力的政府领导国民，建设中国成为世界强国。

在政治制度转型时期的民国初年，蒙藏"独立"、财政窘迫、社会动荡、行政混乱等严重的内忧外患，一直困扰着新生的民国临时政府，特别是财政极端困难，已经到了使中央政府难以维持的地步。这种内忧外患的境况与1787年美国制宪会议时期的社会状况颇为相似。"战争的结束使促成各州联合的紧迫感减退了，而各州之间的冲突频频发生。各州内部，债权人与债务人之间的经济争执日趋紧张。外国的威胁也存在。英国人、法国人和西班牙人包围着这个新国家；它内部四分五裂，没有强有力的中央政府，于是新国家成了一个诱人的争夺目标。"[①]

因此，1913年的制宪目标原本应该与当年美国制宪会议召开的目的一致，都是需要创建强有力的共和制中央政府，应对严峻的政治经济危机，维持转型时期社会的稳定与团结，在实践中确保宪政民主体制能够顽强地

[①] 詹姆斯·M.伯恩斯等：《美国式民主》，谭君久等译，中国社会科学出版社，1993年，第16页。

存在下去，最终实现宪法条文规定的自由民主政治目标。制宪目标必须兼具民权主义与国权主义的双重性，而不是纸上谈兵，仅仅在理论上为未来中国设计一种完美的民主制度。从当时的政治实际出发，建设强有力的政府与共和民主制度并不矛盾。宪政制度选择的目标应该是既要防止任何威权主义政治的抬头，同时又要避免立法权独大的权力失衡体制的出现，如国会强力主导下的"超议会制"的推行。

检视当时的政治现实，国会与国民党人的制宪目标是不切实际的，从一开始就严重偏离这一制宪目的。极端的民权主义目标即使实现，最终也只能与《临时约法》设计的有缺陷的内阁制度一样，造成政治冲突不断，政局动荡不安，无法使新生的共和国摆脱内忧外患的困境，也不能确保民主化进程的持续稳定发展。国会与国民党表面上倡导民权主义，实际上是希望借助未来宪政制度中立法权力超过行政权的制度设计，以达到制约袁世凯的权力、独揽国家大权的目的，完成1912年辛亥革命南方党人没有实现的权力目标。这种目标当然不可能被北洋派和其他拥袁政治势力所接受。

1913年的民国制宪工作是一种国会制宪模式。这种模式完全以国会为主导，排斥其他政治利益集团参与。它不同于美国式制宪会议模式的开放特色，存在着严重的封闭性与狭隘性。

1787年美国制宪会议是各国制宪史上的一个经典范例。当时制宪会议的55名制宪代表来自各州，不仅有国会议员、州议员，还有州长、法官、律师和军人等许多利益集团的代表。美国人之所以没有让当时的邦联国会制宪，其实是吸取了各州立法机关制宪的经验教训。在州宪制定过程中，"州立法机关鲁莽的权力试验，以及它们造成行政机关权威的黯然失色，这些都是分权理论冲击革命宪政主义的极好证明"。[①]"显然，合适的权力分立需要某种制度化的制约与平衡。缩小立法机构的权力成为18世纪80年代宪政改革运动的主题。"所以1787年制宪会议不同于一般意义上的立法会议，实质上是一种中央与地方各种政治利益集团参与制定宪法的政治会议。

与制宪会议模式相反的国会制宪模式则是指当国会被单一政治集团控

---

① Alfred H.Kelly, Winfred A. Harbison, and Herman Belz, *The American Constitution: its origins and development*, New York: W. W. Norton & Company, Inc, 1991, p.73-74。

制时，宪法草案由国会制定，再经过国会批准的制宪。这样做则完全排除了其他政治利益集团参与制宪的可能性。因此，国会以外的政治势力的利益要求在制宪过程中获得表达的机会是很小的，体现在宪法草案条文中的困难就更大了。这种模式的特点是封闭性的，缺陷是制宪结果往往流于形式与空谈，并不能被包括政府在内的各个利益集团接受，宪法实施的可能性与持久性不强。

关于国会制宪模式的弊端，当时梁启超的看法非常有预见性。他有五个理由反对国会制宪模式。一是"国会人数太多，言庞事杂，有陷于筑屋道谋之弊"；一是"国会公开集议，不易保密"；一是"宜将国中最有学识经验之人网罗于起草员中，国会中未必尽网罗适于编纂宪法之人"；一是"宜聘请东西洋法学大家数人为顾问，以收集思广益之效，国会若聘用外人为顾问，有失威严"；一是"起草员不可有丝毫党派之意见杂乎其间，国会为政党剧竞之场，选举委员势不能不杂以政党之臭味，委员会成立后，政党分野亦终难消灭"。梁启超还特别谈到美国经验，建议采用制宪会议模式，另设机关起草宪法，成员包括总统、国会、地方都督议会、政党等代表。

章士钊在当时就提出仿效美国1787年费城制宪会议的先例，由各省都督派遣代表组织宪法起草委员会，以制定宪法。紧接着在12月22日，在章士钊的策划下，江苏都督程德全通电各省都督，建议："仿美国各州推举代表之例，由各省都督各举学高行修识宏才俊之士二人，一为本省者，一为非本省者，集为宪法起草委员会。草案既立，然后提交国会再行议决。"北洋派与拥袁派对此迅速作出积极反应，不少地方都督纷纷致电表示赞成。

1913年1月，程德全在稍稍折中各省都督意见的基础上，提出一个编拟宪法草案委员会大纲，主张制宪委员会由国会推举8人、国务院推举6人、各省都督推举2人、各省议会推举1人组成。在得到多数地方都督同意后，程德全于1月22日致电北京政府，正式提出大纲。袁世凯接到大纲后，一方面将大纲咨交参议院审议；一方面于1月31日通电各都督，要他们"先各推举二员来京，在此案未得参议院通过以前，暂作为研究宪法委员，共同讨论宪法大旨。如将来此案得到参议院通过，即以此项目人员作为编拟宪法草案委员"。袁的命令下达后，各省都督推荐代表共48人，国务院推荐代表6人，组织宪法起草委员会。政府起草委员"绝大多数是北洋派或政治上拥袁的人物，许多人还是总统府和国务院的秘书"。①

但是北洋派与地方都督提出的美国模式被国民党、临时参议院与国会坚决拒绝。国民党制宪议员张耀曾就认为"宪法制定全权，约法既付之国会，行政机关已无参事之余地"。宋教仁也强烈批评制宪会议模式，明确指出："宪法问题，当然属于国会自定，毋庸纷扰。"1913年3月，黄兴在上海表示极力反对都督干涉制宪。国民党刊物《国民报》《国民》《国民杂志》等都声称拥护国会制宪，强调"制定宪法为议院唯一之权，无论何人不得干预"。一些激烈言论甚至称"敢强夺国会制宪权者，请齿吾刃"，"是民国宪法之起草权议决权纯粹的属于国会，已为天经地义，无可改移"。美国式制宪会议模式最后被否决是在1913年4月正式国会召开之后。由于国民党籍议员占优势，"宪法应由国会制定"的主张获得胜利，政府打算由各省都督推举的委员入政府所派的代表组织宪法起草委员会的议案被国会否决。

国会主导制宪工作的动机，主要也是为了摆脱其他利益集团的制约，进行有利于国会利益最大化的制度设计。国会当然明白，多方政治势力参与的制宪会议模式，最后实现的必须是各方政治利益的平衡，在宪法条文体现的只能是各种政治利益，而不会仅仅是国会的单一利益。这种制宪模式并不符合国会的政治目标，当然是其坚决反对的。其实在民国初年，最重要的政治利益集团不仅是国民党等各党派，袁世凯北洋政府、各地方都督更是不容忽视的政治力量，而后者在关键时刻还是决定民初政局走向的实力集团，袁世凯的宪法顾问、日本学者有贺长雄就认为："若就事实而论，大总统对于宪法有讨论之权，实为极有裨益之事。"

合理的制宪模式选择是重要的，"民主转型过程中的制宪由一系列至关重要的决策组成，它们在很大程度上将影响未来政体的稳定性。制宪模

---

①张学继：《民国初年的制宪之争》，《近代史研究》1994年第2期。

式也表明未来国内政治关系的态势"。①因此,当时唯一切实可行的只能是各方利益代表参加的开放式的美国制宪会议模式。这样各种利益集团都可以广泛介入,"参与立宪的利益(或利益集团)是多元的,立宪的过程必然是一个协商和妥协的过程,由此产生的宪法也必然是一个多元利益相互妥协的产物"。②只有在开放的制宪会议模式中,各种利益才可以是兼容性的,而不是单一与排斥性的。正如麦迪逊曾经精彩地论述,对付政府野心的唯一办法就是"以野心对抗野心",而遏制利益最大化的唯一办法也是"以利益对抗利益"。只有让各种政治利益集团参与制宪工作,才能有效遏制任何单一性的利益诉求。

---

① Andrea Bonime-Blanc, *Spain's Transition To Democracy, The Politics of Constitution-making,* Boulder and London, Westview Press, 1987, p.13.
② 王希:《原则与妥协:美国宪法的精神与实践》,北京大学出版社,2000年,第7页。

法国式制宪议会模式与 1923 年《中华民国宪法》

　　法国式制宪议会模式是指：通过选举产生制宪议会，制宪议会成立起草委员会，该委员会负责制定宪法草案，草案经议会议决后或是直接生效，或是经公民投票通过后生效。法国第五共和国之前正式实施的13部宪法中，共有10部宪法采用此种模式。其中1791年宪法、1802年宪法（共和10年宪法）、1830年宪章、1848年宪法、1875年宪法是在议会议决后直接生效；1793年宪法（共和元年宪法）、1795年宪法（共和3年宪法）、1804年宪法（共和12年宪法）、1815年宪法（《帝国宪法补充法令》）、1946年宪法均是在议会议决后，经公民投票通过后生效。

　　法国式制宪议会模式在民国的立法实践，包括1923年《中华民国宪法》、1914年《中华民国约法》、联省自治运动中的浙江和福建省宪法，其中最具代表性的是1923年《中华民国宪法》。而1911年《中华民国临时政府组织大纲》、1912年《中华民国临时约法》的制宪机关不是正式选举产生，起草与议决过程较为简单，仅是宪法生效程序相同。

　　1923年《中华民国宪法》的制定历经10年，是在1913年的《天坛宪法草案》的基础上制定完成的。根据《中华民国国会组织法》（简称《国会组织法》）与国会有关议事规则规定，民国宪法制定必须经过起草、审议与表决三个阶段。其中国会宪法起草委员会负责起草宪法，草案完成后再经过国会宪法审议会审议，最后由国会宪法会议表决通过。每个阶段都要经过议案说明、逐条议决、文字修正并交付表决的三读会程序。宪法审议会与宪法会议同时也是参众两院合会,但出席人数标准要求不同,前者是议员人数过半就可以开议,后者则需要三分之二以上的出席人数。

关于国会宪法起草委员会,《国会组织法》第20条规定:"民国宪法案之起草,由两院各于议员内,选出同数之委员行之。"1913年6月30日、7月2日,第一届民国国会参众两院各自选出正式委员30人共60人,候补委员33人(参议院15人,众议院18人),共同组成国会宪法起草委员会。宪法起草委员会正式会议从7月21日开始,至10月31日会议结束宪法草案的三读,共开会33次,历时近三个半月。

宪法起草委员会并没有完全采用秘密方式,内容也没有对外界保密。新闻界常常跟踪报道会议进行情况,包括每次会议讨论的基本内容。9月12日,国会参众两院召开联合会,决定将关于宪法中选举总统的部分先行完成。宪法起草委员会于是在9月15日、16日完成《大总统选举法》草案。草案经过9月29日、30日宪法审议会审议,以及9月26日,10月1日、2日、3日、4日宪法会议三读会程序,于10月4日表决通过并公布。"二次革命"失败后,制宪工作继续进行。10月31日,草案最后在全场鼓掌声中全部通过。会议结束前,主席声明准备在近日整理好草案,送交国会审议。

在宪法草案即将完成的阶段,宪法起草委员会先后拒绝了总统袁世凯提出的增修《临时约法》部分条文、政府派员列席会议等要求。为阻止宪法草案提交国会正式审议,袁世凯在11月4日下令取缔国民党议员资格,国会两院议员共438人被取消议员资格,其中包括28名制宪议员。因剩余议员不足法定人数,国会与宪法起草委员会均被迫停止工作。1914年1月10日袁世凯下令取消国会残存议员职务,并非法宣布解散国会。至此,民初国会制宪活动完全失败。

1916年6月袁世凯死后,同年8月第一届国会复会,三年前被迫中断的制宪工作再次启动。9月5日、8日、13日国会宪法会议召开一读会,由宪法起草委员会说明旨趣。宪法草案在一读会通过后,遂交付宪法审议会审议。从1916年9月22日至1917年1月10日,"审议会自上年九月二十二日开第一次会议始,共开会二十四次,讨论草案题目计十四大问题,八个成立,一个删去,五个无结果,尚有四大问题。审议会认为应加入宪法须提交起草委员会者一主权二查办权三地方制度四宪法保障。"①1月26日至4月20日召开宪法会议二读会,开始逐条议决的程序。议决通过国会开会期、国务总理同意权、国会不信任权、总统复议权、宪法修正解释权等重要内容。最后仍然讨论无结果的一是总统解散国会权,二是省制(又称地方制度)。后者更是"争执尤烈,甚至各相斗殴,并召致武人干宪"。直到1917年6月国会再次被非法解散,围绕省制的争执仍然没有结果。

1922年6月第一次直奉战争后,取得北京政权的直系军人以拥护第一届国会与《临时约法》为标榜,号召南北实现统一。历经磨难的第一届国会再次复会,并重新开始制宪。本次制宪又持续了一年多时间。国会反直派与亲直派围绕省宪又爆发了激烈的制宪斗争,相继经历了宪法审议、停顿;草案协商、国会分裂;宪法会议中断、各派妥协;宪法完成等阶段。1923年10月4日,宪法会议到会议员达到550多人,地方制度修正案通过二读。10月6日,在第201次宪法会议上,国权章"因此案与地方制度案有关联,早经各党协商而修正条文者",②于是与第75条"总统解散权"等民国六年悬案条款一并通过二读。10月8日,第202次宪法会议召开,三读会通过宪法草案,并于10月10日国庆日正式公布。

历经十年困厄的《中华民国宪法》虽然最后终于完成,但却反映出法国制宪议会模式的弊端与问题,概括而言主要有三点。

一是多方利益问题难以协调。这种模式以议会为主导,排斥其他政治利益集团参与,存在着严重的封闭性与狭隘性。其制宪结果往往流于形式与空谈,并不能被各个利益集团所接受。民国初年,革命时代产生的第一届国会,其代表性狭隘单一,基本上只是一群中下层士绅、知识分子、职业革命家的代表。北洋军人、保守派官僚、地方军绅、资产阶级等一些举足轻重的利益集团,在国会与宪法起草委员会中几乎都没有自己的利益代表,国会以外的政治势力的利益要求在制宪过程中获得表达的机会是很小的,体现在宪法草案条文中的困难就更大了。

因此,1913年《天坛宪法草案》在处理行政与立法权力关系时,设计

---

① 《宪法会议之一段落》,《申报》1917年1月26日。
② 吴宗慈:《中华民国宪法史后编》,东方时报馆,1923年,第436页。

出一种"立法至上"的政治制度。在这种制度安排下，国会权力极大，完全不受行政、司法权力制约。特别是国会可以行使"倒阁权"，而政府却没有"解散权"。这种制度设计显然违背了权力制衡的原则。更重要的是这种"立法至上"的政体模式，完全没有承认当时左右中国政坛的北洋集团的政治利益。在民国初年的政治格局中，北洋派无疑是力量最强大的政治集团，袁世凯政权得到军队、官僚、立宪派与商人阶层的支持。考虑到这种政治现实，让政治强人袁世凯放弃实权，甘当虚位元首的想法绝对是不切实际的。宪法草案内容与国会的执著立场终于激发北洋派与拥袁力量的强烈不满，导致民初制宪与宪政改革的失败。

二是议事程序影响立法效率。《国会组织法》第21条规定："宪法会议非两院各有总议员三分二多数出席，不得开议，非出席议员四分之三多数同意，不得议决。"第一届国会于1922年8月第三次启动制宪工作，但1923年1月以后，宪法会议因出席议员常常不足法定人数而流会，于是有国会议员提议修改《国会组织法》，以减少宪法会议出席人数的限制。1923年4月，国会将《国会组织法》条文修正为五分之三出席，三分之二以上同意。这样一来，将原来出席人数标准从580人以上改为520人以上。即便如此，宪法会议仍然难以成会，1923年7月至9月底，原本每周召开三次的宪法会议，竟然持续流会44次，三个月没有结果。

三是权力斗争干扰制宪进程。法国式制宪议会虽然声称其使命就是制宪，但是因为选举产生的制宪议会立法程序与普通议会并无二致，在实践中往往扮演制宪与立法的双重角色，容易陷入政治权力之争。1917年6月第一届国会在制宪时，由于卷入黎元洪与段祺瑞的府院之争，在随后的张勋复辟事变中被非法解散，制宪事业再次中断。历经十年艰辛才完成的宪法，仅过一年就因第二次直奉战争直系北京政府的崩溃而被废除。20世纪30年代有学者在总结民国初年的制宪经验时指出："每经一次政变，国会停顿好几年，宪法也随同搁浅好几年，国会受宪法之累，宪法也遭国会之殃。"民国以来宪法未成的最大原因"还是立法制宪之权，归并于同一机关"。[①]

---

① 汪馥炎：《立法院起草宪法之根本疑问》，第13页。

关于法国式制宪议会模式的缺陷，梁启超在民国初年的看法非常有预见性。到了20世纪20年代初，人们已经认识到国会不宜制宪。章士钊曾撰文指出不能由国会制宪，而应由专家制宪。因为国会本身的权力应当是由宪法规定，由国会制宪则国会必然极力扩张自己的权力，不可能公正地在各权力机关之间分配权力。而且宪法事关百年大计，必须避免党见参与其间，而国会又是党派斗争的权力中心。此外，制宪工作需要丰富的政治常识经验，不是来自田间的国会议员所能胜任的。

美国式制宪会议模式与 1922 年《湖南省宪法》

在美国式制宪会议模式中，起草宪法的制宪会议代表不是普选产生的。联邦制结构国家的制宪会议，是由各州议会选派代表组织召开的，草案完成后，经过选举产生的各州宪法大会批准后生效。而在单一制结构国家，则是政府首脑任命代表组织制宪委员会，草案完成后直接通过全国公民投票后生效。

1787年美国制宪会议的55名制宪代表来自各州，不仅有国会议员、州议员，还有州长、法官、律师和军人等许多利益集团的代表。1787年制宪会议不同于一般意义上的立法会议，实质上是一种中央与地方各种政治利益集团参与制定宪法的政治会议。宪法草案制定出来后，虽然是直接交由各州人民批准，但不是交各州人民直接表决，也不是交各州议会表决，而是交由各州人民选举产生的州宪法大会表决。在当时总共13个州的情况下，规定只要9个州获得批准通过，即可成为正式宪法，产生法律效力。

法国第五共和国宪法的制定也采用了美国式制宪会议模式。1958年6月，时任法国总理的戴高乐任命司法部长米歇尔·德布雷（Michel Debré）主持宪法草案制定工作，并从最高行政法院抽调一批法律专家，组成18人的宪法起草专家委员会。宪法起草专家委员会在7月中旬完成了宪法草案文本的工作。在综合各方面意见后，又经过多次讨论，于9月3日的国务会议上通过最终的定稿。同年9月28日，全民投票表决高票通过了宪法草案，投票率高达85%，赞成率接近80%，创造了法国政治的新纪录。

民国时期，美国式制宪会议模式仅有的一次实践，是联省自治运动中《湖南省宪法》的制定。1921年1月，在湘军总司令赵恒惕的支持下，"湖南制定省自治根本法筹备处"（简称"省制宪筹备处"）成立。同年3月，湖南省政府正式聘请专家学者李剑农、王毓祥、王正廷、蒋百里、彭允彝、石陶钧、向绍辑、陈嘉勋、皮宗石、黄士衡、董维键、唐德昌、张声树等13人为省自治根本法起草委员，从3月20日开始，起草委员会在岳麓书院研拟宪法性文件，1个月内完成6种草案：《湖南省宪法草案附说明书》（以下简称《省宪草案》）、《湖南省议会组织法草案》、《湖南省省议会议员选举法草案》、《湖南省省长选举法草案》、《湖南省法院编制法草案》、《湖南省县议会议员选举法草案》，其中《省宪草案》成为后来正式省宪法的蓝本。各种草案完成后，4月20日起草委员会主席李剑农作为代表，将其呈送"省制宪筹备处"，由该处筹备主任将宪法等草案正式公告。

依照制宪程序，第二步为宪法草案的审查程序。此项程序由各县人民选出审查委员组成审查委员会，负责审查《省宪草案》并提出修正案。至1921年3月20日，全省共推举审查员155人。"省制宪筹备处"于4月25日先行召开审查委员会谈话会，讨论审查规则。考虑到审查任务繁重，而正式审查时间依照规定仅有20天，于是审查会决定先行召开预备会议。5月13日预备会正式开始，一直到8月3日方才结束。8月20日召开正式审查会，至8月29日审查完毕。第三步为公民投票，依照程序只可将全案作可决与否决的投票，没有修改增删的权力。11月1日，公民投票开始，历时10天。投票结果是同意票为18,158,875张，否决票为575,230张，《省宪草案》获绝大多数民众的支持通过。这样在1922年1月1日，《湖南省宪法》正式公布施行。

《湖南省宪法》的制定特色主要有两点：

一是制宪效率高，便于构建宪政共识。湖南省的专家制宪委员会因人数较少，议事容易协调，立法效率较高。而且起草时采取了封闭的策略，使得草案能够迅速出台。赵恒惕也遵守自己的诺言，在省宪起草期间，没有对草案内容及起草人员进行任何干扰，以至有人评价他在省宪起草期间

"未曾一至起草之地,且未曾一索阅其稿,以示大公"。①从制宪时间来看,《湖南省宪法》的完成历时近9个月,而美国宪法从1787年5月起草,到翌年6月在9个州批准后生效,花了长达13个月的时间。再与当时北京第一届国会制宪时间相比较,制宪效率之高是不言而喻的。此外,制宪学者"可以说无一不是社会的精英,既具备制宪的知识,同时又具有丰富的社会经验,对中国社会有着深刻的理解",②所以宪法文本的质量较高,容易获得社会共识。当时多数社会舆论对此次草案的制定比较满意,"自省宪草案发表了以后,一般舆论,多以满意表示欢迎,可见草案甚合国民心理"。③

二是宪法合法性高,易于实施宪政。《省宪草案》经过学者制定,通过公民总投票以后,宪法就具备了合法性与正当性。正式《湖南省宪法》公布后,在1922年1月至3月,湖南省举行了省议会选举,9月举行了省长选举,赵恒惕以压倒性高票当选湖南行宪的正式省长。"民国11年的湖南省宪,非但是联省自治运动中第一个制定成功而被实行的省宪,也是我国破天荒出现的第一部被使用的宪法。""联省自治运动中,各自治省份所推行最力的是省宪的制定,所获致的唯一成果,也是省宪的制定。"④一直到1926年7月14日,迎接广东国民政府北伐的湘军将领唐生智宣布废除省宪,解散省议会,历时五年的湖南宪政才宣告结束。

当然,《湖南省宪法》的制定程序也存在问题与不足,主要是《省宪草案》在提交公民投票前,多增加了一道程序,即由各县推举审查员进行审查,并且赋予审查员有修改宪法之权。在审查过程中,各方出于利益考虑,不断提出修正案,特别是关于省议员的分配问题、省行政体制问题,使得审查会意见分歧加深,拖延三个多月也没有结果。后来在湘军援鄂战争失败,北洋大军压境的紧急情况下,才仓促地于8月29日审查完毕。"湖南省宪之得以通过审查,可以说是受湘军援鄂失败之赐,否则派系间各就

---

① 朱传誉:《赵恒惕传记资料(一)》,第40—41页,引自何文辉:《历史拐点处的记忆:1920年代湖南的立宪自治运动》,湖南人民出版社,2008,第83页。
② 陈建平:《湖南省宪研究》,法律出版社,2009年,第95页。
③ 《大公报》(长沙),1921年4月28日。
④ 李达嘉:《民国初年的联省自治运动》,第202页。

利害争论到何时尚难预料。"①虽然有学者肯定审查程序的必要性,认为当时民权运动高涨,激进者要求全民制宪的情况下,要取得人民的支持,首先要取得士绅的支持。但是审查会制度不利于宪法的通过却是一个不争的事实。正如当年美国制宪者们反对将宪法草案提交州议会表决,就是认识到草案中限制州议会权力、加强联邦权力的宪法不可能获得支持,"我们很难指望州议会会自愿从事自杀"。②美国宪法批准程序不仅备受反对派攻击,而且也违背当时《邦联条例》关于宪法修正必须由国会提出并经各州议会认可的规定。显然制宪会议是为了保证宪法能够被通过而更改程序,绕开了不利于宪法通过的种种因素,"抛弃了他们现在所寄托的法律制度"。③总的来说,美国式制宪会议模式更易于实行,并达成宪法共识。所以有论者在民国初年制宪时就强调:"以事实上之便利言,舍仿美之外,无他策矣。"④

---

① 胡春惠:《民初的地方主义与联省自治》,第191页。
② 查尔斯·A. 比尔德:《美国宪法的经济观》,何希齐译,商务印书馆,1984,第151页。
③ 同上,第153页。
④ 《制定宪法宜设特别机关》,《宪法新闻》第6期,1913年5月18日。

比较视野中的中美制宪议员背景特色

1787年美国制宪会议成功的经验表明,合格的制宪主体至少应该具备三个条件:高度的政治权威性、广泛的利益代表性与丰富的知识阅历。当然,制宪人物的家庭背景、宗教信仰、个人品质也是非常重要的。美国学者伍德认为美国建国时期的领袖们很看重他们的社会地位,在接受自己的特权时也承担自己的责任。热心于公益事业,负责公众生活服务设施,(被认为是理所当然的事情),"他们认为,凭借他们地位和气质的绝对影响力,他们本应该在政治和知识上领导这个社会——事实上,他们也不得不领导这个社会"。因此,"建国者们提供给美国的礼物不仅是独立宣言、宪法、人权法案及其导言,还有他们的品格,他们模范性的公仆生活、自我约束、诚实和容忍。他们是共和国原则与价值的象征。他们就是共和国本身"。[①]

与美国的制宪代表相比较,民国的制宪议员社会政治背景变迁特色耐人寻味。

[①] 苏珊·邓恩:《姊妹革命:美国革命与法国革命启示录》,杨小刚译,上海文艺出版社,第145—146页。

政治权威性

1913年制宪会议上有影响力的议员是议员群体的一个缩影。当时比较活跃的议员有汪荣宝、张耀曾等人。汪荣宝在当时是著名的宪法学专家。1913年曾拟有民国宪法草案发表，主张内阁制度。最近研究发现，汪荣宝还是清末第一部宪法草案的制定者。但是汪荣宝的政治立场比较中立，与国民党、袁世凯各方的关系都不密切，个人独立性比较强。另一位有影响力的议员是张耀曾，张耀曾既是宪法大纲的起草人，又是宪法草案的拟稿人。但是扮演这样极其重要的一个角色，张耀曾的能力还是有所欠缺的。他当时还是一个没有完成学业的留日学生，政务实践经验显然不足，在制宪过程中也基本上停留在理论上的夸夸其谈，以至于被另一位老资格的议员易宗夔批评是"未免理想太深，程度太高，不适于中国之政府"。

在其他较活跃的人物中，朱兆莘、伍朝枢、向乃祺与王绍鏊是1912年从美英日学成归国的留学生，回国后直接参加革命活动；徐镜心是老同盟会会员、职业革命家，长期在山东、吉林从事秘密反清活动。在新闻、教育界活动的议员有李庆芳、汪彭年、陈铭鉴三人。李庆芳留日归国后活跃在山西晋阳的教育、新闻界。汪彭年与李庆芳经历相似，也是留日回国后在上海新闻界办报。陈铭鉴一直在河南汝州担任教职，革命前是汝州中学的校长。孙润宇在前清一直任科长、教习等低级职务，1912年才升任北京内务部警务局长、高等警察学校校长。杨永泰、王敬芳、刘崇佑、谷钟秀分别是广东、河南、福建与河北地方咨议局议员，此前基本上都没有从政经历，属于地方中小士绅。黄赞元曾经担任过前清四川总督赵尔巽的幕僚。只有年龄超过35岁的易宗夔、陆宗舆资历较老，同是资政院议员。易宗夔还是戊戌变法时期谭嗣同湘学会的成员。与易宗夔相比较，陆宗舆从政时间较长，从1902年开始历任教习、巡警部主事、考察宪政大臣二等参赞、东三省盐务总办等职。民国成立后担任过大总统府财政顾问，与袁世凯关系密切。

从社会经历与年龄来看，这些在制宪会议上咄咄逼人的议员都不是全国或地方的实力派人物，在国民党、进步党等大党内也不是什么重要的有决策影响力的人物。虽然革命给他们带来重要的从政机遇，但是他们的素质、资历与名望其实都很一般。年轻的议员们对政治实践茫然无知，处理政务的实际能力非常欠缺，举措失当更是司空见惯。托克维尔对法国大革命时期文人政治家缺乏实际政治经验的批评，也同样适用于民国的制宪议员们。

与此相反，人们对美国制宪代表的能力、常识与经验推崇备至。托马斯·杰斐逊评论制宪会议说，这真是一批受崇拜人物的会议。人们普遍认为："美国历史上任何时期都不可能汇集到一批比他们在政治思想方面更加老练，或者在建设与改造政府方面更有实践经验的人才。"①美国的这些制宪代表是全国和地方性的名人，享有很高的社会声望。其中有人们熟知的"美国国父"华盛顿、"宪法之父"麦迪逊、汉密尔顿、本杰明·富兰克林，还有爱德蒙·伦道夫、威廉·列文斯顿、鲍勃·莫里斯、乔治·里德等各州地方名流。仅在弗吉尼亚州七人代表团中，除了后来成为美国总统的华盛顿、麦迪逊以外，还有时任该州州长的著名律师爱德蒙·伦道夫、"该州最受人敬重的人物之一"州最高法院法官约翰·布莱尔、"出身名门"的州法官乔治·威斯、州议员同时也是大地产主的乔治·梅森以及被誉为弗吉尼亚州的博学之士的名医詹姆斯·麦克勒格。

再回到1913年的中国，在国会制宪模式的制约下，革命以后可以左右政局发展的北洋派与地方都督，都不可能亲自或派代表参加制宪会议，虽然此前他们做过这样的尝试。李家驹、杨度、章士钊、梁启超、严复等政学界名流，一度作为中央与地方政府组织的宪法起草委员会（后改为研究宪法委员会）成员，在国会制宪前积极开展过一系列的讨论宪法活动。

总的来说，民初制宪议员中绝大多数都不是社会阅历复杂、政治经验丰富的政治人物，充其量不过是一群借革命机遇兴起的政治新贵。他们昙花一现的政治权威并不是来自自身的政治实力，而是在特定的时期由国会赋予的。然而后者本身的权威就一直处于动荡与不稳定的状态。因此，顶着耀眼的国会议员、制宪议员头衔的其实是一批极其平凡与平庸的人，他

---

① J.布卢姆等：《美国的历程（上册）》，第207页。

们拥有的政治权威是软弱无力的。我们无法期望平凡的人能够制定出一部富有权威性的杰出宪法。

1923年国会制宪议员与民初相比,虽然产生了一批较有影响力的政治人物,一度也曾经利用罗文干案、倒阁案掀起过不小的政潮,似乎已经成为当时北京政治中炙手可热的政治力量。但实际上这只是一种表面现象。在20世纪20年代军阀割据的动荡时局中,国会自身并没有军事、政治、经济实力,只能依附于各实力派,其政治影响力是有限的与脆弱的,并不具有实质意义上的权威性。另一方面,虽然直系已是当时最大的政治势力,但是相对于反直力量并未取得绝对优势。所以国会中亲直政团虽然在直系"宪选并进"的有条件支持下,最后完成制宪,但是仍然没有足够的权威性。这也是宪法虽然最后制定成功,却遭到各派激烈反对,不为反直力量接受的重要原因。

利益代表性

美国学者比尔德的研究表明,1787年美国制宪代表都是当时美国国内公债、动产、奴隶主利益集团的代表,只有这些人才能够"凭着个人在经验事业上的经验,深知他们建立起来的政府将要达到什么样的目标。……作为实践的人物,他们才能够把一个新的政府建立在唯一可以稳定的基础——经验利益的基础——上面"。比尔德还试图证明,宪法的批准,也得益于地方动产利益集团强有力的支持,因为"动产所有者把新的政府视为一种力量并且保障他们的利益"。

法国人在1875年难得的一次制宪成功经验也证实了比尔德的看法。当时的制宪会议议员都是共和、保皇党各派政治集团的人士,足以代表当时法国社会的政治力量,具有相当宽广的利益代表性。这样在法国历史上才第一次出现了一部宪法的寿命竟长达65年的情况,如果不是德国的入侵,很有可能会继续存在下去。而以前法国历次宪法的短命,其重要原因之一就是制宪议员的背景缺陷对制宪结果的消极影响。所以,制宪议员利益代表的广泛性,也是制宪成功的重要因素。

但是我们在民国的制宪议员身上却看不到这一重要特点。从党籍特色来看,过去的研究过分夸大了议员的政党背景,仿佛他们是充分地代表政党利益的。事实却并非如此。即使他们能够代表各自政党的利益,也与现代民主国家政党利益集团的代表性不能同日而语。民国的政党仍然属于政党政治发展的初级阶段,充其量也只是亨廷顿所说的派系组织。不仅袁世凯的北洋集团没有代表自己利益的政党,连工商资产阶级在国会中也几乎没有本集团利益的代言人。[①]这与1848年德国法兰克福议会的特点颇为相似。法兰克福议会制宪议员大部分是教授、律师、职员,不能代表当时德国各个政治集团的利益与诉求。"法兰克福国民议会除了会议本身的言论外无东西可作依恃。议会是由有思想、有头脑的中产阶段自由分子组成的,他们坚信一个自由主义——民族主义的德国会按照抽象的原则组成。"[②]对此,比尔德特别强调美国制宪代表不是法兰克福议会,因为"如果作为主义者集团,有如法兰克福议会那样,他们会惨遭失败的"。

需要特别指出的是,在民初类似于联邦制度的国家结构中,地方利益在国家制度框架设计中是不容忽视的。宪法如果得不到地方利益集团的支持,几乎是没有希望实施下去的。本来两院制度中参议院的设置就是为了体现地方利益,但是民国国会设计的选举制度,使得参众两院的代表性几乎没有什么区别。就连制宪议员刘崇佑也发出"今日之参议院与众议院不同之点究在何处,本席殊不能得其究竟"的感慨。[③]从二次革命前政府与各省都督推荐的宪法起草委员会55人的名单来看,后来成为制宪议员仅有汤漪、汪荣宝、伍朝枢、丁世峄等八人。显然多数议员与地方实力派的关系并不密切,谈不上是地方利益的代表。而且绝大多数人在辛亥革命之前,在地方都不是有影响力的人物。此外,"二次革命"后国民党人败亡,地方政局发生巨变,一些原国民党议员更是与袁世凯派系的地方实力人物水

[①] 根据张朋园先生的统计,出身工商业界的议员在国会中所占席位极少,仅有三人。见张朋园:《从民初国会看政治参与——兼论蜕变中的政治优异分子》。
[②] 爱德华·伯恩斯等:《世界文明史(下卷)》,赵丰等译,商务印书馆,1999年,第360页。
[③] 刘崇佑的发言参见《宪法起草议员会第9次会议录》,《宪法起草委员会会议录第1册》,(北京)宪法起草委员会,1913年11月。

火不容。10月底宪法草案完成之后，在袁世凯的唆使之下，各省都督、民政长、镇守使发出了大量强烈批评国会宪法草案，甚至要求解散国会的通电。

从理论上来讲，国会本身就是一个利益集团，不可能完全代表社会各阶层的利益，而且存在自己的利益诉求。更何况在革命时代产生的民国第一届国会，代表性更是狭隘单一，基本上只是一群中下层士绅、知识分子、职业革命家的代表。北洋军人、保守派官僚、地方军绅、资产阶级等一些举足轻重的利益集团，在国会与制宪会议中几乎都没有自己的利益代表。

1923年国会与往届不同的是，各实力派纷纷公开介入国会政治，在国会中都有充分代表各自利益的政团，国会一度成为各种政治力量角逐的场所。其中以直系与国会各党派互动最为密切。从1923年初开始，直系就开始积极收买议员，为曹锟进行总统选举活动。至10月总统大选前夕，国会中支持直系总统选举的团体约有40个以上。其中新民社张伯烈、郑江灏、胡祖舜、骆继汉、郑人康受京兆尹刘梦庚指挥；全民社温世霖、张士才、谷芝瑞、钱崇恺、史泽咸、张益芳、景耀月受保定方面直接指挥。民治社王湘、王乃昌、吴宗慈、牟琳、张书元、吕泮林也受直隶省长王承斌、刘梦庚指挥；其他政团如漠南寄庐、西北议员俱乐部、报子街18号、石驸马大街3号等，都与直系关系紧密，表态支持直系总统大选。其他反直国会政团则分别代表南方国民党、奉系与皖系的利益。不过好景不长，1923年6月国会分裂，反直议员纷纷南下。直系后来虽然最终完成了对国会多数的控制，但是在反直力量缺席的情况下，亲直国会也就失去了广泛的利益代表性，随后作出的政治抉择，包括正式宪法的完成与颁行，当然不再为各派所接受。

知识与阅历

在制宪议员中，无论是1913年还是1923年，属于现代主义与从传统向现代转型中政治文化的议员都超过总数的一半，这充分说明议员们知识现代性水平已经有了很大的提高，而东南地区更是开风气之先的地方。议员成长地区的现代化水平，对他们观念的更新、新知的吸取都有着积极的影响。在制宪活动中非常活跃的汪荣宝、伍朝枢、朱兆梓等人就是典型的例子。在1913年制宪会议中影响力居前十名的议员中，就有六人属于以上两种区域政治文化。

同时，从制宪议员的教育背景特点中不难看出，不少议员具备一定的现代政治、法律知识。从议员们对宪法草案的讨论中，也可以发现不少人对当时世界各主要国家的宪法条文、历史发展都有不少了解。但是由于受到历史时代与环境的限制，长期在欧美学习生活、熟悉英美宪政传统与文化的专才毕竟还是不多。然而就制宪所需的政法知识程度来说，许多议员宪政理论学识还是不错的，虽然各国制宪的历史经验教训并没有得到多数议员的重视。

不过更重要的是，民国二年的国会制宪代表中有一半议员不具有任何实际政治经验，而且这些人中多数还是社会阅历也比较简单的学生，学生中的主体又是从事反清革命斗争的革命党人。这些青年人的特点是抗争性强，不易妥协。虽然还有一半议员曾在政府中担任官职，具备一些政治经验，但是他们中绝大多数都是中低级官员，多数人从政时间也不超过五年。而从政时间的长短与职务的高低，直接决定政治经验的多少。从这些制宪议员的职务与从政时间来看，他们中多数人其实并不具备丰富的政治经验。美国公使柔克义曾批评国会议员："只是一批刚刚从美国、日本或英国留学回来的戴着眼镜、身穿大礼服的年轻空想家，脑子里装满了马上进行全面改革的乌托邦梦想等……没有人确有经过考验的才干。"[①]因此，在制宪过程中，当面临错综复杂、变化莫测的政治风云时，很少有议员有能力审时度势，兼顾各方利益诉求，有效解决政治争议。

与民国制宪议员的社会经历形成鲜明对比的是，1787年美国制宪代表具有丰富的从政或经商的社会经历。他们是成功的商人、种植园主、银行家、律师，以及前任和现任的州长和邦联国会议员。在55名代表中，39人曾先后在邦联议会中当过议员，7人担任过州长，21人参加过独立战争，8

---

① 骆惠敏编：《清末民初政情内幕：〈泰晤士报〉驻北京记者袁世凯政治顾问乔·厄·莫里循书信集(1895—1912)》上册，刘桂梁等译，世界知识出版社，1986年，第962页。

人是独立宣言的签字人。这些代表的学识、经验与能力在当时都是第一流的，也是有目共睹的，连同时代反对制宪活动的人也承认"与会人员在能力、正直和爱国心方面都同样受到尊重"。①这些当时全美最优秀的政治精英参加的制宪会议被后来的学者称为"创造性的政治行动的杰出范例，也是创造性的政治谋略的杰出范例"。制宪代表在会议上的成就也被认为是表现了相当可观的政治技巧。②美国的制宪会议能在妥协中获得成功，的确得益于许多代表过人的政治智慧、高超的政治谋略和务实的政治经验。

1923年制宪议员阅历相对比较丰富。从1913年开始算起，绝大多数议员从政时间已近十年，与民初相比，人们积累了相当多的政治社会经验，对时局的看法也趋向现实。在众多制宪议员中，国会众议长、总统大选操盘人吴景濂的言行最具代表性。吴景濂从1909年开始，先后担任过咨议局议员、民国临时参议员、第一届国会议员、护法国会议员，历经国会二次解散、护法运动、南北和会等许多重大政治事变。特别是在护法运动中，吴景濂率领一些国会议员辗转广州、昆明、重庆各地，备尝艰辛。在1923年6月直系发动驱黎政变时，吴景濂根据以往的政治经验，认为黎元洪的为人，外忠厚而内狡猾，此次政变，实由他谋求下次连任所酿出，国会不可以机关去殉个人，"又谓护法数年，国会颠沛播迁，由粤而滇而蜀，到处俱托庇军阀之下。现在国中军阀，无论南北，俱是一丘之貉。伊此后生活，决不出燕京一步"。吴景濂权衡利弊，决定支持直系大选。此时吴景濂转向实利，认为曾与自己患难与共的反对大选的褚辅成还在做梦。

其他历经多年政治坎坷的国会议员见解与吴景濂相似。有的认为能将宪法制成，亦可聊以自慰，想借此机会完成制宪，以期走向宪政常轨。对于总统选举，因众议员任期将满，借此捞到钱财，正好带回家去。还有议员从政治现实考虑，认为只有曹锟这样的实力派才可以施政。"如另举势微力弱者为总统，非置国家于万一之地。任法统随人选以亡乎？"也有人出于相反的理由认同曹锟担任总统，"议员亦认为曹锟为人庸碌，欲望所在，唯图坐上大总统宝座，以其既无袁、段之凶，亦无袁、段之才，控制

---

① 马克斯·法仑德：《美国宪法的制订》，中国人民大学出版社，1987年，第28页。
② 詹姆斯·M.伯恩斯等：《美国式民主》，第32页。

较易，故选其为总统，国会仍可发挥监督之责"。①议员知识阅历的丰富，有助于他们采取实用的政治立场，这样在制宪与大选等具体问题上，也就容易达成政治妥协。

由此可见，议员背景变迁前后两个时期差异不小。1913年民国国会制宪议员与美国制宪会议代表是截然不同的一批人。他们中多数是一群年轻人，没有多少政治阅历，不可能代表各个主要政治集团的利益，在当时也不是全国性的有影响力的重要政治人物。他们能力平平，不善于协商与妥协，立场激进，对西方政治和法律的了解不够深入全面，习惯于学理性质的争论，而忽略现实利益的折中。这些人更像法国大革命时制宪议会议员群体，都是一批没有多少实际政治经验与经历、高谈阔论的文人政治家。而且都是在制度变革的关键时刻，通过革命时代制度化水平低下的政治参与，幸运地登上国会政治舞台，是革命时代的特殊产物。与此形成鲜明对照的是，1923年制宪议员背景发生了不少积极变化，特别是利益代表性与经验丰富性的特点，这些因素对宪法的最终完成产生了重要的积极影响。

---

① 陈九韶：《众议员十二年亲历记》，《湖南文史资料选辑第8辑》，第238页。

国王陛下的反对党

反对党如今已经成为欧美国家政治生活中的常态,被认为是现代民主政治的标志之一。但是反对党在从它诞生开始的很长一段时间里,却不是一个"政治宠儿",相反,一直备受非议,差一点在近代民主化历程中不幸"夭折"。

英国是现代政党政治发源地,也是最早出现反对党的国家。被认为是现代民主政治的标志之一。但随着时代发展,反对党的活动更加活跃,但是反对党的形象却大打折扣。人们普遍认为正是政党对立造成内战与流血,使国民充满怨恨仇视,所以"政党冲突必将危害国家"。在世人眼里,反对党领导人物都是一些自私自利的阴谋家,他们破坏传统制度,违背宪政精神。18世纪初,国王乔治二世把当时的反对党人士称为"流氓"、"无赖"和"自高自大者"。一直到1794年,以福克斯为首的反对党还被骂为"雅各宾分子"和"祖国的敌人"。

即便是在人们对反对党的日常称呼中,也不时流露出一种厌恶情绪。18世纪20年代,在绝大多数情况下,还未用词首大写的"Opposition"(反对党)一词去称呼政府的反对派。词首小写的"opposition"一词主要是指反对派的反政府活动,而不是政党本身。当时反对党既有"辉格党"、"托利党"等正常称号,也有"牢骚分子"、"反宫廷分子"、"敌对者"等贬义性称呼。在拿破仑战争期间,甚至还有人将反对党比作叛国者,认为反对派是"里通外国者"的同义词,因为他们都是接受法国贿赂的人。

为改变反对党在公众心目中的不良形象，在漫长的18世纪里，一代又一代的反对党人士为此作出了不懈的努力。18世纪初，就有人撰文鼓吹反对党监督政府的积极作用，宣称："这个政党鼓励人们不要驯服地屈从于任何偏见，它维护那应当出现在议会辩论中的生气和自由，它努力制止那些执政者愚蠢的随心所欲的臆想。"[①]1747年，一位叫汉姆波顿的律师在《罗马英国宪法比较》一书中，对反对党的政治作用作出了超党派的客观评价："无论反对者成就如何，民众都从'反对政府活动'中获益匪浅，因为它使大臣恪守其职，并时常制止他们实行冒进政策……同时，对权力的渴求，因失望造成的愤懑，激烈的反对者们对公务的专心致志，远远超过微不足道的职薪对他们的刺激。通过这种活动，反对党成为能干的政治家，当他们担任大臣时，就不但能为不适当的计划辩护，而且，当他们乐意时，能制订良好的计划。"不过，这些议论在当时还是曲高和寡，并未成为英国社会的主流声音。

一直到18世纪晚期，英国才迎来了反对党的正名时代，其中最响亮的声音来自著名的保守主义政治理论家爱德蒙·伯克。1770年初，伯克发表了《对于不满现状之原因的感想》。他在文中系统论证了政党政治的必要性，顺带解决了有关反对党正当性的问题。伯克指出，一个政党的议员履行职责时，既反对错误的议案，也反对该议案的制定者，并希图击败他们，取而代之。政党把追求公职看作第一需要，不是为了谋求薪俸，而是要占据"强大的政府堡垒"，去实现他们的有利计划。可见，政党不是什么邪恶的东西，而是一个使政府、议会和全体选民之间的关系达到充分协调的中介性工具。此后，反对党正当性理念开始深入英国社会。19世纪初，一些主流媒体已经认识到："反对党必须对国家履行极为重要的政治职责。它必须扮演宪法和法律的保护者和拥护者、大臣行动的检查者、大臣的失职做法和不端行为的告发者，并作为民族的领导者反对大臣的议案和试图把他们赶出政府。"

[①] 本文中有关英国反对党的史料均引自阎照祥：《英国政治制度史》。

即使如此，在刚刚进入19世纪的时候，反对党的合法性问题还没有得到解决。在世人眼里，反对党是自封的，并没有得到宪法的书面承认。为此，在1826年春，反对党议员开始了具有历史意义的行动。在一次议会会议上，反对党议员约翰·霍布豪斯模仿"国王陛下的大臣"这一政治习惯用语，创造性使用"国王陛下的反对党"这一新术语，而不再使用含有贬义的"反对党"。之所以使用新术语，反对党议员的理由是"不能再发明一个更好的短语来称呼我们了，因为我们实际上是国王政府的一部分，过去一些时候的活动表明，虽然对面的先生（指执政党议员）担任官职，我们也还掌握权力。议案是我们的，但所有的职薪是他们的"。执政党议员们当然不太习惯这一新称呼，但是英国社会很快接受了"国王陛下的反对党"这一说法，不少媒体纷纷采用。后来有学者认为这一政治术语"体现了19世纪对政治艺术的最大贡献——就是一个在野的党，被人承认着对国家制度具有完全的忠诚，并随时准备着上台执政，而不至于震撼国家的政治传统"。

反对党终于成为英国宪政不可或缺的一部分，其过程并不是我们过去想象的一帆风顺，关键因素还是在制度实践层面，即英国民主政治长期演进的作用与结果。从17世纪末期的"光荣革命"，到19世纪初的议会改革，近一个半世纪的政治风云变幻，掌权的政治人物在宪政民主规则下，已经逐步习惯了反对党的存在与反对党政治，政治协商与妥协成为议会政治的主流。此外，社会经济发展的推动作用也不可小觑。经历工业革命洗礼的英国，已经初步成为一个日益多元化的社会，社会利益分化加剧，众多社会利益集团不断涌现。对大量政治地位低下的新兴社会阶层来说，反对党可以成为他们的利益代言人，具有不可替代的作用。

回顾英国反对党的历史，也许可以纠正我们对现代民主政治发展的一个长期误读，即民主政治在欧美国家的开花结果，是因为西方存在民主传统与文化的肥沃土壤。其实更重要的原因应该还是制度构建所需要的时间、耐心与智慧。

查尔斯·蒂利对欧洲近代民主化的新观察

查尔斯·蒂利（Charles Tilly，1929—2008），美国哥伦比亚大学约瑟夫·伯滕维泽讲座教授，美国国家科学院院士、美国国家文理学院院士及美国哲学学会会员，著名历史社会学家、政治学家，发表的论文超过600篇，著作达到51部，其影响遍及历史学、政治学、社会学等诸多领域，与巴林顿·摩尔、伊曼纽尔·沃勒斯坦一起被誉为美国历史社会学"三驾马车"。2008年4月16日，蒂利教授因其在"社会运动、抗议政治以及现代国家"方面的开创性贡献，获得了美国社会科学研究委员会颁发的第二届艾伯特·赫希曼奖。

蒂利从历史社会学的视角对欧洲近代民主史进行了重新阐释，其专著《欧洲的抗争与民主（1650—2000）》[1]（下引此书只标注页码），特别关注以英国、法国、瑞士为代表性的欧洲国家的早期民主化。在欧洲近代民主化历程中，法国的革命、对抗与征服的抗争机制为人们所熟知。但是在蒂利看来，光荣革命后英国的抗争政治与法国相比也是毫不逊色。他曾特别比照1825年和1871年之间英法两国的经验，认为在法国方面，自1830年与1848年两次革命之后，又经历了一次短促而动荡的第二共和国民主试验。然而第二帝国的建立标志着威权政府的回归，普法战争之后的第三共和国则又进入新的抗争阶段。而在英国方面，这一时期为宗教权利和下院

---

[1] 查尔斯·蒂利：《欧洲的抗争与民主（1650—2000）》，陈周旺等译，格致出版社、上海人民出版社，2008年。

改革进行了声势浩大的社会动员，争取工人政治权利活动遍地开花。爱尔兰宗教冲突与下院改革成为蒂利观察英国抗争政治的两个经典个案。

在爱尔兰，光荣革命将天主教徒拦在了公共政治之外，不能担任任何公职。从19世纪20年代开始，爱尔兰的反对派将解放运动升级，不仅扩大了天主教社团，而且举行了大众集会、游行与请愿运动。1828年秋在克莱尔郡，人们选举天主教的奥康奈尔进入议会，直接挑战了国家权威。英国政府在持续的抗争压力下，最后对爱尔兰的反对派作出妥协，有限度地允许天主教徒出任公职，并且废除《宗教信仰检查法》和《乡镇自治团体宗教信仰检查法》。蒂利认为："爱尔兰反复出现的革命形势，不仅有助于厘清爱尔兰自身的斗争与民主化之间的关系，也有助于认识不列颠群岛其他地方的爱尔兰人冲突与民主化之间的联系。"（第130页）

至于英国下院的改革，蒂利指出，1832年的改革法案将大部分成年男子排除在投票权之外，赋予商业资产阶级以投票权，提出了以财产数量而不是特权为基础的代表原则，实际上却广泛削弱了工人阶级的政治参与。为推动改革法案作出努力的英国工人最后发现他们的权益被排除在立法之外，这一结果大大刺激了英国工人阶级在1838年至1848年间的大规模动员。他们以集会、请愿、游行、示威等多种方式，提出了广泛的政治要求，包括男性普选权、每年召开议会、投票选举、废除对议员的最低财产要求、议员工资、平均选区等。"在1750年到1850年之间，同时出现的自愿社团、公共集会、请愿、游行以及散发宣传册等活动——社会运动激进主义的工具——成为推动民主化的民主政治的标准手段。"（第149页）英国抗争政治的主题从此由宗教转为阶级，抗争的主角变成工人阶级。正如蒂利所说，正是在持续的抗争压力下，英国政府作出妥协促进了民主的进展，"不列颠民主化的传统图景集中体现于1832年、1867年、1884年与1918年修改特权的改革法案上"。（第153页）

在对近代法国抗争政治的历史评述过程中，虽然蒂利也承认法国的抗争促进了民主，"社团生活促进了向着广泛的、平等的、受保护的、有约束力的平民协商，向着民主迈进的进程。在第三共和国早期（1881年），国民大会废除了拿破仑对公共集会的任何形式的政府认可的要求，尽管它仍然要求组织者事先向警方通报"。（第119页）但是对于法国抗争政治与民主的成效，其评价并不高，"民主随着政体潮起潮落：在1848年繁荣一时，在第二共和国时期步入低谷，在第三共和国的剧烈冲突下有所复苏，然后在德国占领期间几乎销声匿迹，直到1944年之后才突然兴盛起来"。（第122页）在蒂利看来，"从1650年到2000年的大部分时期里，法国政体都是非民主的"。（第122页）

另一个让蒂利感兴趣的国家是瑞士。长期以来，瑞士一直被认为是欧洲民主传统最为悠久的国家。然而从1798年开始一直到1848年，瑞士实际上也经历了半个世纪的社会动荡，而1830年至1848年更是发生了激烈的抗争运动。工业革命从19世纪开始在瑞士兴起，随之而来的是人口、财富和政治特权分配方面的矛盾日益加剧，各州的执政者对自己的批评者进行残酷镇压、任意流放、大兴牢狱，乃至处以极刑。瑞士的工业化并没有削弱物质上的不平等，相反在短期内，贫富的两极分化加剧。新兴的资产阶级反对地主阶级的特权地位，甚至不惜与产业工人结盟，要求政治改革。1830年至1848年间，抗争持续不断地发生，特别是围绕州的代表权问题，不断发生尖锐的暴力冲突。甚至在1847年，瑞士还爆发了内战，联邦军队与地方天主教州的军队发生了小规模的武装冲突。伴随着尖锐的暴力、武装冲突和内战，成百上千的瑞士人死于对抗。1848年内战的结束和宪法的颁布，才标志着民主的初步建立。

正如托克维尔在1848年所说："瑞士业已经历了15年革命，民主在这里与其说是一种常规的政府形式，毋宁说是一种武器，人民过去用它来破坏旧社会，偶尔也用来捍卫之。"（第187页）蒂利强调1848年瑞士有限民主制的形成是源于广泛的民众抗争。从1830年到1847年，军事、外交和民众的对抗几乎永远粉碎了瑞士联邦。瑞士可能轻易地分裂为两个独立的国家，一个以新教为主，另一个则几乎完全是天主教国家。"瑞士精致的民主制度，绝非拜古老习俗和文化所赐，而是为了应对革命危机而做出的富有争议的权宜之计。"（第159页）对抗、征服和革命同样在瑞士民主化中扮演重要角色。

从英国、法国、瑞士的经验来看，革命、征服、对抗均是促进民主化的因果机制,都是旷日持久的政治抗争的体现。"民主之路在欧洲也是异彩纷呈。1800年之后,英国主要是通过对抗走向民主化的,斯堪的纳维亚也是如此。法国提供了一个通过革命来实现民主化的典型例子,然而欧洲的大部分,在1848年都经历了相似的循环,如果只是暂时的话。征服也在欧洲扮演了一个重要角色,无论是法国革命军在18世纪90年代到处散播的新政体,还是胜利的盟军在二战后对被征服政体的重组。"(第24页)由此可见,几乎所有关键的促进民主的因果机制都将民众抗争卷入其中,无论在英国还是在法国,民众抗争与民主化的内在互动是普遍存在的。

在笔者看来,蒂利对欧洲近代民主史的分析视角别具一格,问题意识富有创新性,例如在民主化层面,他关注的是民主的观念是怎样转化为具体的关系和实践?工业资本主义是怎样产生出要求民主化的压力的?利己主义的统治者是怎样构建民主制度的?民主化为什么要花这么长的时间?正是因为视角与问题意识的独特性,蒂利对欧洲近代民主现象的认知也与众不同。

首先,与过去人们从制度上、理念上、程序上定义民主不同的是,蒂利的视角是过程民主,即从国家与公民的互动关系角度来定义民主。判断一个国家的行为和公民表达的要求是否一致,他认为需要四个标准:广度、平等、保护和相互约束的协商,"当一个国家和它的公民之间的关系呈现出广泛的、平等的、有保护的和相互制约的协商这些特点,我们就说其政权在这个程度上是民主的"。民主化意味着朝向更广泛、更平等、更多保护和更多制约的协商的方向的净移动。而"去民主化"显然就是朝向范围更小、更不平等、更少保护和更少制约的协商的方向的净移动。民主化是一个动态的过程,它总是不完善的并且永远面临着被逆转(去民主化)的危险,所以国家与公民之间关系发展的过程既导致民主化也导致"去民主化"。

不仅于此,为了解释过程民主为何产生实际成效,蒂利还进一步剖析抗争政治与民主之间的内在路径,其中较为重要的是抗争表演、抗争剧目、扩散和效仿机制。抗争表演指的是一些相对为人们所熟悉的、标准化的方式——运用这些方式,一群政治行动者向另一群政治行动者提出集体性要求。抗争剧目是指当时为某些政治行动者内部所知晓且可用的一类抗争表演。在18世纪英国，常见的形式多是请愿、报纸宣传、大量发行小册子。扩散和效仿机制发生在抗争转变过程的初始阶段，前者指的是抗争表演、抗争所针对的问题以及有关的解释性框架从一个地点向另一地点扩散，而后者是指在某一特定场景内有意识地重演发生在另一场景的某一抗争表演方式。不难看出，这三种路径均是动态的，富有操作性的。蒂利还发现19世纪30年代之前的集体抗议属于传统抗议手法，包括农民放火烧掉地主的磨坊，以抗议面包涨价；被统治者通过装扮，嘲弄他们的统治者；借丧礼谴责非正义等。19世纪30年代以后，开始向现代手法转变，新的手法包括罢工、选举动员、公共集会、请愿、游行以及暴动。

其次，蒂利认为欧洲民主并不是必然性的现象，而是欧洲传统文化、工业革命的产物，"从1650年至2000年的整个时期来考察，民主化看起来是偶然的、脆弱的、不完整的，随时可能发生逆转"。（第227页）他提到法国的民主化与"去民主化"，认为从1789年到现在，法国至少经历了四个实质性的民主化时期，但是也至少经历了三个"去民主化"时期，法国的民主化与"去民主化"是民众抗争与反对国家权力的广泛斗争的偶然结果。而且，"它有力地反驳了任何把民主化解释成渐进的、深思熟虑的、不可逆的过程或者解释成一套权宜的政治发明，当它准备好了，一个民族只要按部就班行事就行了。相反，它展示了斗争和震荡对于民主以及不民主的关键性的重要作用"。①

在蒂利的视野中，"去民主化"在欧洲近代民主发展历程中是一个更常见的现象。在19世纪中叶，不仅是法国，比利时、匈牙利、德国、奥地利、意大利、瑞士等国都经历了走向民主化的革命机遇，其中大多数都很快出现了逆转，"一旦一个政权进入了民主化和去民主化的不稳定的地带，大体上来说，离开民主的运动（伴随着更少大众参与并且处于更大的精英影响下）比走向民主的运动发生得更加迅速"。②蒂利总结说："历史上大量的政体都归于低能力不民主的区间。然而，许多最大的最强的政体

---

①查尔斯·蒂利：《民主》，魏洪钟译，上海世纪出版集团2009年版，第32页。
②同上，第39页。

则位于高能力不民主的区间。高能力民主的政权十分稀少，而且大部分是最近的。低能力民主的政体一直为数不多。因此在长期的人类历史中，绝大多数的政体是不民主的；民主政体是稀少的、偶然的、最近的产物。"法国、德国、希腊虽然在19世纪40年代都建立了代表制的立法机构和普遍的成年男子选举权，但是不久后又遭遇"去民主化"进程，唯一值得庆幸的是后来的政权并没有取消选举权，这样才使得欧洲现代民主得以持续下去。

最后，19世纪欧洲民主化现象，呈现出现代民主政治发展的初级阶段特征。例如关于选举权的限制，从19世纪初开始，"绝大多数西欧国家开始了有限选民的议会代表权。成年男子的选举权通常都是在议会代表权建立几十年后才确定。尽管少数国家同时建立了完全的男性和女性的选举权，但是总体上妇女要比男子晚几十年获得选举权。代议制政府建立得越晚，有限的选举权持续时间就越短"。①法国学者皮埃尔·罗桑瓦龙关于法国普选史的研究也表明："在1848年普遍选举的创立与它真正被广泛和最终接受之间，相隔了一个多世纪的时间。"②

蒂利指出，按照现在的标准，民主是指文官政府由全体成年人投票的竞争性选举产生。按照这个标准，在1900年，世界上独立的55个国家，没有哪个称得上是民主政体。其实在19世纪的欧洲，所谓民主不过是指"国家公民组成的部队；普通的警察体制；名义上的代议制立法机构；对声称为公民说话的联盟的容忍（或者甚至促进）；国内舆论（无论如何控制的）的形成；专门监察公民（通过请愿、代表、信件和公开声明表达的）投诉的机构（首先，主要在立法机构内）的建立，这些不仅保证了民主而且使政权对民主化和去民主化更加敏感。"③正如蒂利不止一次所指出的，近代欧洲的民主仅仅意味着，与大多数其他政权相比，非民主的因素相对较少而已。

---

① 查尔斯·蒂利：《民主》，第63页。
② 皮埃尔·罗桑瓦龙：《公民的加冕礼：法国普选史》，吕一民译，上海世纪出版集团，2005年，第368页。
③ 查尔斯·蒂利：《民主》，第190—191页。

从"法兰西共和国"到"法兰西国家"

法国历史学家让-皮埃尔·阿泽马与米歇尔·维诺克在合著的《法兰西第三共和国》书中提出了这样的问题:"在何种条件下,为何种原因,共和制最后又让位于被称为'法兰西国家'的由一位老人支撑的元首制?"① 美国记者兼历史学者威廉·L. 夏伊勒是我们熟知的《第三帝国的兴亡:纳粹德国史》的作者,在《第三共和国的崩溃:1940年法国沦陷之研究》② (下引此书只标注页码)一书中,他把视角转向了法国第三共和国70年的历史,对让-皮埃尔·阿泽马与米歇尔·维诺克的问题做了全新的回答。该书中译本有上下两卷,厚达1304页,内容极为丰富,加之作者当时是新闻记者,长期派驻巴黎,与第三共和国时期的法国政学界过往密切,掌握了不少珍稀史料,仅从书后所附的参考书目与索引就可以看出该书的学术分量。在夏伊勒看来,虽然人们一直认为第三共和国亡于纳粹德国的入侵,但是事实上第三共和国是在1940年7月法国战败后,法国国民议会自行宣布终结的,而且议会还把国家权力交给了实行独裁体制的维希政权。所以,与其过多地强调第三共和国崩溃的外交军事等外部因素,还不如关注其内部的长期分裂与混乱,而后者其实是造成共和国悲剧性结局的根本原因。

---

① 让-皮埃尔·阿泽马,米歇尔·维诺克:《法兰西第三共和国》,商务印书馆,1994年,第151页。
② 威廉·夏伊勒:《第三共和国的崩溃:1940年法国沦陷之研究》,戴大洪译,新星出版社,2010年。

一

议会内阁制度是第三共和国的基本政治制度。与同样实行这一制度的其邻国英国不同的是，议会内阁制带给法国的却是政局动荡。在第三共和国存在的70年中，先后更换过104届内阁，接近平均每年两个，大约有17届内阁仅持续1个月，有一届内阁存在时间仅1天。这是世界各国所罕见的，以至于法国内阁常被称为"半年内阁"或"短命内阁"。

与英国健全的议会内阁制度相比，法国的制度有不少缺陷与不足，特别是缺少权力制衡的机制，例如关于解散权的规定，与英国不同的是，第三共和国宪法增加了总统解散众议院必须获得参议院同意的规定，这一点正是法国议会内阁制度有缺陷的部分。有学者认为："法国内阁之不能解散众议院，则为一种违背内阁制真精神的习惯，并非宪法所规定。"①而议会的不信任权却没有类似的限制，这样在理论上就破坏了两权之间的制约与平衡关系。事实上参议院出于议会整体利益的考虑，一般不会同意解散众议院，在第三共和国时期，参议院仅同意过一次总统解散众议院。而与此形成鲜明比照的是，议会却经常对政府随意动用不信任权，导致倒阁现象频繁发生，当代法国第五共和国改变了传统的议会内阁制度，转而加强总统的行政权力，主要原因也是吸取了过去议会内阁制度缺陷造成政局动荡的经验教训。

第三共和国的政治制度是法国国民议会设计的，议员们设计一种有缺陷的宪政制度，主要还是从自身的利益角度考虑。正如书中所说，第三共和国宪法实行后，国民议会议员的四年任期有了保障，"国民议会中多数的产生与消失，不是由选民来决定，而是由议员们在走廊里所达成的交易来决定，他们中的许多人渴望当上部长。内阁以令人眼花缭乱的速度如走马灯般换来换去，不管政府的性质发生了什么意料之中的变化，部长们却常常留任"。（上卷，第25页）因此，"组织上如此不稳定而且政治上如此轻浮的政府，根本无法应对十九世纪最后二十五年中每一个卷入工

---
① 王世杰、钱端升：《比较宪法》，第254页。

业革命的西方国家已经开始遇到的社会和经济问题的挑战"。(上卷,第25页)这种制度设计也使得任何政治改革举步维艰,"徒劳无益的政治争吵,反复出现的内阁危机,一无所获的议会辩论,对于经常向人民许诺的包括修改宪法在内的基础改革的落实的一拖再拖"。(上卷,第28页)与此同时,第三共和国的政治自由化进程也是非常缓慢的,与当时的英美等国存在差距。如真正的舆论自由直到1881年才得以实现,组织工会的自由实现于1884年;公共集会的自由实现于1907年,基本自由的实现是如此迟缓。

其实这种制度具有法国的近代政治传统,从大革命开始,一直到第三、第四共和国,"立法至上"的宪政制度设计不断涌现。大革命时代的宪法最严重的结构缺陷也是把立法行为抬得太高,损害了行政职能。此后一直到第四共和国,法国的宪政制度中议会的权力一直偏大,缺乏权力制衡机制。"历届法国政府都觉得无所作为、维持现状更保险。这就解释了他们在面对国内经济和社会领域越积越多的繁重工作时畏缩不前的原因。部长们不再关心如何设法解决国内的问题,而是关心怎样才能留任。"(上卷,第90页)

此外,与第三共和国早期的共和派政治家不同的是,20世纪30年代的共和主义者缺少共和主义品质的政治能力,"他们不曾为赢得共和制而准备献身,他们只是接受了一个共和国,并在共和制中获得了享受。他们擅长于个人的与党派的政治谋算,他们对于共和国贡献有限,自身威望不足,而政治权术绰绰有余"。[1]由于组阁时党派的首要首领不容易为对立面所接受,所以经常由第二流的政治人物出面组建新政府,这样易于得到议会多数的同意。第二流的人物经常只有第二流的水平,在激烈的议会政治斗争环境中,其组建的政府往往难以长久。

---

[1] 郭华榕:《法国政治制度史》,人民出版社,2005年,第463页。

二

与世界上许多国家相似的是，法国也是一个缺乏政治妥协传统的国家，不断革命与冲突是这个国家近代历史的主流。民主依赖于妥协，这已成为人们公认的常识。虽然第三共和国是依赖昙花一现的政治妥协建立起来的，但是在随后漫长的政治发展进程中，政治冲突与对立仍然是共和国政治的主流特色。1894年发生的德雷福斯事件就是一个明显的事实。德雷福斯是法国参谋部的一位犹太籍上尉军官，他突然被指控为通敌分子，迅速被革职，并处以终身流放。德雷福斯事件发生后，法国国内也立即掀起一股反犹浪潮，"整个国家似乎被盲目的仇恨和偏执所吞噬。国家被绝望而歇斯底里地分裂为两个阵营：以右派为主的一方相信德雷福斯有罪；以左派为主的一方在数年以后开始相信德雷福斯是清白无辜的。"（上卷，第41页）虽然德雷福斯完全是无辜的，真相不久即告大白，但是政府却知错不改。1898年当知名作家左拉为雷德福斯事件发表题为"我控诉"的公开信时，被政府以诽谤罪起诉，不仅被判处一年监禁，三千法郎的罚款，而且住所还被暴民袭击。最后因为对当时法国的司法制度缺乏信心，左拉被迫逃往英国。"整整十年，由于受到福雷德斯事件的困扰，国家几乎无法关注另外一些迫切需要解决的问题：经济停滞、社会福利事业发展缓慢、劳资冲突、出生率下降。"（上卷，第57页）

在这种政治传统中，法国社会的阶级对立也是极其严重的。第三共和国的政权是属于资产阶级的，"实际上，自共和国战胜麦克马洪总统之后，在有产阶级与共和国之间一直存在着一个事实上的联盟。这个联盟通过操纵新闻界、资助政治党派以及运用雄厚的资金等手段来影响政府的财政政策，从而控制了共和国"。（上卷，第157—158页）尽管在1924年、1932年、1936年的大选中，国民议会均出现了左翼多数派，但是他们很快就不存在了，不是因为选民的意见发生了变化（在这期间没有进行过选举），而是因为当选的议员在国民议会中所进行的政治交易，"在每一次交易中，他们总是首先批准一个左翼政府，然后转而支持一个右翼政府或者一个温和的中间派政府"。（上卷，第158页）

出于对共和国政府血腥镇压巴黎公社的痛苦回忆，工人阶级一开始对共和国的态度就是疏离的。在此后的历史发展过程中，由于国民议会对改善工人阶级境况的无所作为、雇主甚至对组织工会的尝试都要表示反对，以及政府动用武力野蛮镇压工人运动等情况，工人阶级对共和国政府日益不满。而且，法国工人在待遇方面也大大落后于工业时代的最低要求，直到1900年，女工和童工的工作时间才被限制在每天10个小时，而男性工人每天仍要工作12个小时，直到1906年，法律才规定工人每个星期日可以休息一天。与德国不同的是，法国没有进行任何社会保障立法方面的尝试。左派群众不仅对政府的腐化堕落不满，而且对政府在解决自由放任的经济发展所带来的经济和社会问题方面的鲜有所为不满。这些群众的数量由于城市工人主体的迅速扩大而增长起来。他们在国民议会中没有代表，在议会中，他们的利益无人关心。

三

精英阶层的腐败与无能虽然是许多国家早期民主化的普遍现象，但是对第三共和国来说，这一现象在其后期的存在却是致命性的，它摧毁了共和国的道德合法性。1932年之后不到两年的时间里，法国更换了六届政府，而且政府部长、国会议员、法官不断涉及金融腐败案件，其中具有代表性的是斯塔维斯基案件。斯塔维斯基是一位来自俄国的犹太金融家，时任"巴约内市政信贷银行"行长。该行通过发行股票侵吞数千万法郎，并以被盗的或伪造的首饰作为抵押，致使数千人破产。1933年底，斯塔维斯基的丑闻曝光，总理肖当、前总理塔迪厄等一批高官均被卷入，最后导致内阁垮台。斯塔维斯基案件发生后，"一种认为第三共和国的国民议会正在失去或者已经失去治理国家的能力的普遍感觉日益加剧"。（上卷，第205页）

在政商勾结方面，共和国政府为企业提供大部分资金、财政补贴与关税保护，反过来这些从政府手中获得利润的特权的企业家和银行家贿赂政界人士。虽然这种事情不是法国才有，"但是它却起到了一种有助于最终破坏第三共和国的社会基础的腐蚀作用"。（上卷，第67页）社会上弥漫着对政府官员、国会议员与企业家的不信任。这些丑闻始终困扰着第三共和国，削弱了共和国领袖及其机构的公信力。"在20世纪30年代初期，接连爆出的丑闻破坏了共和政体的基础，形成了注定将在不久之后毁灭共和国的成熟时机。"（上卷，第28页）

作为对法国上层阶级一种制衡力量的左翼联盟，在关键时候的表现却是太无知、太糊涂而且太胆小，以致当它拥有宪法所赋予的权利和权力时，却不能就国家的财政危机强行通过一项解决方案。"对于政府濒于破产的边缘，左派同样负有重大的责任。"1924年初，左派本可以依靠自己在国民议会中所拥有的绝对多数来制定必要的法律，以使政府得到所需要的财政收入、控制通货膨胀、遏制资本外逃和普遍存在的偷漏所得税行为。但是议会下不了决心，只是发出威胁，什么也没有做，"结果加速了国库的枯竭和货币的疲软，使混乱更加严重"。（上卷，第161页）左翼政府领导人多数是来自小城镇的律师、小业主和农民，以及少数思想自由的教授，不具备专业的财政经济能力，如当时的总理赫里欧是一位毕业于巴黎高师的才华横溢的文学教授，擅长演说和文学创作。即使是左翼人民阵线在1936年5月幸运地赢得大选以后，左派也是鲜有大的作为。而且从1938年4月达拉第担任总理后，人民阵线内部开始逐渐分裂，同年10月激进社会党退出，1939年3月社会党退出，人民阵线随之瓦解。"人民阵线之火已经熄灭。它没有强大到足以克服自身的分歧，没有强到足以在工商金融界坚决反对、反动报刊恶毒攻击以及中上层阶级极端敌视的情况下站稳脚跟。由于颁布了一系列温和而且是早就应该实施的社会改革法案，这个政府引起了极其广泛的恐慌，可是，它却没有能力证明这些改革措施是正确的。"（上卷，第356页）

四

　　财政危机与世界性经济危机是第三共和国的催命剂。法国政府在20世纪20年代中期就陷入财政危机，无力偿还到期的短期贷款，法郎急剧贬值。普恩加莱在1926年担任总理后，虽然使法国财政状况恢复正常，法郎汇率保持了稳定，但是由于税收增加以及生活费用因物价的上涨而提高，特别是政府债券的价值由于货币贬值而缩减了五分之四，这给中等收入阶层造成了最沉重的负担。"一部分家庭的大部分生活积蓄实际上已经荡然无存。另外一些其收入主要来自固定租金和利息的家庭也陷入了同样的困境。这一时期，有许多殷实的中产阶级公民在一定程度上变成了无产者。"（上卷，第167—168页）中产阶级觉得共和国政府欺骗了他们，他们借给共和国钱，政府却没有兑现连本带息偿还的诺言，而且政府事实上骗走了他们80%的积蓄。在政治上他们没有转向左派，而是转向了极右派，希望得到拯救。

　　夏伊勒强调："20年代中期的财政危机使法国的公众见解还产生了另外一种深刻的影响。这种影响将使法国人民进一步分裂，使共和国更加衰弱。"银行家、企业家和商人，甚至包括那些比较富裕的农民和小业主等有产者逐渐相信，左派没有能力治理国家。但是这些有产者却非常自私，不愿意合理分担必要的牺牲，"他们无视现代工业社会中采取某些社会保障措施的必要、无视更公平地分配财富与分摊不断加重的赋税负担的必要。这一时期，除了比较富裕的美国之外，法国在社会福利方面落后于所有其他西方国家；在工资待遇和劳动条件方面，它是所有国家中最差的"。（上卷，第168页）

　　在财政危机的负面影响尚未消退的情况下，世界性经济大萧条又沉重地打击了第三共和国。在经济危机之前，"法国的工人发现自己不能公平分享繁荣所带来的经济利益。实际工资的增长落后于利润和生产的增长。"在工人阶级看来，"共和国的国民议会和政府似乎已经与雇主和有产阶级勾结起来，将他们排除在法国的社会生活之外。他们正在付出劳动，可是，他们却几乎得不到任何好处或者公民的基本权利"。（上卷，第200页）1936年大选后，社会党政府总理布鲁姆没有通过严格控制黄金和外汇出口的方式来制止影响经济复苏的资金外流，因而使国家的财政状况陷入了一片混乱。由于执政党人民阵线在金融改革政策上的分裂，很快导致了布鲁姆政府的下台。"人民阵线的改革实验却使法国陷入了比以往更加严重的分裂状态。"许多上流社会的人对无政府状态感到厌倦，一些人发出了"宁要希特勒，不要布鲁姆"的呼声。（上卷，第354页）

五

长期以来，法国右派一直是以反议会民主制的面目出现。在19世纪最后20年，发生了布朗热事件、德雷福斯事件以及教会与政府之间的争斗等三次危机，"虽然每一次危机的结局均为共和国的力量得到加强、反对共和制的反对势力终遭挫败，但是，三次危机全都进一步加深并恶化了法国人之间的分歧，这些分歧终被证明对于共和国的生存具有极为致命的影响"。（上卷，第26页）进入20世纪以后，"失去了其政治支配地位的反对共和制的右派，在国内仍然占据着使其得以保存强大实力的行政和社会地位。它继续控制着陆军、海军、外交、地方行政官吏和大部分公共管理机构。私营金融界、工商界和自由职业界主要掌握在它的手中。由于控制着大部分报刊，它可以操纵舆论。它得到罗马天主教会的强有力支持"。由于极右派媒体多年的鼓吹，"使大部分受过教育并且生活富裕的成年男女们相信，共和国政权是由一帮狡猾的骗子和卖国贼组成的，他们正在毁灭这个国家"。（上卷，第88页）

军队统治阶层、大型工商金融企业、工业巨头中有许多人资助反议会的帮派团体。不少颇具影响力的巴黎媒体也在向右转。如著名的《老实人》和《格兰瓜尔》周刊，在20世纪30年代变得越来越保守，越来越亲法西斯，越来越反犹太人，成为反对议会制共和国的核心力量。"当人们普遍阅读《老实人》和《格兰瓜尔》时，它们帮助反对共和国的思潮毒化了公众舆论。《老实人》和《格兰瓜尔》是许多陆海军军官喜欢阅读的两份周报。"即使是将选票投给左派的普遍法国人,经常阅读的也是右派的报纸,而这些报纸则越来越倾向法西斯主义。"法国公众舆论由于受人操纵而益发鄙视第三共和国并且嘲笑它的内外政策,以致人们越来越不在意共和国是否继续存在下去。"(上卷,第243页)

让人费解的是,作为受益者的资产阶级,此时也与民主体制渐行渐远。在第三共和国进入最后的年头时,富人们渐渐感觉到,越来越难于把国家利益看得比本阶级的利益更重要了。"对于其应对国家承担的不使政府陷入财政困境的特定义务,他们并不愿意承担。共和国可能破产,而他们将保住自己的财产。与此同时,他们也不愿意按照公平的份额纳税,以帮助国家保持收支平衡。他们认为沉重的赋税应该由其他人去承担。如果政治家们理解这一点,共和国就能继续存在。"为了建立使富人们的财产更有安全保证的政府,某些企业巨头开始希望求助于意大利的法西斯主义"实验"和纳粹党在德国日益成功的经验。(上卷,第158页)

在第三共和国后期,右派开始变本加厉地转向法西斯主义化,其间发生的最重要的暴力事件就是1934年的"二六事件",是一起在巴黎发生的极右组织冲击国民议会的流血事件。在大约4万名闹事者当中,14人被枪弹打死,后来又有2人因伤重不治身亡,约有655人受伤。警察和共和国卫队方面1人死亡,1664人受伤。"自从1871年巴黎公社以来,这是发生在巴黎街头最严重的流血冲突。"(上卷,第232页)虽然暴力推翻共和国的行动失败了,但是共和国却表现出它的软弱无力,达拉第政府在暴乱平息后迅速辞职,2月6日的暴乱加剧了法国社会的分裂。

作者还以细腻的笔法描述了共和国最后的崩溃场景。在失败主义氛围中,社会党议员也纷纷倒戈,要求废除共和国并代之以一个独裁政权。许多人建议毫不犹豫地中止宪法,让贝当成为一名专制独裁者。法西斯主义者赖伐尔认为:"议会制民主输掉了这场战争。它必须让位于一种新的政治制度:一种具有冒险精神、权力主义、社会和民族等特点的政治制度。"即使是反对停战的人也目光短浅,听凭共和国遭到毁灭。正如有一位参议员所说:"我们即将告别1875年的宪法,这不由不令人悲从中来。这部宪法曾使法国成为一个自由的国家。……它的废止与其说是因为其自

身存在的缺陷，不如说是因为那些负责捍卫它并使它发挥作用的人们所犯的错误。"（下卷，第1090页）

1940年7月10日是第三共和国的末日。在表决是否将法国交给贝当统治时，在出席议员中，569票赞成，80票反对，17票弃权。议会通过的"宪法性质法律"规定："国民议会将整个权力交给由贝当元帅掌权与代表的共和国政府，目的在于以一项或数项法令颁布一部法兰西国家的新宪法。"至此，"法兰西国家"取代了"法兰西共和国"，贝当成为集立法、行政、司法大权于一身的"法兰西国家元首"，一位名副其实的独裁者。曾在两代人的时间里作为共和国主要支柱的两个政党社会党和激进社会党的大部分议员投了赞成票。当时社会党的一名投反对票的议员悲痛地表示："那些从第三共和国获益最多的人，那些由于共和国而享有殊荣的人，那些经常出任共和国部长的人，那些以其教育素养和思想感情应该挺身而出保卫共和国的人，怯懦地任由共和国被谋杀了。"保守派人士，法军总司令魏刚将军居然说："我没有战胜德国佬，可是我战胜了共和国。"从这个意义上讲，正如夏伊勒所感叹的那样："共和国死了，它死于自杀。"（下卷，第1100—1101页）

六

当然，第三共和国的历史也展现了光荣的一面，其经济发展水平、文化艺术水准在当时世界上都是一流的，作为协约国的核心力量还打赢了第一次世界大战。一些卓越的政治家对民主理念的坚守，更是让人感动。在1888年法国将军布朗热发动叛乱的前夕，当时还是议员的克莱孟梭在议会中发表了怒斥布朗热主义的激动人心的演讲，他特别针对布朗热主义对议会政治低效无能的批评，大声说道："你所谴责的这些争论为我们大家增光。最重要的是它们显示了我们捍卫我们奉为正确的思想的热情。这些争论也有它们的不当之处，但是，沉默更加糟糕。是的，光荣属于那些人们可以畅所欲言的国家，耻辱属于那些人们只能噤若寒蝉的国家！"（上

卷，第29页）

即使如此，第三共和国的崩溃还是难以避免。它的议会内阁制政体是有缺陷的，宪法危机导致总共104个内阁垮台，接近平均每年两个。政治腐败也是非常严重的，特别是在世界性经济危机爆发的20世纪30年代，接连爆出的丑闻破坏了共和政体的基础，严重削弱了共和国的威信。虽然它自称是共和国，但是其民主化进程却是非常缓慢，内部的阶级对立同样异常尖锐。由于共和国政府与国民议会在30年代经济危机中表现不佳，法国的上层阶级认为共和国正在失去治理国家的能力，一些工商金融业财团、军队高级将领、工业巨头纷纷转向极右翼法西斯势力，希望在法国建立德国或意大利式的现代法西斯极权主义。因此，1940年夏天的战败不仅导致第三共和国军事的失败，还引发共和制度的崩溃，也就不足为奇了。

第三共和国的历史还给民主化研究提供了一个经典案例。一般认为民主转型与民主巩固阶段是民主化进程的核心部分。民主巩固与民主转型一样，都是民主化进程中最为艰难的阶段。决定民主巩固的因素主要是各种客观条件，如市场经济的发展、中产阶级的壮大、市民社会的成熟、政治文化的转型等。然而，法兰西第三共和国的历史却对民主巩固的传统论断提出挑战。它的寿命长达70年，最后仍然无法摆脱民主崩溃的命运，足以说明对于法国这样专制主义传统浓厚的西方大国来说，民主巩固之路同样是异常艰难的，对于处于政治转型阶段的当代中国来说，第三共和国的历史经验无疑就显得弥足珍贵了。

欧美国家政党提名制度与议会选举

在欧美国家,政党提名候选人参与选举,已经成为一种政治常态。"在选举的竞争过程中,是否能提名适当的候选人参选,往往是影响政党在选举中成败的关键。"①

欧美国家政党提名制度概况

在欧美发达国家,政党几乎垄断了提名,而被赋予组织政府及制定公共政策的重大责任。政党所提名的候选人的素质,往往决定一个国家民选公职人员的水准。政党的提名方式,也被视为评估该党党内民主程度与处理党内冲突态度的一项重要指标。政党提名制度对一个国家的政党政治与现实政治都会产生深远的影响。

欧美各国采用不同的政党提名方式,人们认为与选举制度、政党意识形态等因素关系并不是非常密切,但是国家结构形式对政党提名方式会产生影响。美国、加拿大、德国、瑞士、澳大利亚等联邦制国家,政党提名制度较倾向于分权化,这些国家的党中央对于候选人的提名没有多大的决定权。而法国、日本、意大利等单一制国家,党中央在候选人提名问题上

---

① 王业立:《比较选举制度》,(台湾)五南图书出版股份公司,2011年,第124页。

多具有很强的影响力。

当前学界一般将欧美国家政党提名方式分为七种。第一，公民投票。这是政党选拔候选人的一种极端方式，将参与者极大化，允许所有的选民都有机会参与政党提名候选人的过程。美国的共和、民主两党都是采用这种方式，其他国家则基本上没有。第二，党内初选。这种方式是让所有已缴党费的正式党员参与党内公职候选人的提名过程。如英国的自由党与社民党。第三，选区干部投票。通常以选区委员会组织或党代表会议来选拔并决定该选区的政党提名人选。这是较为常见的方式，如英国的保守党与工党。第四，党中央决定。党中央根据选区或区域性政党组织的建议推荐名单决定提名人选。这也是较多的方式，如法国的两大右翼政党，共和联盟与法兰西民主联盟。第五，利益团体推荐。某些国家的政党与利益团体关系密切，以至于利益团体在政党提名过程中扮演关键性的角色。如意大利的基民党。第六，全国性的派系领袖决定。在某些国家，政党正式组织架构之外的派系协商，对于党内提名会有决定性的影响，如日本自民党内部的派阀政治。第七，党魁一人决定。这是指提名决定权完全集中于党的最高领导人手中。

在以上七种提名方式中，第一、二种属于初选制度形式，也最受学界关注。一般认为政党以初选制度来提名该党之候选人，具有三层意义。

首先，就政党提名方式来看，实施初选的提名制度，就代表着政党提名权力的下放，将提名权力从政党领袖（一人）、政党核心干部（少数人）或党代表大会（多数人），下放到基层党员或一般民众（绝大多数人），基层党员或一般选民将可通过初选而扩大其参与党内决策的管道与影响力，无疑这是政党党内民主化的一大进展，而党员也可因此而增加对所属政党的认同与向心力，所以从这个意义上讲，初选是政党党内民主化的具体指标之一。

其次，通过初选的提名制度，候选人也可接触到更多的民众，给党员或选民更多的信息，并可善用媒体凸显候选人的人格特质与政策立场，塑造候选人的正面形象，使党员或选民的意见更受到重视。

最后，初选可以提升政党在正式选举时的竞争力。欧美国家的议会政党最主要的功能就是推举候选人竞选公职，并进而取得组织政府的机会，以推行自己的政策纲领。政党通过初选的实施，可以扩大政党的社会基础，使得自己所推荐出来的候选人能够宣称代表所谓多数人的意见与利益，也更有机会在正式的选举中脱颖而出获得胜利。

政党提名制度在议会选举中的应用

政党提名制度在欧美国家除运用于各级行政领导人选举外，更广泛的应用则是议会选举。因为国会议员任期一般比政府换届要短，所以选举也就更为频繁。以下主要以美国、英国与德国政党提名制度在议会选举中的应用为个案。

美国是最早采用预选制度的国家，其形成经过了一个多世纪的时间。最初，美国的选举主要采取一种非正式的自动提名办法：即本地知名人士把竞选公职的想法告诉当地其他一些有影响的人，然后由当地报纸以通告形式宣布。后来，随着政党的形成，到18世纪末，提名候选人开始转为议会党团会议进行。但是由于由议会党团会议推举候选人有时不容易达成一致意见，从而出现多人争夺候选人提名的现象，于是自1824年开始，由党的代表大会提名候选人的办法开始实行。从那以后，大多数议员都由党内的秘密会议提名产生，而这种制度使议员人选往往由党魁所控制。1867年，宾夕法尼亚州的克劳福县首先采用直接预选的方法提名地方的公职候选人，即由两党的选民直接投票确定该政党提名的候选人。20世纪初，直接预选制度得到推广，到1917年，全国48个州中已有44个实行了某种形式的直接预选制。现在，美国所有50个州都采用直接预选的方法提名政党候选人。

对议会选举而言，美国众议员候选人的提名，各州采用直接预选的具体方式不尽相同，如关门预选（预选投票只限于本党的选民，即所谓党内选举）、开门预选（预选投票向任何公民开放，不问党籍）、一揽子预选（两党候选人均列于选票上，所有选民在所有候选人中挑选他们喜欢的候选人）等。参议员候选人提名的产生也是各州自行决定。有的州实行直接预选制，由基层选民来决定党内的参议员候选人；有的州由州党代表大会来决定候选人，然后在全国规定的正式选举日投票，赢得多数选票的候选人当选。当选的参议员需通过参议院的资格审查，发给出席证，才算当选有效。

  在欧洲，英国是世界上较早实行普选制的国家，它的一整套选举制不仅对英国自身的代议民主政治体系具有十分重要的意义，而且对其他国家，尤其是欧美国家的代议民主政治体系也具有广泛而深远的影响。1934年以前，保守党没有挑选议员候选人的统一机关和统一标准，一般由各个选区自行决定。选区支部通常根据财富来挑选，结果获得提名的议员虽然富有，但是往往政治素质较低，竞争性不足。1934年，保守党党中央决定由党中央与选区联合会联合协商，挑选议员候选人。其提名程序主要分为三个部分。第一，确定党中央认可的候选人名单。候选人需要填报有关个人情况、教育、职业、政治经验、政策取向等内容的登记表。申请人还需要提供三位党内支持者，最理想的人选为一位保守党议员、选区联合会主席、选区的保守党干事。面试小组由保守党副主席与两名保守党议员组成，考察申请人的能力和表现。最后再经过党的顾问委员会同意后，列入名单向选区推荐候选人。第二，与选区商议候选人。每个选区都必须成立选区联合会建立的遴选小组，负责与党中央协商候选人名单，一般是从名单中推荐合适的人选。第三，选举预定候选人。选区的全体保守党人召集大会，在遴选小组推荐的人选中投票表决产生预定候选人。第四，选举正式候选人。在选举令发布之后，选区的全体保守党人再次召集大会，投票表决通过该预定候选人是否成为正式候选人，大多数情况下表决都会通过。[①]

  有学者认为："保守党中央和选区联合会在挑选候选人方面，后者比前者拥有更大的权力。选区的联合委员会通常可以独立选择候选人，党中央对此表示支持。但是，对于不符合保守党议员条件或竞选大局的选举人，中央将干涉选区委员会的选择。"[②]工党的议员候选人由地方党组织挑选，只是提出候选人之前，地方党应取得全国执行委员会和党的负责人同

[①]聂露：《论英国选举制度》，中国政治大学出版社，2006年，第113—114页。
[②]同上，第115页。

意，在获得相应选举经费的保证金以后，才肯定其候选人资格。

由于德国联邦众议员选举实行两票制，选民的第一票是投给选区议员候选人，第二票是投给政党议员候选人。所以众议员提名制度也分为两种。根据联邦选举法与政党法的规定，选区议员候选人是由选区内有资格投票的党员秘密投票选出，也就是由选区党员代表大会提名选区候选人，一般出席选区党员代表大会的人数约为20至25名。"一般选区候选人获得政党提名，其重要的决定者是地方的党领导人士，像县市理事会与下级区域性理事会的党干部，其次是对党有贡献的党代表，若出席选区党员代表大会的党干部对候选人的意见不一致，或选区内现任议员不再要求被提名，而候选人是新人，这时党代表特别能够发挥影响力，他们决定提名人很少依据政治路线，而是依据一些标准，像党内经历、地方名望与个人条件等。"[1]

政党议员候选人由各政党全国委员会的主席向各州选举委员会提交本党在该州的候选人名单，也称为名单候选人。从提名程序上来看，政党候选人必须获得各州党员代表大会提名。这些获得提名人多是利益团体领导人、企业家、全国知名人士等。各参选政党名单中列出的候选人人数不得多于选区应选议席数，候选人名单上候选人的排序由政党自己决定，选民不得改变。一个政党可以根据需要，将本党的某一候选人列于任何一类候选人名单中，但不能将一人同时列于两份名单中。一般来说，政党领袖作为个人候选人参加直选。两种方式的提名都要在选举日90天前进行，选区选举委员会和各州选举委员会收到提名表后进行资格审查，通过后报联邦选举委员会汇总。

政党提名制度的成效评估

一、政党提名制度与政党政治的功能。对欧美国家的政党政治而言，选拔适当的候选人代表该党参与各种公职的竞选，是其存在与发展的重要

---

[1] 郭秋庆：《德国选举制度与政党政治》，（台湾）志一出版社，1996年，第96页。

功能。在欧美国家，人们普遍认为提名是政党最重要的活动，是政党最显著的特征。在选举社会，政党的主要任务之一，即在提出其政纲政策，并提名其优秀候选人参加各项公职人员竞选。但政党提名的候选人，是否为党内多数支持的人选，以符合党内民主原则，抑或公开、公平推举素孚众望的优秀人才，成为各方对政党提名制度所关切的重要问题。

1. 影响政党政治的有效运作。如果一个政党不能够从事提名活动，它就不再是一个政党。提名过程对于政党具有关键性的地位，提名程序的本质决定了政党的属性，这是观察政党政治有效运作的最好的切入点。

对政党在提名工作方面的制度运作来说，政党候选人挑选的不同方式主要表现在四个方面。首先，谁可以被挑选为候选人的问题，也就是候选人资格问题。即，成为候选人是否有条件限制，如果有的话，这些条件有多严格，在多大的程度上它们会影响潜在候选人的规模和本质；其次，谁来挑选候选人，参与挑选过程是否需要条件，如果有的话，对选举规模和实质有什么影响；再次，在哪里进行挑选，是在全国性的、地区性的还是地方性的选举团大会上挑选，政党是否分配功能代表，还是根据社会群体和部门分配代表名额；最后，候选人通过什么方式获得提名，候选人通过投票程序还是通过任命方式获得提名？

所以提名工作是一件非常棘手的事情。"第一，政党必须提名能为选民所接受的人参选。假若选民要的是有才有识的人，政党自然必须提这样的人参选；假若选民所要的不是这样的人，政党也必须做相应的改变。第二，政党必须摆平党内各方势力。如果党在提名过程中，疏离了某些人，致使这些人心生不满，处处跟党捣蛋，或甚至脱党而去，对党追求选战胜利的目的而言，自是不利。这是一般党的执事者所要极力避免的。第三，政党在政策立场上不能太僵化，以致无法争取更多选民的支持；但也不能改动太多，以致疏离许多原有的支持者。从提名的角度视之，这也就是说，政党必须兼顾党意与民意：太迁就党意，可能会提出一些不适合参与选战的人，而影响党的战绩；太照顾民意，又可能疏离许多自己人，到头来反咬自己一口，也不上算。"①

政党希望本党当选的人越多越好，所以在提名作业时，除需要考虑提名何人外，还要斟酌何人名次在前，何人在后。特别是政党提名的人往往多于所能当选人数，因此何人列于安全名次，何人列于不安全名次，往往成为争议的焦点。有学者认为："一般来说，愈强调党内民主的提名制度，愈能照顾党意，但也往往与民意脱节；愈由少数人专断独行的提名制度，虽未能完全掌握民意的脉动，但终究比较有弹性些。"

2．影响候选人的竞选前景。对候选人来说，能够获得所在政党提名支持是非常重要的。即使实力再强的候选人，个人的选举资源再有效，与全国性政党所拥有的政治资源、组织动员能力相比较，也是不可同日而语的。所以候选人的竞选前景与政党政治的运作密切相联。在英国，对候选人提名基本上是政党的运作。"政党提名候选人也已经成为世界各国选举的一种普遍性做法，尽管公众可能对政党几乎垄断了候选人的提名感到失望，但替代性措施也只能是产生新的政党，新的政党提名候选人代替旧的政党提名候选人。"②个人的优势长处，再加上政党组织力量的支持，才能保证竞选前景比较乐观。

美国的直接初选制，与其他国家的提名制度不同。有人认为直接初选制度的建立削弱了政党对候选人提名的控制，推动了美国政党组织的衰落。直接初选制的普及剥夺了政党及其领袖提名候选人的权利，而把它交给公众，从而使政党的代表大会成为"橡皮图章"。而政党组织由于失去了候选人的提名权，所以它也就失去了在本党候选人之间建立并巩固党派阵线的能力。结果，政党内部私人派系之间的斗争，超过了政党之间的斗争，政党的影响力大大下降，政党组织日渐衰落。但是事实并非如此，在美国国会议员预选过程中，政党作用仍然是不可或缺。"预选本身就是发生在党内的竞争；州和全国政党组织直接或间接地为候选人筹款。"③对候选人而言，如果没有政党提名，就意味着没有专门的、充足的资金、信

---

① 谢复生：《政党比例代表制》，（台湾）理论与政策杂志社，1992年，第25—26页。
② 聂露：《论英国选举制度》，第112页。
③ 张立平：《美国政党与选举政治》，中国社会科学出版社，2002年，第174页。

息、人力支持，当选概率自然非常低。

所以，对政党来说，挑选候选人是政党政治最重要的功能，也是政党兴衰的关键，"一方面，所提名的人选经常被大部分的政党官员与党员所接受和支持，是胜选的关键所系；另一方面，控制政党的提名运作也是任何政党主要的权力来源。谁能够控制候选人的挑选，他也势必对大部分的重要党务具有决定权。"①

二、政党提名制度与党内民主改革。在欧美国家，政党与选民之间的关系十分微弱。这主要是由于当代人们受教育程度的提高和物质生活的改善，使得人们更加独立于政党或政治联盟。西欧国家政党成员的数量多年来持续下降，导致政党出现了不小的财政困难，政党精英的录用也青黄不接。扩大政党的党内民主是提高政党声望和凝聚力的重要措施。

党内民主的核心内容是政党候选人挑选的民主化。"通过扩大党员在候选人挑选和提名中的发言权，来增强党员的参与意识和提高政党的内聚力。政党作为挑选候选人的唯一工具，新的民主形式对政党的功能产生重要的影响，此时的政党具有双重作用，一方面它通过给人一次选择代理人的机会而发挥媒介作用；另一方面，它监管着谁将被挑选。政党候选人挑选的民主化意味着由少数人选人的现象发生改变，更多的人在挑选候选人方面享有发言权。"②

目前除了美国，绝大多数国家政党提名制度仍然是一种"间接民主"，即由党员投票选出代表，再由党员代表决定党的提名人选。这种做法显然与扩大党内民主的潮流是不符合的。美国虽然采用的是直接预选制，但是其问题也不少，如公平问题，有学者认为："一般来说，预选的投票率较低（大概只占选民总数的25%左右，占正式选举投票总数的30%—40%），它所引发的问题就是，由少数选民投票选举出来的候选人能否代表多数？此外，由于媒体的影响，大多数州的预选日期都往前提，这使得预选进行得晚的州在最后决定中的重要性降低，这就产生一个问题：由各州

---

① Austin Ranney, *Governing: An Introduction to Political Science*, NJ: Prentice-Hall, 1996, p.206.
② 王勇兵：《西方政党的党内民主问题》，《学习时报》2008年7月8日。

负责的预选而不是全国性的预选公平吗？"

即使如此，直接预选制仍然可以作为党内民主改革的一种有效途径，目前需要做的是不断改革与完善它。如涉及公平问题，可以考虑将"民意调查"引入党内初选，因为民意调查所涉及的不完全是投票意向，公民们不仅清楚每个候选人的"支持率"，而且还可以了解候选人的性格、价值观以及所关注的主要问题。民意调查还显示各种舆论的分布状况，依据选民的年龄、性别、社会—职业和政治倾向，将民意调查与直接预选结合起来，可以使得以扩大党内民主为目标的提名制度改革更具有操作性。

总之，从政党提名制度改革内容来看，大的趋势应该是提名权力的下放，即将提名权力从党中央决策层，下放到基层党员或一般选民，基层党员或一般选民以初选方式参与党内决策。虽然由于被提名人名额有限，党内斗争与选举竞争也因此而日趋激烈，但是这种做法还是有利于推进党内民主，增强党员对政党的认同感与向心力。

议会弹劾权运作的宪政经验

弹劾是有关免除不称职者公职的法律程序,弹劾权是议会牵制和监督内阁(政府)和司法机关的一种权力,最早产生于英国。从性质上讲,"弹劾过程既具有遵守一切常规司法程序细节的审判性质,又具有党派政治的性质"。①

目前国内关于议会弹劾权的研究不多,仅有的一些研究论文,主要内容还是介绍弹劾权的历史演变、基本内容与运作程序,个案研究主要集中于对1998年美国总统克林顿弹劾案的关注。本文与已有研究成果不同的是,论述重点是从历史变迁的视野中,探讨弹劾制度具体运作的情况,总结其中的经验得失。在个案选择方面,主要是选择一些发生过弹劾事件的国家,其中以英国、美国最为典型,当然也包括近年来的韩国等国。特别需要指出的是,中国民国初年议会政治中的弹劾事件,也受到本文的特别关注,后者可以说是现代弹劾制度在中国最早的政治试验。

弹劾制度运作的程序设定

弹劾制度一旦运作起来,其核心问题是弹劾程序规则如何设定。目前,

---

① 戴维·米勒,韦农·波格丹诺主编:《布莱克维尔政治学百科全书》,第370页。

在弹劾案提起、表决等基本规则方面，各国均有比较成熟的规定。一般而言，弹劾案多由议会的下院（众议院）提出，也有的国家是由两院共同提出。

在美国，弹劾提出的程序是从众议院司法委员会的调查开始，到众议院将弹劾决议案（包括弹劾指控）提交给参议院为止。这个阶段主要包括七个步骤：第一，众议院司法委员会讨论是否进行正式弹劾调查，在此过程中，可以举行听证会，并往往要进行激烈的辩论。第二，司法委员会对正式弹劾调查的决议进行投票表决，该决议获得相对多数票即可通过。第三，众议院表决司法委员会关于正式弹劾调查的决议案，以决定是否授权司法委员会进行调查。第四，司法委员会进行正式弹劾调查，包括举行听证会和辩论，尤其要听取被弹劾调查者一方的辩护。第五，司法委员会讨论并表决关于弹劾指控的议案。第六，众议院对司法委员会通过的弹劾指控进行审议、辩论和表决，每项弹劾指控都只需要获得相对多数票就能通过。第七，众议院将通过的弹劾议案提交给参议院。[①]

参议院在收到弹劾议案之后，必须在最高法院首席大法官的主持下，对每一项弹劾指控进行听证。众议院的公诉人和被弹劾审判者的律师陈述各自的立场及其理由，并进行辩论。双方还可以要求传唤证人。随后参议员们进行秘密辩论，在参议院多数议员同意的情形之下，也可以进行公开的辩论。最后是参议院的投票表决。这是参议院审议弹劾案的程序，也是整个总统弹劾的法律程序的结尾步骤。按照规则，必须对每一项弹劾指控分别进行投票。只有经出席参议员三分之二多数同意，才能作出定罪和免职的判决。否则，就应宣布总统无罪。

韩国宪法规定，"除总统以外对公务员的弹劾诉讼需要有国会三分之一以上议员的提议，但对总统的弹劾诉讼需要有过半数以上国会在职议员提议"（宪法第65条），"除总统以外对公务员的弹劾决议需要有过半数以上国会在职议员赞成，但对总统的弹劾决议需要有国会在职议员三分之二以上的赞成"（宪法第65条），"国会对弹劾诉讼作出决议时，议长应及时向作为法制司法委员长的诉讼委员提交诉讼决议书的原件，并将其

---

① 刘想树：《美国总统弹劾制度与法治》，《广东社会科学》2000年第6期。

复印件送到宪法裁判所"。（国会法第134条第2款）此外，菲律宾宪法规定，弹劾案的提出必须得到国民议会全体议员的五分之一以上的赞同票，如要判定被弹劾的官员有罪，还需要全体议员的三分之二多数同意。

但是在进入弹劾案审议阶段，就出现具体程序规则如何设定的难题。

在美国，一般认为"弹劾总统，尤其是参议院审议众议院提出的弹劾案，实际上就是对总统的一种审判"。尽管对这种审判的性质还有争论，但人们都认可它是审判。"因此，除了美国诉讼（主要是刑事诉讼）的种种正当程序规则，如证据规则、控辩双方的陈述和辩论等，对审议总统弹劾案有着直接的引导作用。"[1]弹劾审判指导原则虽然清晰，不过事实上操作起来难度却不小。有论者指出参议院审判也会因为缺乏详尽规则而受阻，"例如缺乏规定证据要旨的规则，有关审判前秘密泄露的规则，有关证据的规则，有关参议院在弹劾审判中适当行为的规则（像任何法官或陪审员一样，在审判结束前，应当禁止他们对审判作公开评论，或与诉讼当事人——白宫和众议院弹劾官员进行秘密交往），有关陪审团的裁定形式规则（还应包括事实调查结果，判决无罪或有罪的最低限度），等等。因为缺乏必要规则，参议院不时为援引下一程序规则而使审判中断。这些停顿成为党派之间争论的理由，他们强调弹劾程序连最基本的法律正义要求都达不到"。[2]由此产生的法律程序问题是："应当遵守哪些程序规则，尤其是其举证责任是否应为排除合理怀疑的刑事举证责任？在弹劾之前，参议院和众议院是否应当采用旨在使弹劾过程更加符合法定程序要求的那些具体规则？"[3]所以有学者认为，克林顿弹劾案是一场宪政危机，"这突出地表现在美国法律关于弹劾程序的规定和美国宪法关于弹劾条款定义的不确定性"。[4]

韩国宪法规定由国会决议弹劾诉讼，宪法裁判所进行对公务员的弹劾审判（宪法第65条第1款，第111条第1款，宪法裁判所法第2条）。然而，

---

[1] 刘想树：《美国总统弹劾制度与法治》。
[2] 理查德·A. 波斯纳：《国家事务：对克林顿总统的调查、弹劾与审判》，彭安等译，蒋兆康校，法律出版社，2001年，第78—79页。
[3] 同上，第7—8页。
[4] 赵轶峰：《克林顿总统弹劾案中的权力和权利冲突》，《美国研究》2002年第4期。

总统弹劾审判案不仅没有先例，且在现行法令中也没有实际程序上的规定。"这里包括少数意见的公开问题，弹劾诉讼决议前对被诉讼人的告知以及赋予陈述意见机会等。弹劾诉讼决议的具体程序规定、弹劾诉讼的撤回条件及程序、弹劾诉讼事由的追加条件及程序、对导致权限行使停止的弹劾诉讼决议进行一定的证据调查、防止弹劾诉讼权的滥用、体现弹劾诉讼制度宗旨的规定之引进、关于被诉讼人出席的具体规定、对证人不出席时是否强制及有关程序的规定、被诉讼人在相关刑事诉讼中被确定为无罪时能否提出以相同事由为理由的弹劾审判的再审请求等。"①

在中国，民国初年的《临时约法》、《天坛宪法草案》也有关于弹劾权的规定。民国临时约法规定："对于临时大总统认为有谋叛行为时，得以总员五分之四以上之出席，出席员四分之三以上之可决弹劾之"，"对于国务员认为失职或违法时，得以总员四分之三以上之出席，出席员三分之二以上之可决弹劾之"。与美国总统制弹劾权条款不同的是，《临时约法》没有规定参议院在对大总统进行弹劾审判时，必须由最高司法机关主持，即参议院无权独自完成对大总统的弹劾程序。这种规定简化了国会行使弹劾权的程序，便于国会轻易行使这一重要权力，造成总统在权力关系中的被动局面。

1913年民国国会制定的《天坛宪法草案》中关于弹劾权的规定主要有三点。一是"众议院认为大总统副总统有谋叛行为时，得以议员总额四分之三以上，列席员三分之二以上之可决弹劾之"；二是"众议院对于国务员有违法行为时，得以列席员三分二以上之可决弹劾之"；三是"参议院审判被弹劾之大总统副总统及国务员，非以列席员三分之二以上同意不得判决。判决大总统副总统有罪时，应黜其职，其犯罪之处刑，由最高法院定之。判决国务员确有违法时，应褫其职，并得夺其公权"。对总统弹劾的出席人数与表决人数，也比《临时约法》中"得以总员五分四以上之出席，出席员三分二以上之可决弹劾之"的标准放宽。关于弹劾国务员的出席人数与表决人数，《临时约法》规定"参议院对于国务员认为失职或

---

① 罗胜福：《韩国的弹劾制度及卢总统弹劾审判案的主要争议》，《当代韩国》2004年夏季号。

违法时，得以总员四分之三以上之出席，出席员三分之二以上之可决弹劾之"，但是《天坛宪法草案》竟然取消了出席标准，表决标准也放宽，这样就大大方便了议会对国务员行使弹劾权。值得注意的是，两部宪法性文件关于弹劾审判的程序与规则全是空白。

在当代我国台湾地区，法律规定，当"总统"犯有"内乱"或"外患"罪时，立法机构可以提出弹劾案。弹劾案必须经过全体"立法委员"二分之一以上提议，以书面详列弹劾事由，交由程序委员会编列议程提报院会，并不经讨论，交付"全院委员会"审查，审查时得由"立法院"邀请被弹劾人列席说明，审查后由院会以无记名投票表决，如经全体"立委"三分之二以上赞成，即作成决议，声请"司法院"大法官审理，经"司法院宪法法庭"判决成立时，被弹劾人应即解职。

政治动机与弹劾制度的启动

宪政史上一些著名的弹劾案件表明，弹劾制度的启动，往往以现实政治考虑居多，所以弹劾罪名也以政治性质的居多。

英国宪政史上著名的1640年斯特拉福弹劾案发生时，虽然下院议员们轮番揭发国王宠臣斯特拉福的罪行，但都是一些笼统的叛国罪之类，谁也指不出他违反了哪些具体法律。最后议会下院只能通过《剥夺公权案》，以任何企图篡改现存宪法和政府体制的行为都是叛国罪的名义，将斯特拉福绳之以法。不难看出，议会弹劾绝对专制主义积极支持者斯特拉福的真实动机，是希望借此削弱查理一世的专制统治力量。

美国历史上针对总统的弹劾程序启动共有四次。其中以1868年安德鲁·约翰逊总统弹劾案、1998年克林顿总统弹劾案较有代表性，两者都是在众议院获得通过之后，在参议院被否决。安德鲁·约翰逊被国会弹劾，表面原因是约翰逊蔑视国会权威，在国会通过一项否定总统对内阁官员解职权的法律后，他仍然坚持把陆军部长解职，激起众议院的愤怒与不满，以致投票决定弹劾他。实际原因却是总统与共和党激进派之间的政见之争,在后者看来他对战后南方各州过于仁慈。国会中的共和党激进派希望以弹劾的方式迫使约翰逊去职,改变其战后重建计划。正因为如此,在随后的参议院表决中,有七名共和党人确信这些弹劾条款背后有着政治动机,他们超越了党派界限,投票支持判约翰逊无罪。于是出现了35票对19票的投票结果,比定罪和罢免总统职务所需的三分之二票数只少一票,这样弹劾案在参议院表决未获成功,约翰逊得以保住总统职位。

　　同样地,有论者认为克林顿弹劾案从一开始就不是纯粹的个人隐私问题,也不是纯粹的法律问题。两党在这场风波中采取的立场主要出于党派政治的动机,而不是法律正义或者道德正义的动机,即使后者并非一点也不存在。1998年11月间的形势是,如果克林顿在即将来临的议会中期选举之前被逐出白宫,民主党在选举中将肯定要失去更多的席位,"将依法取代克林顿完成本届任期的在任副总统戈尔是否能够为民主党重整旗鼓是十分令人怀疑的"。①在这种情形下,整个民主党很可能会在美国政治历史上进入又一次低谷,共和党会趁机稳定在国会的多数控制,左右选民,并且极有可能在2000年秋季的总统大选中获胜。②所以,"单独来说,克林顿与莱温斯基的关系是两个成年人之间的隐私,它涉及道德和当事人的家庭问题,却不是法律问题,也不是政治问题"。从这个意义上说,克林顿弹劾案是被党派斗争的机器制造出来的。③因此,"约翰逊与克林顿这两个弹劾案显示,这种监督权有时甚至可能被总统的政敌所滥用,连总统对议员的态度或性行为都可能成为弹劾的借口"。④

　　2004年3月,韩国发生有史以来第一次国会弹劾总统案。弹劾理由是在野党认为总统卢武铉在国会议员竞选活动中存在支持特定政党的发言等违反选举法嫌疑,以及亲信腐败等问题。但是根本原因还是在野党的选举考量,"上面所说的国会议员选举是在野党能否确保与原来一样的多数席位,继续掌握政局的主导权,还是作为第三大党的执政党确保多数席位,使卢武铉总统在余下的执政期间得以履行总统选举期间的公约的转折

---

①②③赵轶峰:《克林顿总统弹劾案中的权力和权利冲突》。
④赵心树:《选举的困境——民选制度及宪政改革批判》,四川人民出版社,2003年,第377页。

点"。①这样在野党为实现继续在国会中保持多数优势地位的目标,决定对卢提出总统弹劾诉讼案,并在3月12日第246届国会(临时会议)第2次正式会议上以超过在职议员271名中三分之二的193名赞成票通过。

其实在野党的弹劾理由在法理上是站不住脚的。正如5月14日韩国宪法裁判所在驳回弹劾审判请求的判决书中指出的,关于被诉讼人(卢武铉)贬低现行选举法的发言,裁判所判断为总统将现行选举法贬低为官权选举时代的遗产,不构成对现行法的肯定的违反行为,"整体考虑上述发言的具体状况,没有背逆自由民主的基本秩序的积极意思,或不构成将法治国家原理根本否定的重大的违反行为"。②

从英、美、韩等国的实例中不难看出,弹劾案的提出以政治动机考虑为多,或是国会多数党与国家元首的政见之争,或是在野党出于竞选的需要,希望借此削弱执政党力量,谋求在国会中的多数优势地位。

制度变迁视野中的弹劾实践

从制度变迁视野中观察议会弹劾权在各国的历史实践,一些经验得失非常值得总结。

第一,民主化起始阶段弹劾权轻易使用的随意性。美国建国以后,众议院提出的第一个弹劾议案是在1797年7月5日,弹劾对象是来自田纳西州的参议员威廉·布朗特(William Blount)。通过他的一封密信内容,众议院指控他与英国密谋,策划组织一支由印第安人与边境居民组成的远征队,在英国舰队的支持下,攻击正在与英国交战的西班牙在佛罗里达半岛的领土。于这次弹劾案的合法性,有学者指出:"在众议院的弹劾行动中一个未经解决的问题是,布朗特的行为与他的官方身份之间的关系。显然,作为参议员,他是不应该被弹劾的,但是他在参议院的同事们夸大了他的密谋计划如果付诸实施的国际影响。"③但是当时的众议院司法委员会

---

①② 罗胜福:《韩国的弹劾制度及卢总统弹劾审判案的主要争议》,《当代韩国》2004年夏季号。
③ Irving brant, *Impeachment: Trials and Errors*, New York, Alfred.A.Knopf, 1972, p.26.

主席，特地引用了英国的先例，认为布朗特以一位普通公民的私人身份可以被弹劾。虽然最后布朗特未经参议院的弹劾审判，但是在同年7月8日，参议院还是作出开除布朗特参议员职务的决议。

在美国各州也是如此。作为一种州议会控制执法行为的主要机制，弹劾权运用相当频繁，在1776年至1805年的30年间，新泽西议会已发动了九次弹劾，佛芒特六次，马萨诸塞和宾夕法尼亚各四次，南卡罗来纳和肯塔基各三次，田纳西两次，佐治亚一次。与英国下院对内阁的不信任表决不同，美国的联邦和各州议会只基于官员行为来决定是否进行弹劾，且弹劾程序独立于普通刑事诉讼，弹劾决定则不受法院的司法审查。

在民初中国，本来弹劾权针对的仅仅是国务员的个人行为，与议会的不信任投票权（倒阁权）是两回事，后者是针对内阁的集体行为，如政府提出的施政纲领、政府声明或其他法案。但是当时造法者实际上将弹劾与不信任混为一谈，把不信任投票的意义包含在弹劾之内。更重要的是民初议会在政治实践中也确实将弹劾权作为不信任权行使，北京临时参议院曾经提出过弹劾全体国务员。第一届国会期间，一些议员更是针对政府施政行为纷纷提起弹劾案。1913年6月，国民党籍参议员邹鲁以政府未经国会同意，向五国银行借款案为由，弹劾政府违法借款。此外，还有国民党籍众议员张华润等以政府向奥地利瑞记洋行借款案，未经国会议决为由，提出弹劾案。共和党籍众议员何雯认为"财政总长周学熙擅行订立，实属违背约法，且签字后又不交院追认"，为此提出弹劾周学熙案。国民党籍众议员黄懋鑫提出弹劾国务总理赵秉钧、周学熙案，理由与进步党众议员李国珍相同。四个弹劾案俱通过。在各党的压力下，国务总理赵秉钧和财政总长周学熙宣告去职。国会在短暂存在的半年多时间里，不少议员问政积极，仅众议院就提出九件弹劾案。

一些地方议会也是如此。1913年4月，湖北省议会弹劾湖北高等审判厅审判长易恩侯与检察厅长王镇南不知洁己奉公，违法失职。指控罪状包括贿赂破坏法律，任用私人，受贿擅放要犯，破坏选举与私卖法官。王镇南因而于6月初辞职，易恩侯则于6月中旬被免职。在1920年，江西省议会以省长戚扬侵吞公款、败坏吏治、蔑视议会等罪名，以三读会表决方式通过对他的弹劾案。与此同时，江苏省议会以用人、主政不当以及对省议会的决议案实施不力，通过弹劾省长齐耀琳的议案，最后齐耀琳被迫辞职。

从制度变迁的视角来看，即使是西方发达民主国家美国，在其早期民主化阶段，由于制度实践经验的缺失，弹劾权的轻易使用现象与处于民主转型阶段的中国民国初年是非常相似的，这从一个侧面很好地说明了民主政治建设的阶段性特点。

第二，现实政治实践中弹劾权实际效果不容高估。人们习惯上认为，议会弹劾权理所当然是一种非常有威力的制度，似乎一旦运作起来，就能起到立竿见影的作用，但是弹劾实际效果却很难高估，有时候甚至是事与愿违。

1998年克林顿弹劾案就是一个明证。克氏的丑闻并没有像一些共和党人所希望的那样，对国会中期选举结果产生决定性的影响。反而，民主党取得预期的成绩，获得了一次小规模的胜利，在众议院增加了五个席位。"国会中的共和党人发现他们自己处在严重的政治困境中。那些来自社会保守人士的核心选民要求弹劾并且不愿对不可饶恕的事情的处理打折扣，而当时，广大的公众明显地反对赶走总统。面对错综复杂的事情，三分之二的美国人也认为国会议员应该顺从公众意见的调查结果，而不是鉴于他们自己对弹劾的最佳判断。"[①]

此外，弹劾制度在实际中的运用率和成功率都是相当低的。从历史上看，英国除在弹劾制度创立的几百年中成功地实施过两次弹劾外，自1805年迄今，已将该制度束之高阁。自1800年到克林顿弹劾案发生的1998年，美国众议院共处理过60余起弹劾案，其中只对14人提出了弹劾，最后只有7名法官被弹劾免职。再如法国，只有1972年对蓬皮杜政府的弹劾获得了必要的多数通过，自1958年至1979年的24次弹劾案中，成功率仅为4%。因此有学者认为弹劾案在政治实践中所能发挥的监督、制约作用，远不如当初人们想象的那么"伟大"。[②]

[①] 盖里·C.杰克布森：《1998年国会选举中的弹劾政治》，孙哲主编：《美国国会研究第1辑》，复旦大学出版社，2002年，第219页。
[②] 卞慕东：《论西方宪政的弹劾制》，《广西大学学报（哲社版）》1997年第2期。

第三，现代民主国家弹劾权慎重使用的务实选择。一般来说，国会对于行政部门的权力制约，在总统制国家只有弹劾权最为重要，所以也就特别强调弹劾权的行使。但即使如此，在弹劾权使用较多的美国，人们也不赞成频繁使用弹劾权，正如有学者在总结约翰逊总统弹劾案经验时指出："如果成功的话，并作为一个先例被接受，那么将会改变三权分立、制约与平衡的原则，使美国成为一个国会独裁的国家。"而且，"这个弹劾案的失败，虽然是对曲解宪法行为的永久性警告，但是更多的还是一种不祥之兆。此外，如果不是捍卫总统的言论强有力与令人信服，从而影响了个别参议员，可能进而改变了好几位参议员的立场，那么美国政治史上一次最严重的悲剧发生将无法阻止。"[①]

法国自第三共和国以来，历次宪法均有关于弹劾权的规定，即共和国总统应对叛国罪负责，政府成员应对在执行职务时的犯罪行为及危害国家安全罪负刑事责任，由众议院提出控告，交特别高等法院审判。但是议会行使弹劾权的难度呈逐渐加大的趋势。1875年宪法规定，众议院可对总统的叛国罪及部长们的渎职罪提出控告，由参议院组成特别高等法院审判。1946年宪法规定，国民议会以无记名投票及议员总额（不包括指定参加起诉、侦查、审判的议员）的绝对多数通过，可控告总统和政府部长，并移交由国民议会于每届议会之始选举组成的特别高等法院审理。1958年宪法则规定，两院只能以议会组成人员的绝对多数作出相同的表决时，才能对总统的叛国罪及政府成员的渎职罪和危害国家安全罪提出控告，然后移送特别高等法院审判。这种制度设计迫使法国议会谨慎行使弹劾权。自第三共和国以来，法国总统、总理还没有一位受到过弹劾，政府成员受弹劾的也不多，仅在1920年，众议院因约瑟夫·卡约在战时有通敌嫌疑，对其提出弹劾案，参议院审判卡约有罪之后，对他处以3年监禁，剥夺公民权10年的刑罚。

弹劾制度的发源地是英国，"但弹劾制在英国，久已废弛不用，且自1805年以来，英国议会从无行使弹劾权之事；盖英国法庭的独立，既足以

---

① Irving brant, *Impeachment: Trials and Errors*, p.154.

为国务员犯罪的制裁,而自议会内阁制实现以后,英国议会尚可投不信任票以为国务员犯罪或失职的制裁"。①从1805年以来,英国议会就不再使用弹劾权。总之,在议会内阁制国家,由于内阁制的逐渐完善,议会可以通过以不信任案的形式迫使内阁辞职,以达到监督政府的目的。而且这种方式与弹劾制度有异曲同工之妙,程序更加简便,所以弹劾权极少使用。

---

① 王世杰,钱端升:《比较宪法》,第252页。

总统制、议会制政体选择与政治转型

在民主转型的关键时刻,"宪政体制的选择确实关系到一个民主的长期稳定或不稳定"。[①]当代宪政制度学派认为宪政体制的差异与民主政治的稳定间存在重要关联,人们可以从各国宪政运作历史经验中,选择能够产生保证民主转型顺利完成的宪政制度模式。

目前最盛行的见解是认为议会制优于总统制,这也是民国初年人们普遍的看法。美国学者林茨从政治稳定的角度,阐述总统制设计上对转型期政治稳定的不良影响。包括:第一,行政与立法机关之间的冲突难以解决。总统制因为没有内阁制中信任投票的制度化解决办法,可能造成政治死结,不但民主政策可能因此耽延,更可能在民主巩固未成熟的国度,造成军人或是独裁者以政治效能为由干政,而使民主政治中断。第二,总统与议会任期固定。政府面对瞬息万变的民意缺乏协调动机,人民对政府的控制能力降低,容易引起政治不稳定。第三,总统选举胜者独行。总统选举缺乏内阁制政府中权力分享与政治妥协的精神,尤其在种族、宗教、语言严重分化的新兴民主国家当中,如果胜者只是未过半数的相对多数赢家,反而可能造成政治竞争的激化。民国时期有学者曾举美国威尔逊加入国联案被参议院否决的先例,认为在总统制下,总统不能解散国会,国会又不能变更总统的政策,"所以一到国会多数党与总统反对的时候,必致

[①] 游盈隆主编:《民主巩固或崩溃》,(台湾)月旦出版股份有限公司,1997年,第51页。

一事不能进行。总统想做的事体,国会不答应,国会通过的议案,总统又加否决,相持不下,一事无成"。①

议会制优点主要体现在六个方面:第一,它较可能产生多数政府以执行其政策;第二,在多党的结构下,它的统治能力较强;第三,它较不可能使政府领袖冒险在宪法边缘施政,而且它有能力及时去除这种类型的政府首脑;第四,它较不易引发军事政变;第五,它较可能使担任公职或党职者有较长任期,增长政治精英的历练并培养他们对政治社会的忠诚。最后,最高行政首脑如果未能得到议会多数的支持,可以通过"宪法手段"解散议会,重新大选来解决争端;而不必造成总统制下的"合法性二元化"局面:总统与国会的矛盾死结无法通过民主程序解决。②

但是议会制的不足之处也十分突出。最主要的问题是由于党派势力变化,内阁更迭势必频繁,政局亦将随之动荡不安。以法国为例,1879年至1940年的51年里,法国共有100届政府。其中在1924年至1940年的16年间有36届政府,而1939年至1940年的一年间有三届政府。二战后的第四共和国政局更加动荡。1946年至1958年的12年间,法国共经历了25届政府,平均寿命不到半年。与法国相似的是,民国最初两年内阁更换了四届,其中在参议院掣肘下的陆征祥内阁,寿命仅有三个月,"议会制在主要的行政权层面会产生一个陷于停滞和僵局的行政力量,而就决策工具来说,要比美国的总统制弱得多"。③

此外,议会制的绩效与政党政治的发达有密切关系。"议会制只有在执政党在议会中占了多数或接近多数的情况下才能成功地解决行政机构的活力问题。在存在着(如达尔所期望的)多党制的地方,在没有一个政党成为多数的地方,我们常常不寒而栗地发现一个虚弱的政府,如今天的以色列和意大利或第四共和国时期(1946年—1958年)的法国。"④所以英国虽然是议会制,但是英国的两党制不同于法、意等国的多党制,"在这一制度中,诸党中的一党通常在议会赢得多数议席,并不以联合的形式执

---

① 朱经农:《评国是会议所拟宪法草案》,《东方杂志》第 19 卷 21 号。
② 崔之元:《总统制,议会制及其他》,(香港)《中国社会科学季刊》,1995 秋季卷。
③ 詹姆斯·W. 西瑟:《自由民主与政治学》,竺乾威译,上海人民出版社,1998 年,第 209 页。
④ 崔之元:《总统制,议会制及其他》,第 154 页。

政。这种状况在议会制下是不能保证的。"①显然,民国早期脆弱的政党政治,是无法满足议会制在政党制度方面要求的。相比较而言,总统制的优点是运作起来也比较切实可行,对于政党状况、选民经验等实施条件没有太高的要求,能够提供一个稳定而强有力的政府。

不过,关于总统制与议会制对政治稳定性影响的比较,迄今仍无定论。美国学者肖喀特(Matthew Shugart)与卡瑞(John Carey)认为如果把二战前的历史也算进统计样本,总统制与内阁制造成民主崩溃的数目相差不多,林茨对总统制的不满是来自该制度在拉丁美洲的失败经验,而本世纪在非洲、亚洲和南欧,垮台的民主政府大都属于议会制。其实两种制度本身各有长短,并无优劣之分。

民国初年民主转型的失败经验表明,选择何种宪政制度,有两条原则非常重要。一是不能违背基本的宪政原理,特别是权力制衡原则;二是宪政制度内容,特别是政体制度必须体现多元政治利益格局的特点。所以选择议会制,而不能是"超议会制";选择总统制,也不能是"超总统制",更不能是"开明专制"、"训政"等威权或极权政治模式。

综上所述,考虑到中国行政集权制度传统、北洋派总统权力与国会各政党立法权力的不同利益诉求,1913年合适的宪政制度选择可以是类似于当代法国的"半总统制"。这种政体制度兼有总统制与议会制的长处。一方面总统有相当大的政治实权,政府总理对总统负责,可以满足袁世凯这样的政治强人对实权总统地位的权力需求。另一方面行政与立法关系容易协调,当政府与议会发生冲突时,总统在同总理及议会两院议长磋商后,可以宣布解散议会,重新举行选举,在宪政制度框架内解决总统与议会的政治冲突。当代法国"半总统制"政治运作的成功经验表明,"第五共和国不但造就了一个强总统,而且产生了一个相对稳定与有效的内阁"。②20世纪第三波民主化经验也证实,"对民主转型国家而言,半总统制比纯粹的内阁制或总统制更有吸引力"。③

---

① 崔之元:《总统制,议会制及其他》,第210页。
② 张千帆:《西方宪政体系(下册·欧洲宪法)》,第27—28页。
③ 林继文:《政治制度》,台湾中央研究院中山人文社科所专书(47),2000年,第168页。

政治妥协与立宪政治

当代民主化研究表明,"建立民主的过程就是一个将所有导致不确定性的各种集团的利益制度化的过程"。①促进这一过程平衡推进的重要途径就是政治妥协。制宪政治中的政治妥协是一种制度性妥协,它是指各种政治、社会力量经由协商式的讨论而对"要如何做"获得共识。它意味着建立一个在其中没有哪一种利益必然被保证,但每一种利益都可以在其中依一组程序性的规则为其实现而与其他利益斗争、妥协的制度架构。制度性妥协的建立,意味着权力的分散或分享,得到一个大家都共同接受的制度性的安排。而且"妥协必须是形成实现各种利益集团特殊利益的预先各种可能性的制度。如果和平的民主转型是可能的,那么它首先必须解决的问题就是,在不威胁那些可以改变民进转型过程的利益集团的利益前提下,如何解决政治走向不确定性的制度化。其方法就是民主化的制度性妥协"。②

制度性妥协与实质性妥协不同。季卫东将宪法上的妥协分为形式、实质与制度上三种方式。其中实质上妥协(实质性妥协)是指在双方的某种利益分别得到实现的前提下就原则问题达成妥协,表现为"双方互相让步""一方忍让"以及"价值兑换"三种方式。制度上的妥协(制度性妥

---

① Adam Przeworski, *Some Problem in the Study of the Transition to Democracy*, Guillermo O'Donnell, p.58.
② Adam Przeworski, *Some Problem in the Study of the Transition to Democracy*, p.60.

协）是指在多元格局中国家制度安排以价值中立为指针，并做到权力互相制衡。"民主的达成并不在于精英之间在实质问题上获得妥协，而是在程序规范上获得暂时的共识，这些程序规范包括：决定哪些政党可以被允许进入政治过程的制度、决定席次分配的选举制度、决定国家结构的制度设计等。"①所以，"民主妥协不能是一种实质性的妥协，它只能是一种持续的制度化妥协。民主政治的特点就是没有哪一种利益能够确保"。②在民主转型过程中，体现制度性妥协功能的最重要的政治活动就是制宪。只有通过制宪活动，才能将各主要政治力量的利益目标在宪法条文中体现出来。最后制定的宪法可能在理论上并不完美，但是却能够基本上体现各主要政治势力的利益与要求。只有这样的宪法才有可能被多数政治精英们接受、执行，并存在下去；那种有宪法无宪政的局面才能够尽力避免。

同时，制宪政治是一个动态的策略互动过程，政治协商是实现制度性妥协的关键方式。美国学者亚当·普沃斯基认为："政治民主化的展开，通常是透过一连串政治协商的过程进行。政治协商意指一组政治行动者，以公开但非正式的形式，寻求彼此对权力运作规范的界定，并相互保证彼此利益。通常涉及政治权力安排运作的协商，多半是透过非民主的手段进行，即仅仅是由既有建制内少数成员进行政治协商。"在协商式策略互动过程中，居于多数地位的政府改革派与反对阵营温和派是最后完成制度性妥协的角色，"民主转型的关键完全取决于执政当局改革派与反对阵营温和派是否策略同盟"。③双方接受的政治方案"多半是尝试找出一种体制，足以保证其不致在高度敌对的民主竞争中影响到自身的利益"。"民主转型的主要政治议程之一，即是朝野如何在制定一个竞争性的规范与程序上获得妥协。一个获得朝野政治势力认可的制度，并不在于其设计上是否符合学理，而是在于其是否符合不同阵营之政治行动者的利益，执政当局企图透过其维系政治利益不致流失，而反对阵营则企图透过其得以获取执政

---

① O'Donnel 和 Schmitter 看法，转引自倪应元《东亚威权政体之转型——比较台湾与南韩的民主化历程》，（台湾）月旦出版社股份有限公司，1995年，第322页。
② Adam Przeworski, *Some Problem in the Study of the Transition to Democracy*, p.59.
③ Adam Przeworski 看法，转引自倪应元《东亚威权政体之转型——比较台湾与南韩的民主化历程》，第318页。

的机会。"①

　　制宪政治中制度性妥协方式是普遍存在的。1787年美国制宪会议、英国1688年"光荣革命"以及20世纪后期世界第三波民主化，都是制度性妥协成功运作的典范。而与中国政治传统相似的法国、西班牙制度性妥协经验更富有启示。与大革命时期激烈抗争的制宪方式正好相反，1875年法国第三共和国宪法的制定成功正是保王派与共和派制度性妥协的结果。作为对共和派的妥协，保王派无可奈何地接受共和制度，把"共和国"一词写入宪法；作为对保王派的妥协，共和派不得不赋予总统一定的权力，参议院由间接选举产生，并有75名终身议员。总统任期七年，正好是共和派要求的四年与保王派提议的十年的折中方案。如果各派不能以妥协的方法开展制宪工作，法国宪法的持久性效力只能是一个神话，难以摆脱过去多部宪法的厄运。因此，在法国史学家瑟诺博斯看来，"这个七拼八凑的宪法不符合任何政党的理想，但是它是唯一经久的宪法；法国有了一个稳定的政治制度，这还是第一次"。

　　20世纪的西班牙在经历30年代民主转型失败之后，70年代末又重新开始了民主转型。这一次制宪主体是包括执政党与在野党在内的各主要政治势力。执政党在1977年7月的国会选举中成为第一大党。国王、军队、天主教会都在制宪过程中发挥了积极的影响。尽管在制宪开始时，西班牙各党派制宪立场上差异很大。如政体方面，就有君主立宪制与共和制之争。国家结构上，则有主张保障地方自治的单一制、联邦制度、排斥地方自治的单一制三种看法。但是最后还是完成了制度性妥协。"1978年西班宪法中包含的政治方案可以简要地归纳为君主立宪政体与地方分权式的单一制国家结构。方案中的政府功能与领土内容，很大程度是一致同意联合协商的结果。在制宪最后阶段，大多数制宪者都愿意接受这个方案中的大部分内容。"②这种以制度性妥协方式成功完成制宪的模式，称为"一致的制宪模式"。"一致的制宪模式发生在各主要政治势力都参与宪法起草的时候。

---

①倪应元：《东亚威权政体之转型——比较台湾与南韩的民主化历程》，第322页。
② Andrea Bonime-Blanc, *Spain's Transition To Democracy, The Politics of Constitution-making*, p.87.

在整个过程中,通过妥协,而不是教条主义的办法,并且一直坚持政治责任理念,从而达成共识。因为有妥协,宪政条款的文句通常比较含糊。"①

所以1913年民国国会排斥袁世凯北洋派的制宪参与,采用封闭性的国会制宪模式,选择抗争性方式单独制宪,实际上是拒绝任何妥协的政治行为。"立法至上"的"超议会制"的出现,更是说明当时各主要政治力量没有进行宪政体制层面上的制度性妥协,北洋派的总统权力目标在新的宪政制度中完全没有实现。1916年至1917年,相似的历史场面再次上演。由于当时的国民党系政团益友社全然不顾袁世凯死后地方军人力量崛起的政治现实,坚持要将立即实现削弱地方实力派目的的省制加入宪法,拒绝当时北洋政府与地方实力派在省制问题上的反对意见,最后致使省制问题流产,给予军人干涉制宪借口,制宪进程再次失败。

对此,1923年时任众议院议长的原国民党议员吴景濂的认识相当深刻。吴景濂在反思十年制宪失败原因时,特别指出:"皆基于政治急激冲动,非议宪本身之咎。""民二议宪破坏,内因乃争总统制与内阁制也。民六议宪破坏,内因乃争地方制度加入宪法问题也。使当时国会多数容纳总统制之主张,则无第一次解散事。使当时国会少数赞成地方制度加入宪法之主张,则无第二次解散事。"

因此,立宪政治的真谛是妥协,无论是制度性妥协,还是实质性妥协,它们对民主化的促进作用都是巨大的。民国初年各政党中,进步党与后来的研究系一直是温和派,倾心政治妥协,特别欣赏英国"渐进主义者兼取进步保守两主义而归之乎中。进则不阻进化之机能,渐则不蹈躐等之弊害"。认为只有这样才能调和各方利益,避免冲突倾轧,有进步而无破坏。反之如法国大革命,"急进者过其度,保守者不敢前,一缓一骤,一进一退,而无形之中政治与党派遂失其平均之力"。最后法国是循环革命,有破坏而无进步。他们认为当时的中国类似于法国革命后的政象,"所谓新旧势力之对抗,与激进保守两派政治上之运动,其相持益急,而

---

① Andrea Bonime-Blanc, *Spain's Transition To Democracy, The Politics of Constitution-making*, p.13.

相竞愈烈，演成今日不能调和，各走极端之现象"。①所以民国应该汲取法国革命的教训，学习英国政党政治妥协的经验。

当代政治学家达尔认为民主依赖于妥协，这已成为人们的共识。亨廷顿也强调妥协是在20世纪70年代以来第三波民主化的共同特征之一，因为"民主国家是通过谈判、妥协和协议而产生的"。在政治精英中进行谈判和妥协是民主化进程的核心。一般来说，"政治的艺术就在于如何在斗争和妥协之间，既避免大规模的冲突，又能实现既定的战略目标"。民国早期宪政史上不多的成功经验也表明，即使是1912年革命党人与北洋派的实质性妥协，也为现代中国留下了共和制度的历史遗产。1923年直系与反直实力派虽然没有在总统选举问题上完成妥协，但是国会中制宪派议员却与直系在省宪与总统选举问题上达成制度性与实质性双重妥协，最终促成了1923年民国宪法的完成。

---

① 李仲公：《读英法急进保守两党史（续）》，《晨钟报》1916年11月6日。

重返自由历程中的 20 世纪

要对刚刚过去的20世纪历史进行反思,不言而喻是一件艰难的工作。对于熟悉左派革命史观的国内读者来说,保罗·约翰逊的《现代:从1919年到2000年的世界》[①]一书风格独特,无疑为我们打开了另一扇历史窗户。在笔者看来,自由的失而复得是约翰逊最为关注的20世纪历史演进的主题。

自由何以丧失

极权主义在20世纪初的兴起、扩张与持续,与此相应的是人类自由的丧失。对那些经历极权统治的人民来说,最大的不幸是遭遇了人类历史上非凡的极权政治精英。在约翰逊看来,列宁、希特勒的成功,首要因素是他们都是政治天才。在1917年混乱的俄国,如果没有那位24小时都在革命的列宁,布尔什维克是不可能迅速夺取政权的。"列宁是位行动主义者,而且的确是位登峰造极的行动主义者。"正是由于列宁在10月采取的暴力与恐怖手段,已经开始民主化的临时政府才被推翻了。紧接着在1918年1月,民选的全俄制宪会议被非法解散,昙花一现的议会民主从此在俄罗斯消失了70多年。在20世纪30年代的魏玛德国,"共和国的毁灭并不是不可

---

①保罗·约翰逊:《现代:从 1919 年到 2000 年的世界》,李建波等译,江苏人民出版社,2001 年。本文有关材料均引自此书。

避免的。如果不是激进的右派中出了一个政治天才,也许共和国仍然会生存下去"。这个政治天才就是希特勒。他具有超常才华,处事果断,意志坚强,长于演讲与煽动,具有创造性的想象天赋,是当时德国各派政治人物所无法比拟的。

一个引人注目的历史事实是,除了专制主义的俄罗斯帝国,德国、日本等国在一战后都曾经实施过不同程度的民主政治,不过令人遗憾的是,这些国家的民主制度存在着致命性的缺陷。约翰逊特别提到魏玛德国的宪法第48条紧急命令权。在魏玛德国后期,政府绕开议会,频繁使用紧急命令权,严重破坏了德国宪政制度,为后来希特勒利用这一制度摧毁共和国开了先河,所以"魏玛共和国之所以瓦解就是因为其宪法过于笨拙"。东方国家日本的状况与德国相似。由于明治宪法本身的不确定性,特别是允许日本军队保持特权地位,游离于国家宪政体制之外,在经历20世纪20年代短暂的议会民主试验之后,军国主义最终迫使日本的议会民主流产。

20世纪文化击败19世纪文明,也是极权主义兴起的思想文化土壤。约翰逊特别钟情19世纪欧洲基督教文明,认为它代表着人类良知与道德信仰。而把马克思主义、弗洛伊德学说、道德相对论统统归入反古典文明的现代文化范畴。现代文化的影响是极其恶劣的,"马克思主义和弗洛伊德分析都在以不同的方式共同瓦解着发展完善的个人责任感以及致力于既定的、具有客观真实性的道德信条的义务感。这种责任感和义务感是19世纪欧洲文明的核心。人们从爱因斯坦那里得到的是这样一种宇宙印象,在这个宇宙里,道德衡量标准是相对的。"

这样,现代文化的创造者——知识分子自然成为约翰逊激烈批评的对象,其严厉态度并不亚于他在《知识分子》一书中的立场。他的一个总结性看法是"20世纪知识分子没有能够发挥表率作用"。在德国,由于著名的知识精英斯宾格勒、卡尔·斯密特摈弃民主主义和人道主义文明,信仰社会达尔文主义,反文明思潮居于主流地位,最后反犹主义成为现代文化战胜古典文明的一个极端后果。民主国家的众多知识分子更是习惯于批判西方主流价值,赞美苏联极权主义,为种种极权主义暴行辩护,法国的萨特是其中的佼佼者。二战以后也是如此。美国20世纪60年代的社会文化危机，很大程度上是东海岸自由派知识分子与媒体有力炒作的结果，其实质是夸大了现实社会的紧张状态。对此，卡尔·波普尔在《二十世纪的教训》中特别批评西方知识分子扭曲历史的错误，"不负责任的西方知识分子，还是把西方世界视为邪恶的表征"。

同样地，民主国家的一些领导人对极权主义的兴起也难辞其咎。美国总统威尔逊是约翰逊第一个毫不留情批评的政治家。在书中，威尔逊是一个政治立场不坚定、缺乏远见的人，其政治风格"是非常不准确的。他使用华丽辞藻是一流的，起草文件却十分糟糕"。威尔逊最大的错误是同意协约国在一战后实施剥夺德国的政策，这是20年后德国再次发动世界大战的诱因之一。书中借用英国经济学家凯恩斯当时的评论，"美国在世界事务中处在一个独一无二的时刻，威尔逊不应该忙于确定战后边界以及国际联盟的组建，而应当利用美国的食品供应和经济力量帮助欧洲实现长期的经济复苏。一个繁荣的欧洲更容易忘却过去的伤心记忆，重新合理地调整现在乘一时之兴强行划定的边界"。不过，国际政治门外汉的威尔逊虽然负有责任，但也不能苛求他，即使是经验丰富的丘吉尔，在20世纪20年代做出的一些战略判断也是可笑的。如他对英日未来关系发展的预言，认为英国同日本的战争"在我们这个时代，这个机会一点可能性都没有。日本是我们的盟友"。

极权主义的兴起并不可怕，可怕的是它的迅速扩张与长期存在。西方民主国家30年代的绥靖主义无疑为此打开了方便之门。绥靖主义在欧洲的盛行，是民主大国在两次世界大战之间愚蠢的国防外交战略的恶果。在英国，帝国思想迅速死亡，战前流行的是和平与反战运动。当时一位工党领导人公开声称："我要关闭所有的征兵站，解散陆军，裁掉空军。我要废弃所有令人生厌的战备装备，并向世界说你想怎么样就怎么样吧。"丘吉尔重整军备的主张遭到朝野上上下下的反对，只能是曲高和寡。因此，"至少在1938年底以前，希特勒还是有理由相信英国不会与之武装对抗。于是，他行动起来"。

绥靖主义的危害不仅导致二战的发生，更重要的是美国对苏联的绥靖政策致使极权主义在战后仍然持续下去。与威尔逊一样，同样是民主党人的罗斯福似乎也是一个对国际政治一无所知的人,"罗斯福在处理外交事务时总是有点漫不经心,这种作风一直维持到1945年他去世为止"。罗斯福不仅无视苏联极权主义对自由民主的威胁,而且还充满了美苏和平共处的幻想。战前,"罗斯福总统热衷于表现他的高尚和进步。但他的高尚主要体现在要求英国去维护国际秩序,而他的进步却视苏联为世界和平的维护者,而且地位在英国之上"。战争开始后,罗斯福期待与斯大林在战后建立"伟大的联盟",谴责丘吉尔的帝国主义作风。但是在战争快要结束时,斯大林违背雅尔塔会议的承诺,拒绝在东欧地区实行自由民主选举,这一举动狠狠教训了罗斯福。但此时已晚,"罗斯福的盲目对战后欧洲的稳定造成了威胁",这是他作为民主大国领袖不可推卸的冷战责任。

20世纪60年代初,另一位民主党总统肯尼迪在古巴、越南问题上的错误,也给苏联的扩张以可乘之机。约翰逊认为肯尼迪"不是一个国家元首,而是一个职业运动员、一个宣传家、一个政治贩子"。他的理由是肯尼迪缺乏当机立断的勇气,在"猪湾事件"中没有倾全力推翻卡斯特罗政权。在后来的导弹危机中,又默许古巴与苏联公开的军事结盟。这样,革命后的古巴人民不仅生活一落千丈,从拉美最富有的国家之一变成最穷的国家之一,而且拉美、非洲等其他一些国家的人民也不断遭受卡斯特罗政权输出革命制造的苦难。在越南问题上肯尼迪更是急躁冒进,轻率地同意推翻吴庭艳政权,使南越失去一个有才能的领导人,从此陷入军人独裁的动荡中一蹶不振。

最后在世界安全体制方面,值得批评的是联合国的所作所为。与国联一样,联合国从成立开始就是一个大而无用的政治怪物,充斥着道德相对主义,无法及时制止极权与暴政的泛滥。对非洲新兴的民族国家,联合国的双重标准是:白人杀害黑人将引起国际性的关注,是对和平的威胁;而黑人杀黑人(或是黑人杀白人,黑人杀亚洲人,或这三种人一起杀)就纯粹是内部问题,不在联合国管辖的权限之内。20世纪70年代"食人恶魔"伊迪·阿明在乌干达令人发指的种族屠杀与极权统治,不仅没有受到联合国的谴责,反而得到默认与纵容。正是联合国的举措失当,才使1960年以后,让立宪主义成为非洲新兴国家标准的希望破灭了。非洲变成充斥暴力、屠杀、恐怖的野蛮人的王国。与此相应的是,长期以来,联合国对人类自由事业的推进也难有作为,原因很简单,因为"联合国大会论坛是一个只代表各国政府的代表团体,其中非民主国家的分量日益增加"。为此,约翰逊惋惜地指出,朝鲜战争后,"此时西方民主国家本来应该抛开联合国,集中力量将北大西洋公约组织扩展成为一个世界级的自由国家安全体系。但是他们没有这么做"。

自由如何重返

自由重返人类社会,最初的一缕曙光是在1941年。在欧洲许多民主国家相继被纳粹德国征服之际,希特勒出人意料地作出了进攻苏联的决策,从而放弃夺取中东、印度与亚太的全球战略。虽然从种族宿命论的立场去理解希特勒的行动,倒也不值得大惊小怪。但是希特勒这一错误决策,确实拯救了英国与人类自由。如果纳粹实现攻占亚太的全球战略,与日本在印度会师,占据中东、印度、东南亚与澳大利亚,未来的战局可想而知。以美国、英国的力量,很难取得对横跨欧亚的轴心国的胜利。所以"希特勒一生中最生死攸关的决定就是入侵苏联。这个决定毁了他的帝国,同时也毁了他自己"。当然,对英美民主国家人民来说,这是自由之幸。而历史再次证明了关键人物在关键时刻的行为,对人类的命运是多么的重要。

无论是二战时期的轴心国,还是战后的苏联帝国,在经历短暂的辉煌之后,极权政体最终无法避免自我摧残与崩溃的制度怪圈。弗朗西斯·福山的评论相当精彩,他在《历史的终结及最后一人》中指出,自由民主制度不存在根本性的内在矛盾,而在此之前的种种政体具有严重的缺陷及不合理的特征从而导致其衰落。事实正是这样。日本帝国从19世纪后期开始的迅速崛起引人注目,但是日本极权政治的英雄主义的无政府状态、互不信任、缺乏总体战略规划特点,同样令人印象深刻。"那些在广岛和长崎死去的人们并不完全是英美高科技的牺牲品,他们更是一个瘫痪的政府体系的牺牲品,这个政府是一个邪恶的思想造成的,这个思想不仅排斥了基本的道德准则,也排斥了基本的理智。"同样的命运降临在20世纪80年代的苏联帝国,长期以来,苏联内部问题重重,经济和科技持续衰败,体制正在走向全面崩溃。

对刚刚获得独立的第三世界人民来说,自由并不是从一开始就具有强烈的吸引力。相反,独立运动领袖们还要找出种种理由,强调自由的西方特性与本土性的冲突,允诺引导人民开辟一条新的发展道路。20世纪50年代开始的万隆时代,似乎预示了一条介于自由与极权之间的第三条道路。但是历史证明,万隆时代的领导人真正带给人民的只是一个个政治神话。在约翰逊笔下,万隆时代的一些著名领导人是极其平庸与无能的。印度总理尼赫鲁似乎不知道如何进行统治,每天花四五个小时口述回信。"尼赫鲁真正感兴趣的是在世界舞台上维护国际道义。20世纪50年代,他成了高明欺骗者的化身。"印尼的苏加诺的表现更加糟糕。"苏加诺统治1亿人的道义理由并不比印度的尼赫鲁充分,实际上比后者更少。他也缺少行政才干。但是有语言天赋。面临问题时,他就用词语解决。"他主持召开万隆会议,"没有人能比他更能生动地体现后殖民地主义领袖人物的幻想、政治虔诚和内心的无情"。苏加诺的统治最后给印尼人民带来的是20世纪60年代经济的崩溃与政局动荡。就连人们奉为神灵的"圣雄"甘地,在约翰逊看来,也不是一个解放者,他是政治上的异国人,只能在英国自由主义的保护下兴风作浪。甘地的主张对印度问题和印度的未来没有帮助。随着万隆领导人的神话相继破灭,20世纪80年代以后,第三世界人民最后的选择只能是自由民主之路。

与二战之前截然不同的是,战后民主国家出现的一批保守主义政治家,为自由制度的活力再现作出了非凡的贡献。在美国,一些共和党总统非常杰出。里根自是不必多说,就连一向被认为在总统任内碌碌无为的艾森豪威尔,其发展经济的政绩也得到约翰逊的肯定,艾森豪威尔治理的原则之一就是"自由世界的安全最终取决于美国经济的繁荣"。在德国,阿登纳为德国战后的民主化进行了创造性的工作。特别是主持制定了现代国家最好的宪法,"与魏玛宪法比较,这称得上是一部杰作"。在法国,戴高乐创建了第五共和国,为这个动荡不安的民主大国带来了一个稳定的政体模式。"1958年5月戴高乐的东山再起不但是法国历史的分水岭,而且也是战后欧洲史的分水岭。"不仅于此,阿登纳与戴高乐等人倡导的法德合作,为未来欧盟的形成奠定了政治基础。至于英国,撒切尔夫人与"撒切尔主义"重新振兴了英国的经济,英国开始重整军备,与美国一起最终赢得了冷战的胜利。

读罢全书,不难看出,作为一位坚守保守主义政治理念的史学家,约翰逊始终以基督教文明、自由民主制度为历史评价标准,认为精英人物、制度文化、历史事件的三重奏,构成了历史发展的不确定性与机遇性。当然,与20世纪与自由有关的一些重要问题,诸如自由民主胜利的偶然性、自由制度的普适性、自由国家的世界责任、自由与人类前途等等,并不是约翰逊的一部著作所能够解答的。从这个意义上讲,《现代:从1919年到2000年的世界》并不是一个结束,而仅仅是一个开始,无论是对中国,还是对世界,自由永远是一个必须面对的时代主题。

民主路线图与埃及民主化经验

2013年7月3日,埃及军方发动政变,废黜了民选总统穆尔西,至此持续了一年的埃及政局动荡进入了一个新的不确定期。从宪政的视角来说,军方的政变无疑意味着埃及民主化的重大挫败。它表明从2011年年初埃及政局发生巨变以来,两年多过去了,埃及仍然没有走出民主转型的困境。形成这一局面的原因固然很多,但是在笔者看来,从一开始,埃及的民主路线图就存在重大问题,其走向不是共识,而是分裂。

穆巴拉克被推翻后,埃及民主化的启动标志并不是制宪,而是2012年1月人民议会(议会下院)的首次民主选举。前执政党民族民主党因腐败等问题丧失民心后,穆斯林兄弟会(简称穆兄会)的自由与正义党独占鳌头,赢得总席位的近一半,成为人民议会的第一大党。穆兄会的获胜当然不是偶然的,他们在80多年的时间里,活动方式从秘密到公开,组织网络遍及埃及城乡,通过教育慈善等公益活动获得大量社会支持。议会第二大党光明党也是伊斯兰政党,比穆兄会在宗教立场上更为激进。双方加起来的得票率高达65%,远远超过议会中的世俗自由派政党。人民议会的选举结果表明,在民主化的起始阶段,代表军方与中产阶级的世俗力量,同时也是推翻穆巴拉克的核心势力,就已经先失一城。随后作为一种补救,与军方关系密切的埃及最高宪法法院于同年6月14日裁定,议会选举法部分条款违宪,年初选出的人民议会无效并解散。

民主化的第二步是总统民选。经过两轮角逐,2012年6月24日埃及总统选举最高委员会宣布穆兄会总统候选人穆尔西当选,其得票率为51.73%,其竞争对手、前总理沙菲克获得1234万张有效选票,得票率为48.27%。从得票率不难看出,穆尔西只是以微弱优势当选。而且与半年前人民议会选举结果相比较,世俗力量开始复苏并奋起直追,双方的实力已经不相上下了。在政治天平发生急剧变化的情形下,作为执政党的穆兄会在执政之初就已经很难包打天下了,如果想顺利施政,穆尔西是需要与各方妥协,凝聚共识的。然而上台的穆尔西与穆兄会却是一意孤行,特别是穆尔西很快颁布总统令,宣布恢复此前被最高宪法法院解散的人民议会。穆尔西此举令埃及政坛气氛骤然紧张,军方、最高宪法法院、各政治派别纷纷召开紧急会议,一些世俗派政治人物批评穆尔西的命令。此后穆尔西又以总统宪法声明的方式宣布,总统有权作出一切决定、采取任何措施来保护"革命",防止国家统一和安全以及国家机构的工作受到威胁。声明同时强调,穆尔西上台后发布的所有总统令、宪法声明、法令及决定在新宪法颁布和新议会选举产生前都是最终决定,任何方面无权更改。穆尔西的强势作风引发世俗力量的强烈抗议,在埃及各地,反对派举行反对新宪法声明的大游行,总统民选后政局开始动荡不安。

民主化第三步才是制宪。埃及制宪委员会是由人民议会选举产生。作为议会第一大党的穆兄会在埃及制宪委员会占有绝对优势。2012年11月28日制宪委员会突然宣布,在当晚完成所有讨论并定稿后,该委员会将于次日对宪法草案进行投票。从11月29日起,制宪委员会耗费17个小时对宪法草案的234条条款逐条进行表决,于30日清晨完成了整个投票过程。由于这部宪法草案从定稿到获得制宪委员会通过在时间上显得颇为仓促,因此被贴上了"催生"的标签。按照规定,委员会通过宪法草案后,草案将送交穆尔西批准,总统随后需在15天内就草案举办公民投票。

制宪委员会的做法招致反对派的指责,他们声称穆尔西及其支持者企图"绑架"宪法,警告强行推动制宪可能让局势更加恶化。在制宪委员会宣布投票日程的当天,一些制宪议员退出讨论以示抗议。其实从一开始,一些世俗派议员就抵制制宪委员会的选举,认为伊斯兰政党力量优势太大,将来会主导宪法制定。而在新宪法起草过程中,争论焦点是关于司法独立的条款。总统方面试图增强对司法部门的影响力，而司法部门则强烈要求其独立性不受干扰。其他关于基督徒和女性的权利内容也是双方争议的要点。为表示对制宪进程的不满，世俗自由派要求解散制宪委员会，实行全国对话，组建新的制宪委员会。与此同时，埃及反对派民众的抗议进一步升级，多座城市也爆发了抗议游行，穆兄会在亚历山大等地的办公室遭到打砸，数十名示威者在冲突中受伤。

但是穆尔西不为所动，在埃及反对派呼吁抵制的情况下，仍然按照原计划举行了宪法草案公投，同年12月25日埃及全国选举委员会宣布，埃及分两阶段举行的新宪法草案公投以63.8%支持率获得通过。但是此次公投的选民投票率仅为32.9%，支持新宪法的主要是穆兄会选民。反对派随后宣称公投舞弊严重，大规模的抗议再次发生，流血冲突事件上演，国家局势异常紧张，社会经济发展也严重停滞。

从此次埃及民主化挫折的经验来看，民主路线图第一步应该是制宪，特别是成立各种政治力量参与的制宪委员会，以协商妥协的方式，制定一部凝聚各方共识的宪法，然后再举行议会与总统选举，这样民主选举的进程可能会缓慢一些，但是民主转型将会顺利一些。

但是令人遗憾的是，埃及人似乎并没有汲取此次民主化失败的教训，发动政变后军方领导人塞西表示，军方提出的埃及未来民主路线图主要包括四方面内容：暂停使用现行宪法；提前举行总统选举，最高宪法法院院长将在总统选举前暂行总统职权；成立联合政府；成立专门委员会商讨修改宪法。这一路线图的用意无非是将穆兄会排斥在民主化进程之外，但是对于拥有半数选民支持的穆兄会来说，是决不会接受这种安排的，必然会像此前的世俗自由派一样选择抗争甚至内战的方式。从这个意义上讲，新的民主路线图的走向可能仍然是分裂，而不是共识，埃及人民的民主转型之痛在短时期内将无法消除。

分权的代价：美国飓风灾难与联邦体制

2005年8月给美国新奥尔良市带来巨大灾难的"卡特里娜"飓风，其后继效应正在美国政界、新闻界扩散，一时间对布什政府的批评如潮，并进一步引发学者们对美国外交、内政问题的激烈讨论。对同样经常饱受自然灾害之苦的国人来说，或许更感兴趣的是一些形而下的问题，即国力居于世界第一的美国，在风灾来临之时，政府的救灾表现却如此差强人意。我们熟悉的中央政府一声令下，地方政府官员、军队、民众闻风而动的场面在美国却没有出现，这到底是怎么回事？

如果从制度层面给予解释，美国与中国最大的不同之处，就是前者国家结构体制是联邦制。在联邦制度框架中，联邦与州的权力是分立的，均来自宪法规定。正是宪法将某些权力授予联邦政府，另一些权力则保留给各州，以保持双方法律地位的平等性。国人都熟知外交、国防等权力属于联邦政府，但是却不十分明了各州政府肩负着与地方民生直接相关的公共安全职责。所以防风救灾类事务，从法律上来说，属于州政府职权范围。只有在州政府力不能及，主动提出需要联邦政府帮助时，后者才能介入。这样联邦政府在灾难发生之前，一般很难有所作为。在灾难发生之后，也要看州政府的脸色行事。事实也是如此，在这次风灾初期，负责救灾事务的路易斯安那州政府与新奥尔良市政府，一方面因为种种原因无力应付混乱局面，另一方面又拒绝向联邦交出管理权。

此外，即使联邦政府参与救灾工作，也不意味着州政府失去主导权。

相反，它还要处处表现与联邦政府的对等性。比如说在国民警卫队指挥权问题上，当布什总统提出统一调配军队及州属警察、国民警卫队的要求时，作为未被征调为联邦服役的州国民警卫队总司令、路易斯安那州女州长布兰科当即拒绝这一建议，因为她认为这种做法侵害了州自治权利，并且担心开此先例会后患无穷。更有意思的是，路易斯安那州政府甚至都不愿意在布什视察灾区前主动联络白宫，也从未对联邦的援助表示过任何感谢。

至于美国军队为何不能在第一时间内赶赴灾区，进行救灾，这其实也是分权制度制约作用的影响。在纵向分权关系上，根据宪法规定，除非各州发生叛乱或内乱，否则联邦军队是不能介入州事务的。在横向分权关系上，国家防务与内政领域是分立的。由于赈灾不是一项军事任务，对于军队来说，轻易介入显然是一种极其敏感的行为，容易引来民众对其过度使用权力的批评。所以尽管9月2日布什颁布命令，调动7000名军人进入新奥尔良参与救灾协助警务，但这个命令极有可能与1878年通过的一个法案相违背，1878年的那个法案规定用联邦军队维护地方警务违法。

不言而喻，建立联邦制度的目的就是为了防止国家权力的滥用对人民自由的危害。但是为此付出的代价也是显而易见的，即使是对美国联邦制度赞叹不已的托克维尔，也承认这一体制产生了一些不良后果。这次飓风灾难就是一个活生生的事实。由于州与联邦政府反应迟缓、缺乏配合，未能及时应对灾难，人为地增加了一些不必要的生命财产损失，让人非常痛心。不过，对美国人民来说，也许自由与自由之痛，将是未来生活中不时需要面对的两难困境。

细节决定稳定：关注选举程序

观察世界各国的选举，能够注意到一个发人深省的现象是，在竞选异常激烈的相似环境中，美国等发达国家选战的两极化并未带来对抗的暴力化，选举社会依然保持了高度的稳定性。而在格鲁吉亚、乌克兰等一些发展中国家与地区，激烈的选举纠纷与冲突却不时发生，选后社会的严重分裂极难愈合。针对这一现象的解读，除了人们习惯上的文化传统差异因素以外，选举制度机器是否良好运转其实更为关键，投票与计票程序就是其中两个不可缺少的要件。

选民如何投票

秘密投票方法在当代世界许多国家得到普遍采用，已经是一个政治常识。投票的秘密性意味着选民在完全自由的情况下进行选择，不受投票站工作人员和周围人的压力。一般认为，举手表决、选票公开的投票和那种能够知道谁选了谁的选举一样，没有任何价值。在实践中，秘密投票是通过选民进入秘密写票室划票，再将选票放入不透明的信封，最后由选民本人将选票投入选票箱来保证的，而选务人员确认选民投票时是否只投出了一个信封的工作，只能在不接触信封情况下进行。

因此，秘密投票需要一定的选举设施。在没有投票机的地方，用于装入选票的信封应该由政府统一提供，必须是不透明的，封口没有涂胶水，印有政府图章。信封的数量要与登记选民人数完全相同。设在投票站的秘密写票室也是必不可少的，在每个投票区，一定数量的选民应设一间秘密写票室，以方便选民划票并将选票装入信封，避免其他人看见选票内容。

实际操作时，在投票日当天，某个选民走进投票站并验证身份后，工作人员在选民名册上该选民姓名边上做上标记，表示他已投票。然后，该选民被引导向一个投票机或得到一张纸制选票，在不受外界干扰的情况下，充分按照自己的意愿，在秘密写票室完成划票工作。值得一提的是，目前在许多发达国家广泛使用的投票机是一种机械或电子操作的装置，它可以自动记录选票，统计每名候选人的得票数，以提高选务工作效率，减少人为的舞弊行为发生。

计票怎样进行

计票工作的原则是公开与透明。为了确保计票程序的公正，设在投票站的官方选举办公室的权力只能是有限的，其职责仅限于核对选民身份，发放选票，并在选民投票后做标记，完成选票的统计和起草选举记录。在选举结果宣布后，选举办公室还应将所有记录汇总，附上应附的资料，特别是与公民提出异议相关的资料和选票及没有被列入多数票计算的选票。选举办公室不能对选举资格问题作出裁决，也不能对是否在选民名册上登记之外的问题作出裁决。

在计票过程中，真正扮演关键性角色的是监票人。各政党候选人有权自行任命监票人，监督计票进程中的每一个环节。在没有投票机的年代，主要是依靠监票人手工完成计票监督。20世纪初法国选举法曾经规定，监票人名单应该在投票结束前递交选举办公室。每个选票统计桌至少要有四名监票人。一名监票人将选票从信封中取出，展开后交给第二名监票人；第二名监票人高声朗读，然后由另外至少两名监票人将选票上的名字记在事先准备好的名单上。当一个信封中有多张选票时，如果选票中的名单和候选人姓名有所不同,投票将无效;如果这些选票的名单和候选人相同,则只算一票。有意思的是,选票统计桌的位置居然也有明文规定,要求必须保证选民可以在其周围走动,以方便对计票工作的监督。

在美国,总统大选即使是在各州选举人投票之后,对形式上的国会计票仍然有严格的程序规定。有关总统选举法律要求在每次选举人会议后的1月6日开国会会议。参众两院应于当天下午1时在众议院议事厅举行会议。参议院议长为会议的主持人。参众两院应事先各自任命两名计票员。所有被认为是选票证书的证书和文件由参议院议长启封后交给计票员。计票员打开、出示这些证书和文件后,按照各州名称首字母的顺序,从A开始计算各州选票,然后当众宣读选票,同时根据这些选票证书上出现的选举票数,列出清单。在确定和计算选票后,由参议院议长当场宣布选举结果。此外,在宣读选举证书和文件时,如果有任何反对意见,参议院议长应给予鼓励,议员发表反对意见的时限为5分钟。

不难看出,在一些发达国家选举政治中,投票与计票程序的处理是一系列的细节问题,但正是这些细节问题的有效解决换来了相对公正与稳定的结局。即使美国在2000年发生了选举争议,民主党人也对绝大多数选票并没有表示异议,这正是出于他们对选举程序的信任。

细节决定公正,公正带来稳定。国外选举制度经验启示我们,处理政治改革中的稳定问题,不能只靠民主政治的美好口号与动人宣传,更重要的是宪政体制的完备程序与精确运作。

新人文丛书书目

- No.01　史仲文　　文化无非你和我（已出版）
- No.02　夏可君　　无余与感通——源自中国经验的世界哲学（已出版）
- No.03　单　纯　　立命·究底·理政三道综论集（已出版）
- No.04　张　柠　　感伤时代的文学（已出版）
- No.05　吴祚来　　我们要往何处去——价值主义与人文关怀（已出版）
- No.06　敬文东　　守夜人呓语（已出版）
- No.07　王向远　　日本之文与日本之美（已出版）
- No.08　金惠敏　　全球对话主义——21世纪的文化政治学（已出版）
- No.09　谢　泳　　思想利器——当代中国研究的史料问题（已出版）
- No.10　陈晓明　　守望剩余的文学性（已出版）
- No.11　赵　强　　问题转换机（已出版）
- No.12　许志强　　无边界阅读（已出版）
- No.13　王清淮　　新史记（已出版）
- No.14　黑　马　　文明荒原上爱的牧师——劳伦斯叙论集（已出版）
- No.15　尤西林　　人文科学与现代性（已出版）
- No.16　江弱水　　文本的肉身（已出版）
- No.17　李雪涛　　误解的对话——德国汉学家的中国记忆（已出版）
- No.18　陆　扬　　后现代文化景观（已出版）
- No.19　汪民安　　什么是当代（已出版）
- No.20　张　闳　　言辞喧嚣的时刻（已出版）

No.21	张　念	女人的理想国（已出版）
No.22	李　静	必须冒犯观众
No.23	严　泉	历史变迁的制度透视
No.24	王鲁湘	幽光狂慧
No.25	何光沪	秉烛隧中
No.26	郭于华	我们社会的生态
No.27	张清华	狂欢或悲戚
No.28	蒋原伦	去势的儒学与信仰
No.29	朱汉民	经典诠释与义理体认——中国哲学的建构历程
No.30	彭永捷	汉语哲学如何可能——中国哲学学科范式研究
No.31	晏　辉	走向生活世界的哲学

【注】新人文丛书将于2014年5月前陆续出版；部分书名为暂定，出版时或有调整。

图书在版编目（CIP）数据

历史变迁的制度透视／严泉著．—北京：新星出版社，2014.5
（新人文丛书）
ISBN 978-7-5133-1389-6

Ⅰ.①历⋯ Ⅱ.①严⋯ Ⅲ.①政治制度史—世界—文集 Ⅳ.①D59-53

中国版本中国版本图书馆CIP数据核字（2014）第 051403 号

历史变迁的制度透视

严泉 著

策　　划：	陈　卓
责任编辑：	高微茗
特约编辑：	陈　卓
责任印制：	韦　舰
封面设计：	飘 设计·邱特聪
版式设计：	魏　丹

出版发行：新星出版社
出 版 人：谢　刚
社　　址：北京市西城区车公庄大街丙3号楼100044
网　　址：www.newstarpress.com
电　　话：010-88310888
传　　真：010-65270449
法律顾问：北京市大成律师事务所

读者服务：010-88310811　　service@newstarpress.com
邮购地址：北京市西城区车公庄大街丙3号楼100044

印　　刷：三河兴达印务有限公司
开　　本：660mm×970mm　　1/16
印　　张：17.25
字　　数：183千字
版　　次：2014年5月第一版　2014年5月第一次印刷
书　　号：ISBN 978-7-5133-1389-6
定　　价：42.00元

版权专有，侵权必究；如有质量问题，请与印刷厂联系调换。